成都海关年鉴

2022

《成都海关年鉴（2022）》编纂委员会——编著

中国海关出版社有限公司

·北京·

图书在版编目（CIP）数据

成都海关年鉴.2022/《成都海关年鉴（2022）》编纂委员会编著.—北京：中国海关出版社有限公司，2023.3

（中国海关史料丛书）

ISBN 978-7-5175-0676-8

Ⅰ.①成… Ⅱ.①成… Ⅲ.①海关—成都—2022—年鉴 Ⅳ.①F752.55-54

中国国家版本馆CIP数据核字（2023）第050491号

成都海关年鉴（2022）

CHENGDU HAIGUAN NIANJIAN（2022）

作　　者：《成都海关年鉴（2022）》编纂委员会
责任编辑：景小卫
出版发行：中国海关出版社有限公司
社　　址：北京市朝阳区东四环南路甲1号　　邮政编码：100023
编 辑 部：01065194242-7527（电话）
发 行 部：01065194221/4238/4246/5127（电话）
社办书店：01065195616（电话）
https://weidian.com/?userid=319526934（网址）
印　　刷：北京盛通印刷股份有限公司　　经　　销：新华书店
开　　本：889mm×1194mm　1/16
印　　张：20.75　　字　　数：370千字
版　　次：2023年3月第1版
印　　次：2023年3月第1次印刷
书　　号：ISBN 978-7-5175-0676-8
定　　价：210.00元

《成都海关年鉴（2022）》编纂委员会

《成都海关年鉴（2022）》编辑部

编辑说明

一、《成都海关年鉴》以习近平新时代中国特色社会主义思想为指导，注重文字与图表、事实与数据相结合，全面、客观记录成都海关改革发展历程。

二、《成都海关年鉴》由成都海关组织编纂，反映上一年度成都海关重要事件和改革发展的新业绩、新成就等，每年出版一卷，《成都海关年鉴（2022）》为首卷。

三、《成都海关年鉴（2022）》记述时限为2021年1月1日—12月31日。鉴于本卷是首次编纂，综合反映成都海关发展的内容适当上溯。

四、《成都海关年鉴（2022）》按逻辑分类排列，设置类目、分目、条目3个层级，以条目为基本检索单元，部分内容纵向层级根据编辑需要适当延伸。

五、《成都海关年鉴（2022）》设特载、专记、党的建设、业务建设、综合保障、隶属海关、事业单位和社会团体、人物名录及荣誉、大事记、海关统计资料10个类目，卷首设专题图片，卷末附附录。撰稿人按姓氏笔画排序。

六、《成都海关年鉴（2022）》统计数据和单位名称以及标点符号均按国家有关规定执行，计量单位采用国家法定计量单位和国际单位，技术规范、专业名词从规范要求。

七、《成都海关年鉴（2022）》为首部《成都海关年鉴》，编纂过程中得到了各部门单位的大力支持，在此表示感谢！年鉴编纂点多面宽，难免存在不足和疏漏，欢迎读者予以批评指正。

目　录

海关专题图片 …………………………… 1

第一篇　特　载

成都海关概况、主要职能、组织架构 …… 3
2021 年成都海关工作会议、2021 年成都海关全面从严治党工作会议文件选辑 ……… 4

第二篇　专　记

党史学习教育和庆祝中国共产党成立100 周年 …………………………… 27
学习宣传贯彻党的十九届六中全会精神 ………………………………………… 31
贯彻落实《“十四五”海关发展规划》 … 35
统筹推进口岸疫情防控和促进外贸稳增长 ………………………………………… 38
巩固拓展脱贫攻坚成果同乡村振兴有效衔接 ………………………………… 42

第三篇　党的建设

党建工作 ………………………………… 55
概况 ………………………………… 55
政治机关建设 …………………………… 55
党委理论学习中心组学习 ……… 55
精神文明建设 …………………………… 56
思想动态调查 …………………………… 56
基层党组织建设 ……………………… 57
党风廉政建设 …………………………… 58
工会工作 ……………………………… 58
共青团工作 …………………………… 59
助力乡村振兴 …………………………… 59
巡视整改和巡察工作 ……………………… 61
概况 ………………………………… 61
巡视整改 ……………………………… 61
巡察工作 ……………………………… 61
纪检监察 ………………………………… 63
概况 ………………………………… 63
政治监督 ……………………………… 63
常态化疫情防控监督 ……………… 63
权力运行监督制约 ………………… 63

“现场监管与外勤执法权力寻租”专项整治 …… 63
执纪审查 …… 64
以案为鉴、以案促改 …… 64
干部工作 …… 65
概况 …… 65
新冠肺炎疫情防控人力资源保障 …… 65
干部选拔任用 …… 65
公务员队伍管理 …… 66
事业单位人员管理 …… 66
干部监督 …… 66
教育培训 …… 67
概况 …… 67
政治培训 …… 67
专业培训 …… 67
新冠肺炎疫情防控培训 …… 68
教育培训制度建设 …… 68

第四篇　业务建设

法治建设 …… 71
概况 …… 71
法规管理 …… 71
复议应诉 …… 71
法制协调 …… 72
法治宣传 …… 72
业务改革与发展 …… 73
优化口岸营商环境 …… 73
业务改革协调 …… 73
通关运行管理 …… 73
技术性贸易措施应对 …… 74
知识产权海关保护 …… 74
服务成渝地区双城经济圈建设 …… 74
自贸区和特殊监管区域管理 …… 76
概况 …… 76
自贸试验区制度创新 …… 76
综合保税区管理和发展 …… 77
保税物流中心（B型）管理和发展 …… 77
保税仓库及出口监管仓库管理和发展 …… 78
保税业务监管 …… 79
税收征管 …… 80
概况 …… 80
税则税政 …… 80
估价管理 …… 80
税收征管 …… 81
税收风险防控 …… 81
原产地管理 …… 81
卫生检疫 …… 83
概况 …… 83
口岸新冠肺炎疫情防控 …… 83
消毒处理监督 …… 84
安全防护 …… 84
“多病共防” …… 85
口岸病媒生物监测和防控 …… 85
口岸公共卫生核心能力建设 …… 85
口岸食品卫生安全监管 …… 85
特殊物品监管 …… 85
动植物检疫 …… 87
概况 …… 87

进境动物检验检疫 …… 87
出境动物检验检疫 …… 88
进出境植物检验检疫 …… 88
国门生物安全监测和安全风险监控 …… 89
“国门绿盾 2021”行动 …… 90
动植检岗位资质管理 …… 90
支持特色农产品出口 …… 90
动植物疫情信息收集分析研判 …… 90
进出口食品安全监管 …… 91
概况 …… 91
进口食品化妆品安全监管 …… 91
出口食品化妆品安全监管 …… 92
进出口食品化妆品监督抽检和风险监测 …… 93
新冠肺炎疫情防控 …… 93
推动形成食品安全共治格局 …… 93
支持食品出口 …… 94
商品检验 …… 95
概况 …… 95
进口商品检验 …… 95
出口商品检验 …… 96
进出口商品质量安全风险监测 …… 98
进出口商品检验结果采信 …… 98
进出口商品检验检测机构监管 …… 98
口岸监管 …… 99
概况 …… 99
打击象牙等濒危物种及其制品走私 …… 99
运输工具监管 …… 99
货物监管 …… 99
快件监管 …… 100
邮件监管 …… 100
跨境电商 …… 101
市场采购贸易 …… 101
行李物品监管 …… 101
场所场地监管 …… 102
智能审图 …… 102
海关口岸监管环节反恐 …… 103
政策研究与统计 …… 104
概况 …… 104
统计制度方法 …… 104
统计调查 …… 104
贸易统计 …… 104
业务统计 …… 104
统计数据运用和管理 …… 105
统计新闻宣传和服务 …… 105
政策研究 …… 105
监测分析 …… 106
企业管理和稽查 …… 107
概况 …… 107
企业备案和资质管理 …… 107
企业信用管理 …… 107
区外加工贸易监管 …… 109
稽查业务 …… 110
核查业务 …… 110
属地查检 …… 111
查缉走私 …… 112
概况 …… 112
打击涉税走私 …… 112
打击非涉税走私 …… 112
刑事科学技术 …… 113
智慧缉私 …… 113
国际地区执法合作 …… 114

刑事法治建设 …… 114
行政处罚 …… 114
综合治理 …… 114
风险管理 …… 116
概况 …… 116
风险分析处置 …… 116

第五篇　综合保障

政务管理 …… 121
概况 …… 121
督查督办 …… 121
落实中央八项规定精神持续为基层减负 …… 121
新冠肺炎疫情内部防控 …… 122
公文处理 …… 122
会议管理 …… 122
信息工作 …… 122
新闻宣传 …… 122
应急值守 …… 123
安全生产 …… 123
保密管理 …… 123
档案管理 …… 124
政务公开 …… 124
信访工作 …… 125
国际合作 …… 125
人大代表建议、政协提案办理 …… 125
财务管理 …… 126
概况 …… 126
税费财务管理 …… 126
预算管理 …… 126
国库集中支付管理 …… 126
部门决算管理 …… 127
涉案财物管理 …… 127
企事业财务管理 …… 127
基建管理 …… 127
资产管理 …… 127
科技发展 …… 129
概况 …… 129
应用系统服务 …… 129
网络安全运行管理 …… 129
基础设施配置 …… 129
实验室安全管理 …… 130
实验室能力建设 …… 130
实验室与仪器设备管理 …… 130
科研项目申报及立项 …… 130
科研项目过程管理 …… 130
科技成果奖励推荐 …… 131
科技制度建设 …… 131
科普工作 …… 131
督察内审 …… 133
概况 …… 133
督察监督 …… 133
重大决策部署落实情况跟踪督察审计 …… 133
经济责任审计 …… 134
内控建设 …… 134
执法评估 …… 134
离退休干部工作 …… 136
概况 …… 136
离退休干部党支部工作 …… 136
离退休干部服务管理 …… 136

老年文化教育 …………………… 137

第六篇 隶属海关

成都双流机场海关 …………………… 141
概况 …………………… 141
党史学习教育 …………………… 141
新冠肺炎疫情防控 …………………… 142
口岸监管 …………………… 143
综合治税 …………………… 143
打击走私 …………………… 144
优化口岸营商环境 …………………… 144
服务成渝地区双城经济圈建设 …… 144
助力国际货运航空枢纽城市建设 …………………… 144
支持跨境电商发展 …………………… 144
基层党建 …………………… 145
党风廉政建设 …………………… 145
成都邮局海关 …………………… 146
概况 …………………… 146
党史学习教育 …………………… 146
新冠肺炎疫情防控 …………………… 147
口岸查缉和打击走私 …………………… 147
动植物检验检疫 …………………… 148
安全生产 …………………… 148
服务成渝地区双城经济圈建设 …………………… 148
支持邮政企业发展 …………………… 149
基层党建 …………………… 149
党风廉政建设 …………………… 149
青白江海关 …………………… 150
概况 …………………… 150
党史学习教育 …………………… 150
新冠肺炎疫情防控 …………………… 151
法治建设 …………………… 151
口岸监管 …………………… 151
检验检疫 …………………… 152
优化口岸营商环境 …………………… 152
支持中欧班列发展 …………………… 152
支持综合保税区发展 …………………… 152
支持农产品出口 …………………… 153
支持新能源产品出口 …………………… 153
基层党建 …………………… 154
党风廉政建设 …………………… 154
锦城海关 …………………… 155
概况 …………………… 155
党史学习教育 …………………… 155
巡察整改 …………………… 156
新冠肺炎疫情防控 …………………… 156
检验检疫 …………………… 156
稽核查工作 …………………… 157
打击走私 …………………… 157
优化口岸营商环境 …………………… 157
支持综合保税区发展 …………………… 158
基层党建 …………………… 158
党风廉政建设 …………………… 159
天府新区海关 …………………… 160
概况 …………………… 160
党史学习教育 …………………… 160
巡察整改 …………………… 161
基层党建 …………………… 161
新冠肺炎疫情防控 …………………… 161

法治建设 …… 161
检验检疫 …… 161
税收征管 …… 162
统计分析 …… 162
企业管理和稽核查 …… 162
区外加工贸易监管 …… 163
打击走私 …… 163
安全生产 …… 163
优化口岸营商环境 …… 163
服务成渝地区双城经济圈建设 …… 164
支持特色产业发展 …… 164
内控建设 …… 164
基层党建 …… 165
党风廉政建设 …… 165
绵阳海关 …… 166
概况 …… 166
党史学习教育 …… 166
新冠肺炎疫情防控 …… 166
进境种猪隔离检疫 …… 167
商品检验 …… 167
税收征管 …… 167
企业信用管理 …… 167
稽查工作 …… 168
优化口岸营商环境 …… 168
支持综合保税区发展 …… 168
支持跨境电商发展 …… 168
精神文明建设 …… 169
基层党建 …… 169
党风廉政建设 …… 169
自贡海关 …… 171
概况 …… 171
党史学习教育 …… 171
新冠肺炎疫情防控 …… 172
检验检疫 …… 172
稽核查工作 …… 172
知识产权海关保护 …… 172
优化口岸营商环境 …… 173
服务开放发展 …… 173
基层党建 …… 173
党风廉政建设 …… 174
攀枝花海关 …… 175
概况 …… 175
党史学习教育 …… 175
巡察整改 …… 176
新冠肺炎疫情防控 …… 176
检验检疫 …… 176
企业管理和稽核查 …… 176
优化口岸营商环境 …… 177
支持“攀果”等特色农产品走向国际市场 …… 177
服务重点产业发展 …… 177
基层党建 …… 178
党风廉政建设 …… 178
泸州海关 …… 179
概况 …… 179
党史学习教育 …… 179
巡察整改 …… 179
新冠肺炎疫情防控 …… 180
口岸监管 …… 180
检验检疫 …… 180
打击出口骗税、虚假贸易 …… 181
优化口岸营商环境 …… 181
支持综合保税区发展 …… 181

支持特色产业发展 …………………… 181
政策理论研究 ………………………… 182
政务管理 ……………………………… 182
内控建设 ……………………………… 182
基层党建 ……………………………… 182
党风廉政建设 ………………………… 182
德阳海关 ………………………………… 183
概况 …………………………………… 183
党史学习教育 ………………………… 183
新冠肺炎疫情防控 …………………… 184
检验检疫 ……………………………… 184
企业管理和稽核查 …………………… 184
打击走私 ……………………………… 185
优化口岸营商环境 …………………… 185
服务特色产业发展 …………………… 185
基层党建 ……………………………… 186
党风廉政建设 ………………………… 186
广元海关 ………………………………… 187
概况 …………………………………… 187
党史学习教育 ………………………… 187
巡察整改 ……………………………… 188
新冠肺炎疫情防控 …………………… 188
检验检疫 ……………………………… 188
原产地管理 …………………………… 189
企业管理和稽核查 …………………… 189
助力乡村振兴 ………………………… 189
基层党建 ……………………………… 189
党风廉政建设 ………………………… 190
遂宁海关 ………………………………… 191
概况 …………………………………… 191
落实“第一议题”制度 ………………… 191
党史学习教育 ………………………… 191
新冠肺炎疫情防控 …………………… 192
检验检疫 ……………………………… 192
企业管理和稽核查 …………………… 193
综合治税 ……………………………… 193
打击走私 ……………………………… 193
优化口岸营商环境 …………………… 194
支持特色产业发展 …………………… 194
基层党建 ……………………………… 194
党风廉政建设 ………………………… 194
内江海关 ………………………………… 196
概况 …………………………………… 196
党史学习教育 ………………………… 196
新冠肺炎疫情防控 …………………… 196
动植物检疫 …………………………… 197
商品检验 ……………………………… 197
打击走私 ……………………………… 197
优化口岸营商环境 …………………… 198
支持开放平台建设 …………………… 198
支持特色产业发展 …………………… 198
基层党建 ……………………………… 198
党风廉政建设 ………………………… 199
乐山海关 ………………………………… 200
概况 …………………………………… 200
党史学习教育 ………………………… 200
动植物检疫 …………………………… 201
商品检验 ……………………………… 201
企业管理和稽核查 …………………… 201
优化口岸营商环境 …………………… 202
支持开放发展 ………………………… 202
助力乡村振兴 ………………………… 202
基层党建 ……………………………… 202
党风廉政建设 ………………………… 203

宜宾海关 …… 204
概况 …… 204
党史学习教育 …… 204
巡视整改 …… 205
新冠肺炎疫情防控 …… 205
动植物检疫 …… 205
商品检验 …… 205
知识产权海关保护 …… 206
技术性贸易措施应对 …… 206
加工贸易监管 …… 206
稽核查和打击走私 …… 206
优化口岸营商环境 …… 206
支持开放通道建设 …… 206
支持综合保税区发展 …… 207
支持特色产业发展 …… 207
基层党建 …… 207
党风廉政建设 …… 208
南充海关 …… 209
概况 …… 209
党史学习教育 …… 209
巡察整改 …… 210
新冠肺炎疫情防控 …… 210
维护国门生物安全 …… 210
法治宣传 …… 210
综合治税 …… 211
稽核查和打击走私 …… 211
优化口岸营商环境 …… 211
支持开放通道建设 …… 211
支持保税物流中心（B型）发展 …… 211
基层党建 …… 212
党风廉政建设 …… 212
达州海关 …… 213
概况 …… 213
党史学习教育 …… 213
新冠肺炎疫情防控 …… 214
动植物检疫 …… 214
税收征管 …… 214
商品检验 …… 214
企业管理和稽核查 …… 214
打击走私 …… 215
优化口岸营商环境 …… 215
保密管理 …… 215
基层党建 …… 216
党风廉政建设 …… 216
广安海关 …… 217
概况 …… 217
党史学习教育 …… 217
新冠肺炎疫情防控 …… 218
检验检疫 …… 218
企业管理和稽核查 …… 219
优化口岸营商环境 …… 219
服务成渝地区双城经济圈建设 …… 219
支持特色产业发展 …… 219
助力乡村振兴 …… 219
精神文明建设 …… 220
基层党建 …… 220
党风廉政建设 …… 220

第七篇　事业单位、社会团体

成都海关后勤管理中心 …… 225

概况 …………………………………… 225
党史学习教育 ………………………… 225
巡察整改 ……………………………… 226
新冠肺炎疫情防控 …………………… 226
离岗集中封闭管理后勤保障 …… 226
后勤保障服务 ………………………… 226
后勤安全生产 ………………………… 227
采购服务 ……………………………… 228
队伍建设 ……………………………… 228
基层党建 ……………………………… 228
党风廉政建设 ………………………… 229
成都海关技术中心 ………………… 230
概况 …………………………………… 230
党史学习教育 ………………………… 230
巡察整改 ……………………………… 231
专业技术人员管理 …………………… 231
实验室建设 …………………………… 231
技术保障 ……………………………… 231
科研工作 ……………………………… 233
生态原产地产品保护 ……………… 236
实验室开放日活动 ………………… 236
基层党建 ……………………………… 236
党风廉政建设 ………………………… 236
四川国际旅行卫生保健中心（成都海关口岸门诊部） …………………… 238
概况 …………………………………… 238
党史学习教育 ………………………… 238
专业技术人员管理 …………………… 238
实验室建设 …………………………… 239
新冠肺炎疫情防控 …………………… 239
口岸输入性传染病检测 …………… 239
口岸公共卫生监测 ………………… 240
口岸医学媒介生物监测 …………… 240
出入境体检与健康服务 …………… 240
国际旅行健康服务 ………………… 241
科研工作 ……………………………… 241
基层党建 ……………………………… 242
党风廉政建设 ………………………… 242
中国电子口岸数据中心成都分中心 …… 243
概况 …………………………………… 243
“关银一 KEY 通”川渝一体化 … 243
电子口岸网络数据安全 …………… 244
四川“单一窗口”运行维护 ……… 244
跨境电商业务数据交互 …………… 245
成都海关学会 ………………………… 246
概况 …………………………………… 246
组织建设 ……………………………… 246
征文活动 ……………………………… 247
论文获奖及刊载 ……………………… 247

第八篇　人物名录及荣誉

成都海关关领导名单 ……………… 253
成都海关首次荣获“光荣在党 50 年”纪念章名单 …………………………………… 254
2021 年获得省部级及以上表彰集体及个人 …………………………………… 255

第九篇　大事记

2021 年成都海关大事记 ………… 259

第十篇　海关统计资料

2021 年四川各市州进出口总值表 ········· 267
2021 年四川进出口贸易方式总值表 ······ 269
2021 年四川进出口企业性质一览表 ······ 270
2021 年四川进出口商品构成表 ········· 271
2021 年四川出口主要商品值表 ········· 274
2021 年四川进出口国别（地区）表 ······ 275
2021 年四川进出口运输方式总值表 ······ 282

附录

成都海关关区代码表 ······················ 285
名词解释 ································ 287

“中国海关史料丛书”编委会

“中国海关史料丛书”编委会 ············ 289

海关专题图片

领导活动

◀ 2021年2月2日，2021年成都海关工作会议、2021年成都海关全面从严治党工作会议在成都召开

2021年9月3日，成都海关党委理论学习中心组（扩大）学习暨党史学习教育专题读书班第二次现场教学 ▶

▲ 2021年3月31日，成都海关党委书记、关长冉辉（前排左一）在成都高新综合保税区内进行企业调研

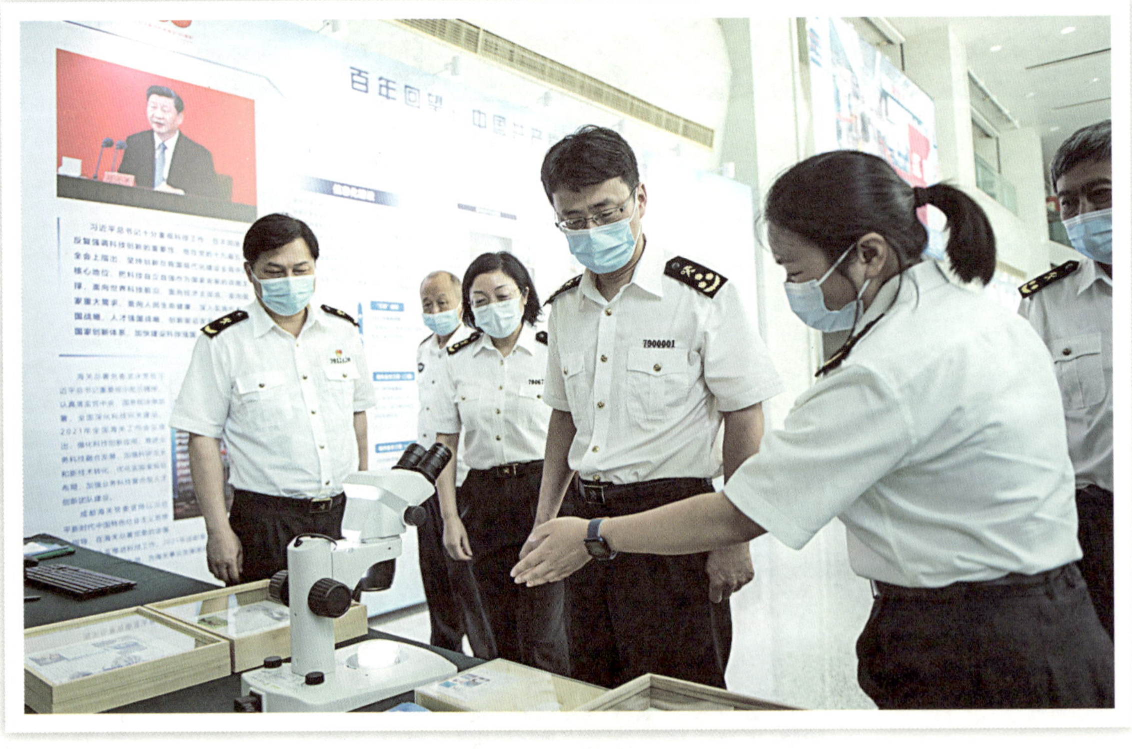

▲ 2021年5月24日，成都海关党委书记、关长冉辉（前排右二）参加成都海关2021年科技活动周活动

◀ 2021年9月7日，成都海关党委书记、关长冉辉（左二）在健进制药有限公司调研

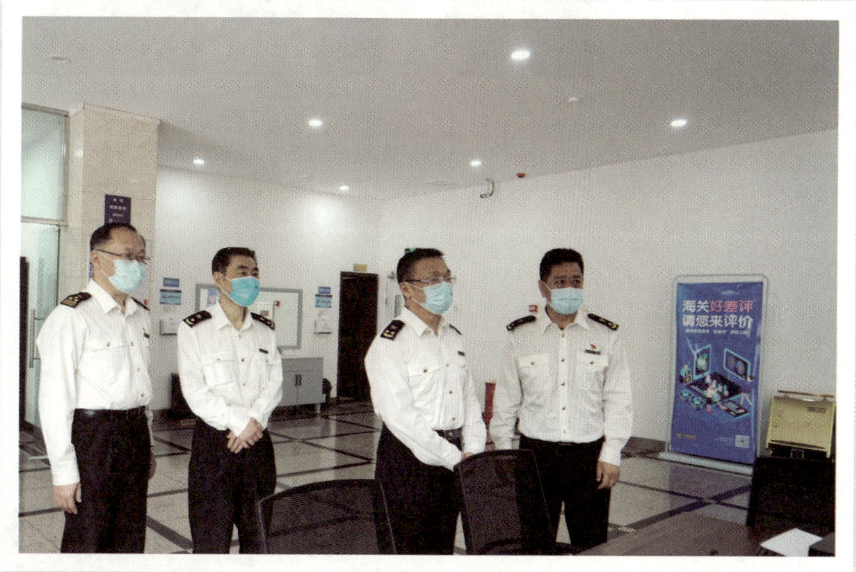

2021年5月7日，党委委员、党委纪检组组长陈开茂（右二）在绵阳海关调研 ▶

◀ 2021年1月6日，成都海关党委委员、政治部主任续效东（右）会见内江市副市长罗万东一行

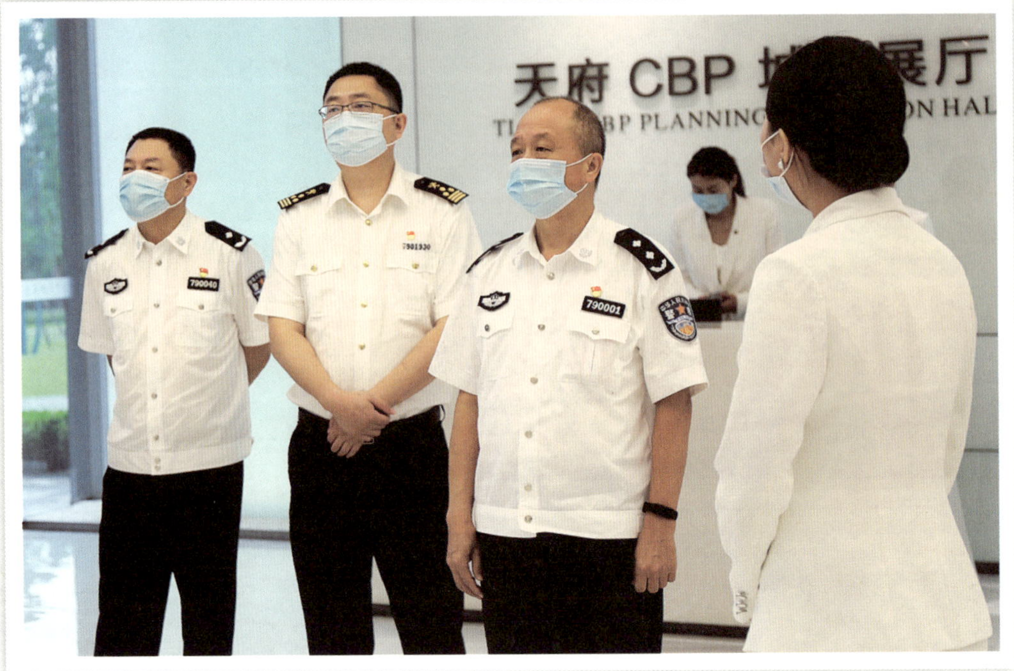

▲ 2021年8月17日，成都海关党委委员、缉私局局长虞阳（左三）在天府新区调研

▲ 2021年5月26日，成都海关党委委员、副关长叶卫翔（右一）在宜宾综合保税区调研

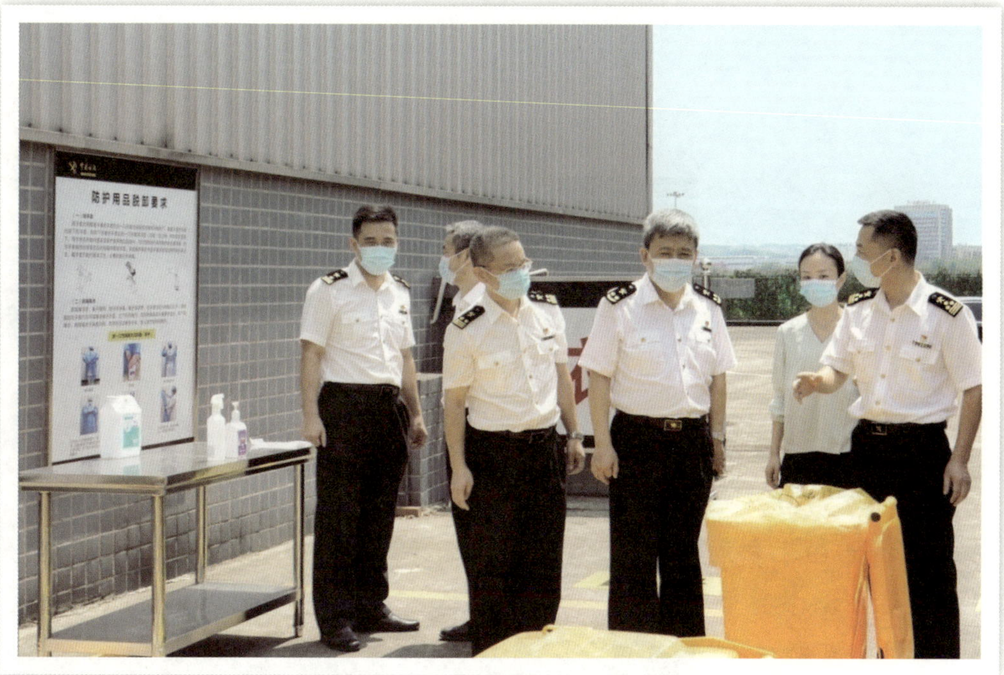

2021年8月20日，成都海关党委委员、副关长李宣彤（右三）在泸州港进口肉类指定监管场地调研 ▶

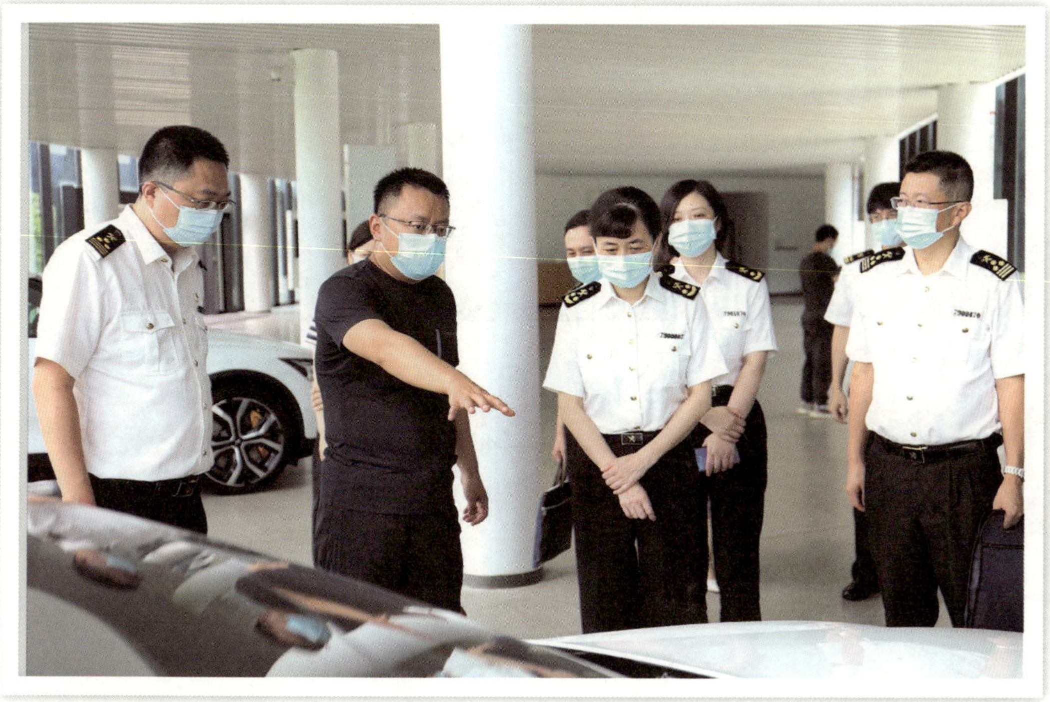

◀ 2021年8月19日，成都海关党委委员、副关长李海帆（左三）在中嘉汽车制造（成都）有限公司调研

2021年3月4日，成都海关办公室文秘科党支部开展“我爱学党史”主题党日活动

▲ 2021年4月15日，成都海关统计分析处党支部和数据分中心党支部联合开展“传承红色基因 不忘初心使命”主题党日活动

▲ 2021年5月13日，成都海关第三参赛组党史知识选拔赛在成都双流机场海关开赛

▲ 2021年5月19日，青白江海关关员夏纪（右一）参加中共中央宣传部“当好让中央放心、让人民满意的国门卫士”中外记者见面会

◀ 2021年6月28日，成都海关财务处党支部和督审处党支部在成都战役纪念馆联合开展“缅怀英烈，致敬英雄，砥砺初心”主题党日活动

2021年6月28日，青白江海关党总支书记陶毅在北京参加全国“两优一先”表彰大会 ▶

◀ 2021年7月1日，成都海关开展庆祝中国共产党成立100周年“永远跟党走”“七一”主题党日活动，向老党员颁发“光荣在党50年”纪念章

2021年7月22日，成都海关党员干部参观四川省庆祝中国共产党成立100周年主题展览 ▶

◀ 2021年9月16日，成都双流机场海关新冠肺炎疫情防控四大队利用“班车学堂”组织开展学习

2021年10月22日，成都海关离退休干部党总支组织开展“重温红色记忆 筑牢初心使命”主题党日活动 ▶

疫情防控

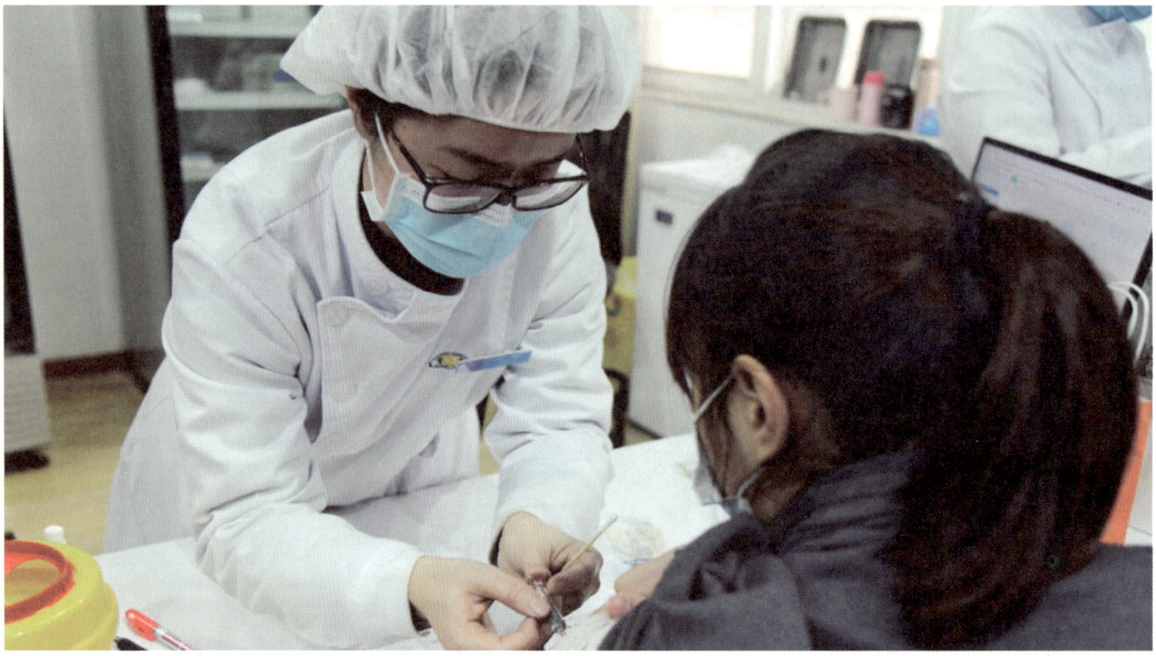

▲ 2021 年 1 月 12 日，成都海关保健中心医务人员开展新冠病毒疫苗接种

▲ 2021 年 5 月 1 日，成都双流机场海关关员对入境航班开展登临检疫

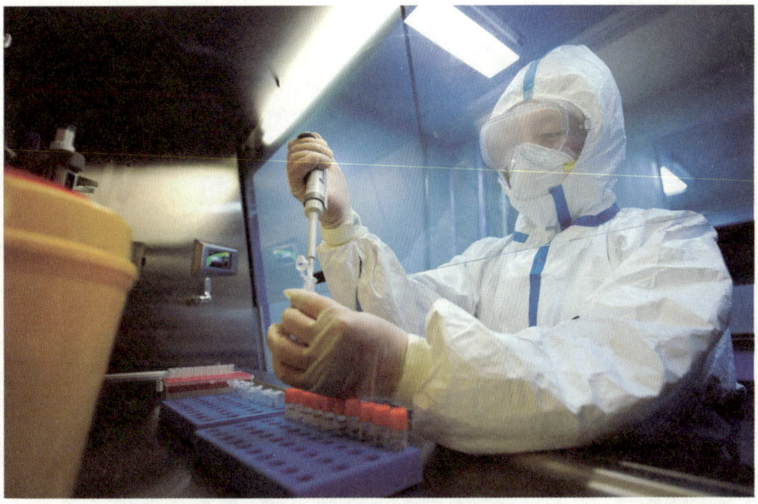

▶ 2021年6月18日，成都海关保健中心实验室检测人员开展新冠病毒核酸检测

◀ 2021年7月9日，成都海关组织开展个人防护装备穿脱培训

▶ 2021年8月31日，泸州海关开展进口冷链食品采样及预防性消毒演练

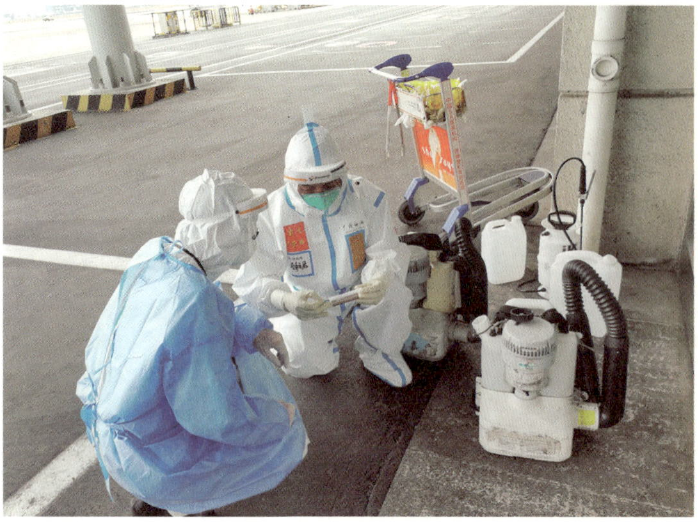

◀ 2021年9月9日，成都双流机场海关关员在机坪对入境客运航空器终末消毒药剂配制过程进行监督

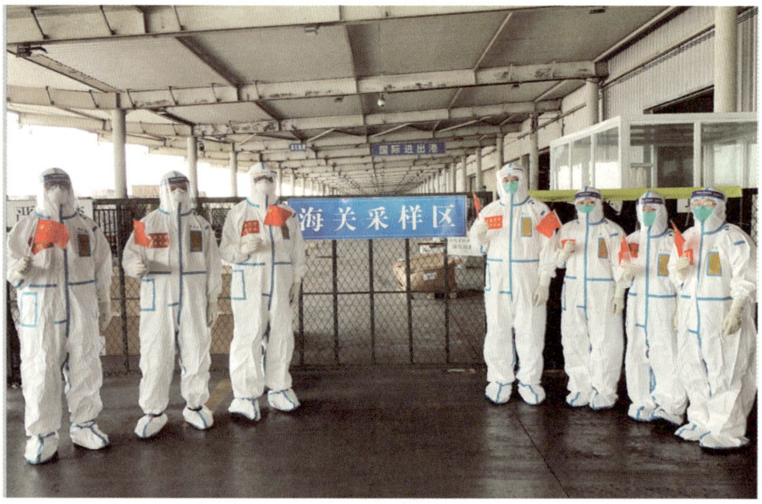

2021年10月1日，成都双流机场海关高风险非冷链货物采样人员坚守岗位 ▶

◀ 2021年10月14日，青白江海关关员对进口高风险非冷链集装箱货物开展新冠病毒采样

2021年10月27日，成都海关纪检干部在二级监控指挥中心对口岸疫情防控工作开展监督 ▶

◀ 2021年11月30日，四川省冷链物流工作专班第六检查组（成都海关牵头）对泸州市冷链物流新冠肺炎疫情防控工作开展专项检查

业务建设

◀ 2021年1月7日，青白江海关关员对中欧班列（成渝）出口货物开展查验

2021年2月18日，广安海关关员对出口氰化钠开展查验 ▶

2021年2月24日，天府新区海关关员对跨境电商进口商品开展查验

2021年3月5日，泸州海关关员对泸州综合保税区首票报关单货物开展查验

2021年3月12日，遂宁海关关员对出口危险货物包装开展使用鉴定

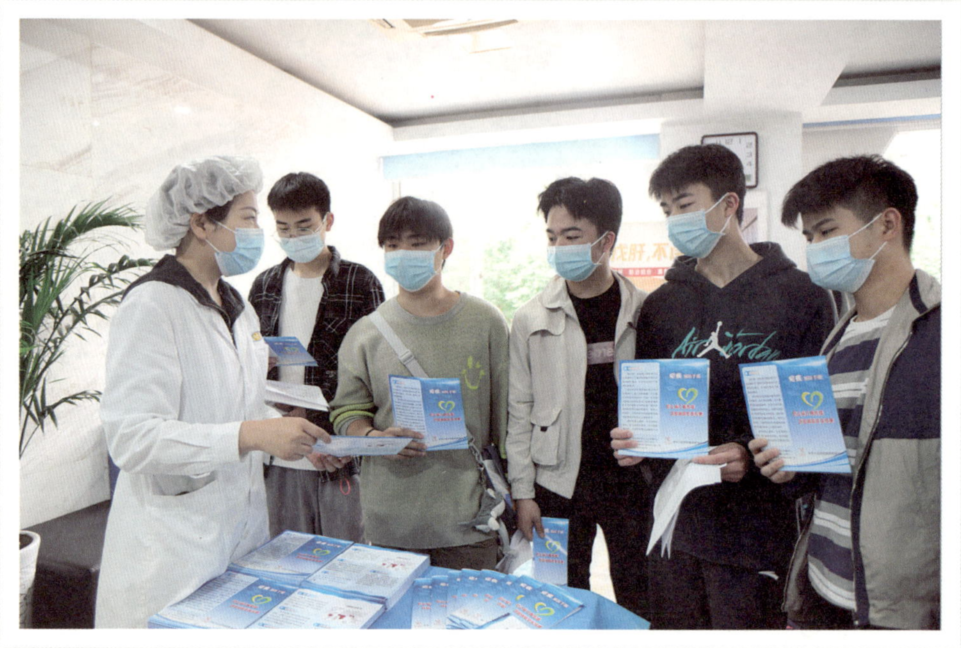

2021年4月26日，保健中心医务人员开展疟疾防治宣传

2021年4月28日，达州海关关员对进口糯米开展查验

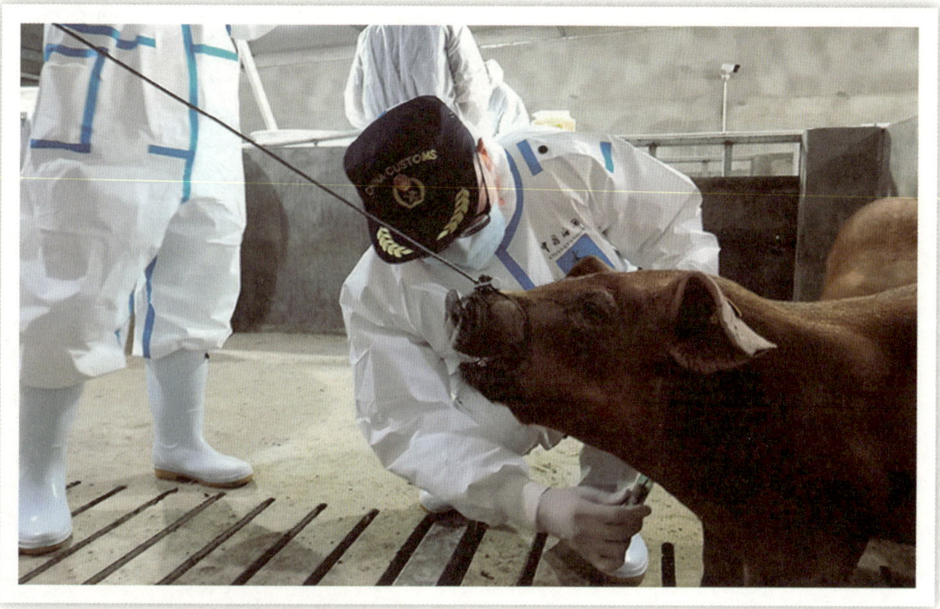

2021年5月31日，▶ 绵阳海关关员在进境隔离检疫场对进口种猪开展采样

◀ 2021年6月13日，自贡海关关员对出口彩灯产品开展查验

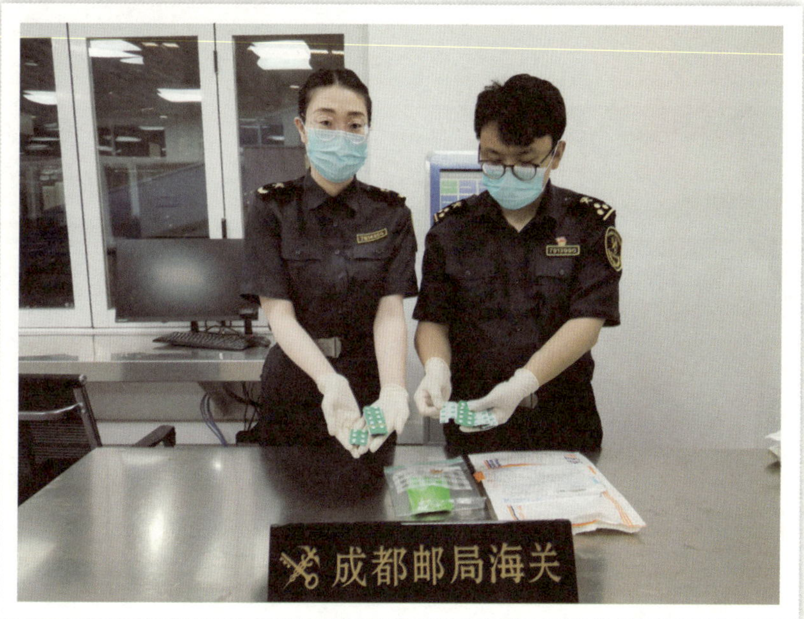

2021年7月16日，成都邮局海关关员对进境邮件进行开箱查验 ▶

◀ 2021年8月6日，乐山海关关员对进境盐渍牛皮开展目的地查验

2021年8月13日，德阳海关关员对减免税货物开展核查 ▶

◀ 2021年9月3日，南充海关关员对出口调味品开展查验

2021年9月30日，▶
后管中心工作人员开展节前安全检查

◀ 2021年10月25日，技术中心工作人员对外来杂草种子进行检疫鉴定

2021年11月5日，数据 ▶
分中心工作人员巡检机房，保障“双11”期间网络安全运行

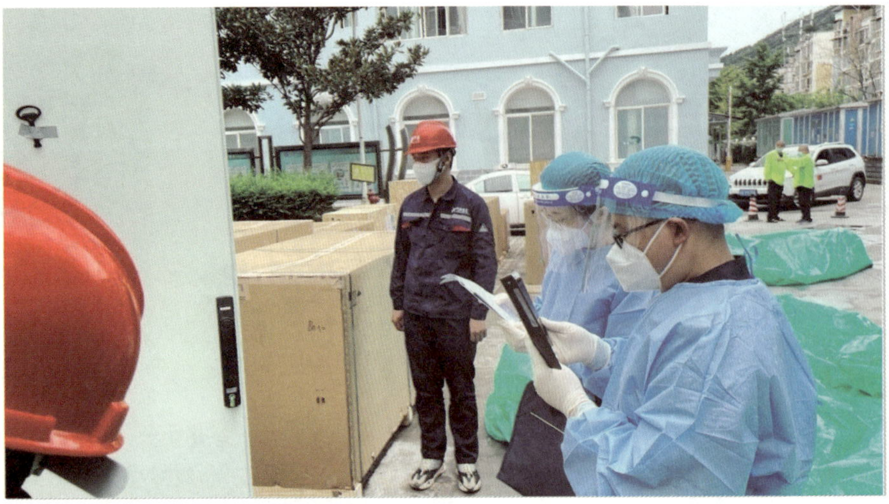

◀ 2021年10月13日，广元海关关员对进口医疗设备开展查验

2021年11月16日，宜宾海关关员在宜宾港验放四川首票“船边直提”进口货物 ▶

◀ 2021年11月18日，内江海关关员对出口柠檬开展查验

2021年12月9日凌晨，锦城海关关员验放成都高新综合保税区出区货物 ►

◄ 2021年12月24日凌晨，成都双流机场海关关员准备对入境货机开展登临检疫

2021年12月27日，攀枝花海关关员对白鹤滩布拖换流站进口设备开展查验 ►

队伍风采

◀ 2021年6月28日，青白江海关党总支被中共中央表彰为“全国先进基层党组织”

▲ 2021年2月25日，动植物和食品检验检疫处被国务院食品安全委员会表彰为“全国食品安全工作先进集体”

◀ 2021年1月8日，成都邮局海关被全国“扫黄打非”工作小组办公室表彰为2020年全国“扫黄打非”先进集体

2021年1月8日，成都海关口岸监管处快件邮件监管科科长赵伟被全国“扫黄打非”工作小组办公室表彰为2020年全国“扫黄打非”先进个人 ▶

◀ 2021年4月25日，成都双流机场海关团支部被共青团中央表彰为“全国五四红旗团委（团支部）”

◀ 2021年8月18日，成都双流机场海关综合业务科被共青团中央表彰为“第20届全国青年文明号”

2021年8月18日，成都双流机场海关监管一科被共青团中央表彰为“第20届全国青年文明号” ▶

◀ 2021年3月1日，成都海关技术中心动检实验室被中华全国妇女联合会表彰为“全国巾帼文明岗”

▶ 2021年11月30日，成都海关技术中心被中国科学技术交流中心表彰为"'十三五'期间全民科学素质工作先进集体"

◀ 2021年5月26日，成都海关被四川省委、省政府表彰为"2020年脱贫攻坚'五个一'帮扶先进集体"

▲ 2021年4月6日、2021年5月26日，南充海关二级主办、四川省仪陇县凤仪乡高屋村“第一书记”潘中乔亚被四川省委、省政府表彰为“四川省脱贫攻坚先进个人”“2020年脱贫攻坚‘五个一’帮扶先进个人”

▲ 2021年5月26日，成都海关统计分析处分析二科科长、成都海关驻凉山州金阳县丙底乡布洛村扶贫工作队队员王沣涛被四川省委、省政府表彰为“2020年脱贫攻坚‘五个一’帮扶先进个人”

第一篇

特载

成都海关概况、主要职能、组织架构

概况

1982年1月，中华人民共和国重庆海关驻成都办事处成立。1984年2月，成都办事处调整为中华人民共和国重庆海关成都分关。1985年2月，成都分关更名为中华人民共和国成都海关，仍隶属于重庆海关。1989年7月，成都海关升格为副厅（局）级直属海关。2000年12月，成都海关升格为正厅（局）级，关区范围为四川省全境。

主要职能

成都海关是受海关总署（以下简称“总署”）直接领导，负责指定口岸及相关区域范围内海关工作运行管理、监督监控的正厅级直属海关，领导隶属海关。成都海关主要负责四川省的各项海关管理工作。

（一）负责本关区贯彻落实党中央、国务院关于海关工作的方针政策和决策部署，在履行职责过程中坚持和加强党对海关工作的集中统一领导，履行全面从严治党主体责任。

（二）负责贯彻执行与海关管理相关的法律、法规、规章、规范性文件和相关技术规范，负责本关区征税、监管、缉私、出入境检验检疫、统计等工作。

（三）监控研判本关区各类执法风险、管理风险和廉政风险并组织防范和化解，负责本关区基层党组织建设、队伍建设和日常管理工作。

组织架构

成都海关内设机构18个（不含缉私局），下设隶属海关单位19个（含18个隶属海关和1个风险防控分局）、事业单位4个（含数据分中心），设党委派驻纪检组7个。

2021年成都海关工作会议、2021年成都海关全面从严治党工作会议文件选辑

在2021年成都海关工作会议上的讲话

关长、党委书记　冉　辉

（2021年2月2日）

同志们：

这次会议的主要任务是：以习近平新时代中国特色社会主义思想为指导，深入贯彻党的十九大和十九届二中、三中、四中、五中全会精神，认真落实全国海关工作会议要求，总结工作、分析形势、明确思路，研究安排2021年工作。

一、2020年工作回顾

2020年，是新中国历史上极不平凡的一年，也是成都海关发展历程中值得铭记的一年。这一年，新冠肺炎疫情来势汹汹，国际国内形势复杂严峻，改革发展任务艰巨繁重。沧海横流，方显英雄本色。面对前所未有的巨大考验，全关上下坚持以习近平新时代中国特色社会主义思想为指导，在总署党委的坚强领导下，全面推进“五关”建设，勠力同心、砥砺奋进，一手抓新冠肺炎疫情防控，一手抓改革建设，书写了成都海关发展史上浓墨重彩的篇章。

一年来，我们把准政治机关定位，持续深化“政治建关”，增强“四个意识”、坚定“四个自信”、做到“两个维护”。

——习近平新时代中国特色社会主义思想入脑入心。关党委以上率下，带领全体党员干部用党的创新理论武装头脑、指导实践、推动工作，全年共举办党委理论学习中心组学习12次。各基层党组织通过“三会一课”、主题党日等多种形式，组织广大党员干部自觉主动学、及时跟进学、联系实际学、笃信笃行学，努力做到学思

用贯通、知信行统一。

——贯彻落实习近平总书记重要指示批示精神坚决有力。坚持将学习贯彻工作作为关党委班子每周碰头会和每月形势分析及工作督查例会的第一议题，完善两级党委抓落实机制，构建“传达学习、研究部署、执行落实、督办反馈”闭环链条。自觉将做好疫情防控工作作为落实“两个维护”的实际行动，闻令而动、遵令而行，坚决筑牢口岸检疫防线。严厉打击象牙等濒危物种、“洋垃圾”走私，查获象牙等濒危物种及其制品120千克、禁止进口固体废物1.66万千克。全力参与脱贫攻坚，严格落实“四个不摘”要求，27个联系贫困村全部通过复查验收，2名扶贫干部获评四川省驻村脱贫攻坚“五个一”帮扶先进个人。

——政治机关建设扎实推进。严格落实党内各项法规制度，严格遵守党的政治纪律和政治规矩。强化垂直管理意识，坚决执行重大事项请示报告等制度。认真落实意识形态工作责任制，制定实施意见和责任清单，牢牢掌握意识形态工作领导权。明确五个方面51项任务，巩固深化“不忘初心、牢记使命”主题教育成果。扎实开展坚持政治建关、强化政治机关意识教育，切实增强走好“两个维护”第一方阵的自觉性和坚定性。

——巡视整改持续深入。做好总署党委巡视整改“后半篇”文章，坚持把党委履行主体责任、主要负责同志负总责贯穿始终，113项整改任务已完成112项，并确定中长期整改任务27项。扎实开展中央巡视总署党委整改“回头看”，全面查漏补缺，做深做细整改，确保问题见底归零。

一年来，我们深入践行伟大抗疫精神，全力以赴、尽锐出战，用绝对忠诚和专业精神为全国抗疫斗争作出积极贡献。

——组织推动有序。建立疫情防控三级指挥体系，坚持每日召开疫情防控指挥部例会，加强疫情防控形势分析研判，及时研究防控策略，部署防控工作。认真落实联防联控要求，密切与地方相关部门的协同配合，推动地方率先建立“外防输入”联防联控机制、制定入境人员全员隔离管控措施，加强入境人员隔离期检测追踪，实现人员“零脱管”“零遗漏”。

——防控严密有效。牢固树立“阵地”意识，抓紧抓实抓细防控措施，严格落实“三查三排一转运”。截至2020年年底，检疫监管进出境航班9,317架次、进出境人员50.4万人次；坚持“检物”与“检人”并重，监测进口商品风险样品3,055个。在总署防范境外疫情输入专项考核中，我关得分位列全国海关第三。

——支撑保障有力。完成成都双流机场口岸检疫作业区改造升级。研发成都空港口岸卫生检疫信息化管理系统。统筹组建两个口岸疫情防控大队，实行“潮汐式”上岗，科学安排轮战调休。保健中心、技术中心实验室取得二级生物安全实验室资质和新冠病毒核酸检测资质。承担2项、参与1项省级新冠病毒科技攻关应急项目。强化防疫物资管理，加强防疫资金统筹，为疫情防控提供财力物力保障。争取省市两级地方卫生健康委员会的大力支持。从严从紧抓好内部防控工作，努力做到“打胜仗、零感染”。

——激励关爱有为。认真落实总署党委《进一步激励关爱疫情防控一线党员干部职工担当作为的十一条措施》，组织开展“蓉关爱”心理疏导、关心慰问等活动，及时表彰奖励有功人员。给予疫情防控有功人员记功、嘉奖、通报表扬152人次，对在疫情防控一线表现突出的优秀干部及时提拔任用4人。

国有战，召必应。在艰苦卓绝的大战大考中，广大党员干部听党指挥、忠诚履职，一封封请战书、一名名逆行者、一支支突击队，使党旗在抗疫一线高高飘扬，我是党员我先上成为最响亮的口号，人民海关为人民成为最自觉的行动，一大批先进典型纷纷涌现。4个集体、15名个人获评全国海关系统抗击新冠肺炎疫情先进集体、先进个人，1个集体、4名个人获评四川省抗击新冠肺炎疫情先进集体、先进个人。还有很多没有出现在表彰名单中的同志，坚守岗位、默默付出，为打赢疫情防控阻击战作出了积极贡献。每一个人都是真英雄！每一个人都值得点赞！

一年来，我们全面践行总体国家安全观，依法把关、强化监管，坚决筑牢国门安全屏障。

——实际监管全面加强。用好新一代风险作业系统、查验管理系统和移动查验单兵设备，布控精准度和查获率稳步提高。强化口岸监管环节反恐维稳，加强“扫黄打非”工作。优化整合监管作业场所（场地），深入开展安全风险隐患排查治理。严厉打击进出口侵权违法行为，加强知识产权海关保护。深化“多查合一”，办结稽核查作业455起。

——口岸卫生检疫防线更加牢固。持续提升口岸公共卫生核心能力。在防控新冠肺炎疫情的同时，认真做好埃博拉、拉沙热、艾滋病等传染病防控，有效防止了疫情叠加。加强口岸卫生监督和病媒生物监测。

——国门生物安全防控不断强化。认真抓好非洲猪瘟、高致病性禽流感、沙漠蝗等重大动植物疫病疫情防控，截获有害生物1,007种次、外来入侵物种217种次，检出进境动物疫病6种。做好旅外大熊猫归国检疫监管和服务保障，服务国家外交大局。安全高效完成四川最大规模进口种猪的检疫监管，助推生猪稳产保供。

——进出口商品食品检验监管成效明显。强化进出口危险货物等重点敏感商品监管。加强进出口防疫物资质量监管。强化食品安全监管，落实进出口食品安全情况通报制度，开展进口食品安全放心工程“国门守护”行动，关区未发生系统性、区域性进出口食品安全事件。

——税收征管量质并举。深化综合治税，提升征管质量，征税入库178.69亿元、增长5.33%。执行减税、自贸协定关税减让及进口税收优惠等政策。

——打击走私战果丰硕。坚决贯彻落实海关缉私部门管理体制调整相关决策部署，扎实开展“国门利剑2020”等专项行动，缉私部门立案侦办走私犯罪案件32起，立案调查行政案件352起，其中查办走私毒品案件22起，查获各类毒品8.2千克。

一年来，我们围绕中心、服务大局，保持定力、迎难而上，推动四川对外开放迈上新台阶。

——促进外贸逆势增长。扎实做好“六稳”工作、全面落实“六保”任务，围绕疫情对全球产业链和四川外贸的影响开展分析研究，制定并落实应对疫情影响、促进外贸稳增长一系列措施，保障防疫物资快速通关，助力复工复产按下“加速键”，推动四川外贸实现“逆风跑”。2020年，四川进出口货物总值8,081.9亿元，位列全国第八，增长19%，增速位列全国第二。

——助推成渝地区双城经济圈建设。认真落实《成渝地区双城经济圈建设规划纲要》，与重庆海关签署合作备忘录，建立三级工作机制，共同推动落实15条便利化措施，双方相关隶属海关密切合作、协同发展，切实唱好海关关际合作“双城记”，积极服务“两中心两地”建设。

——支持四川打造内陆开放高地和开放枢纽。支持四川进一步加强开放平台建设，推动成都高新西园等5个综合保税区和南充保税物流中心（B型）通过验收。助推成都高新综合保税区实现进出口总值5,491.7亿元，居全国综合保税区第一，区内保税加工和再制造2个案例入选总署《综合保税区适合入区项目指引》向全国推介的16个入区项目典型案例。根据业务发展态势，调整隶属海关业务管辖范围，优化机构设置和人员配置。推动广安海关如期开关。助推双流机场口岸提升国际中转能力，货运航班增长3.8倍。全力支持天府国际机场、九寨黄龙机场开放建设。促进中欧班列（成都）增量提质，开行数量增长57.3%。积极支持泸州港、宜宾港利用长江黄金水道，畅通铁水、公水联运，进一步扩大物流网络，促进四川加快形成“四向拓展、全域开放”新态势。

——持续优化口岸营商环境。深化“放管服”改革，推动13项涉企经营许可事项“证照分离”改革试点全覆盖，海关行政审批服务保持“零超时”“零差评”。全面推进“双随机、一公开”监管。推广国际贸易“单一窗口”应用，国家标准版向四川开放的341项业务功能全部接入，并支持建成14项地方特色功能。扎实开展优化口岸营商环境专项行动，2020年12月四川进出口整体通关时间较2017年分别压缩61.92%和66.65%。

——服务四川构建现代产业体系。开

展跨境电商 B2B 出口监管试点，支持 3 个新增跨境电商综合试验区建设。推动市场采购贸易出口。积极培育农产品出口企业，促进四川特色食品农产品扩大出口。支持电子信息、装备制造、先进材料等支柱产业全方位对外开放，助力四川建设制造强省。

一年来，我们全面深化改革，积极开展创新探索，海关制度创新和治理能力建设取得新突破。

——高效落实总署部署改革。“两步申报”参与企业由试点之初的 7 家增至 108 家。“两轮驱动”“两段准入”“两类通关”“两区优化”稳步推进。深化创新税收担保方式改革，涉及的 3 种类别在我关全部落地。

——全力推动自贸试验区海关监管制度创新。总结形成 7 项创新举措，其中“冰鲜水产品两段准入监管模式”入选国务院自贸试验区第六批改革试点经验，在全国复制推广。“中欧班列运费分段结算估价管理改革”被列入国务院服务贸易发展部级联席会议第二批深化服务贸易创新发展试点“最佳实践案例”。

——加快推进自主创新改革。制定深化业务改革工作指引，明确 30 项改革任务。深化旅检智能审图、智能闸机等科技应用，提升智能化通关水平。优化实验室布局，提升实验室能力，积极构建优势互补、错位发展的实验室体系。立项省部级科技项目 14 项。

一年来，我们坚持全面从严治党、从严治关，工作作风进一步转变，队伍精神面貌更加昂扬，有力锻造了一支忠诚、干净、担当的“蓉关铁军”。

——基层党建提质增效。坚持把不忘初心、牢记使命作为加强党的建设永恒课题和全体党员的终身课题，扎实开展“灯下黑”问题专项整治，深入推进“强基提质工程”建设，开展“四强”党支部创建，分级分类培育推广基层党建品牌，1 个党支部获评全国海关基层党建示范品牌，3 个党支部获评培育品牌。注重在疫情防控中发挥党支部战斗堡垒和党员先锋模范作用，成立抗疫一线临时党支部 2 个，考察发展党员 8 名。

——干部队伍建设不断加强。优化干部队伍配置。有序推进职务与职级并行制度实施。开展专业技术类公务员分类管理。规范事业单位管理，完成事业单位岗位设置。启动 3 名执法一线科长担任隶属海关党委委员选拔工作。出台处级领导班子和领导干部年度考核办法。严格领导干部日常监督，严格抓好干部个人有关事项报告工作。

——持续深化准军事化纪律部队建设。坚持开展内务规范“周督察、月通报、季评比”，深入开展内务不规范专项整治，推动作风严起来、形象树起来。强化教育培训，开展本级培训 59 期，开展或参与各类资质考试、岗位练兵、技能比武 15 场。毫不放松抓好酒驾醉驾整治。

——监督执纪全面从严。严格执行中央八项规定及其实施细则精神，深入整治形式主义、官僚主义。强化监督执纪问责，全年共受理信访举报15件次，处置问题线索17件。统筹运用监督执纪“四种形态”。制定党委派驻纪检组组长年度考核实施办法，优化调整党委派驻纪检组布局，有效发挥“探头”“前哨”作用。与四川省纪委监委建立联系配合机制，协同推进监督检查工作。分2批对10个部门单位开展常规巡察。开展对4个单位的危险化学品进出口监管专项巡察。完成总署审计的迎审、整改工作。开展对9个隶属海关、事业单位主要负责人的经济责任审计和1项专项审计。完善内控节点指标体系，强化新海廉平台应用，内控机制建设进一步深化。

一年来，我们坚持抓管理、提效能，补短板、强弱项，综合保障水平实现新提升。

——法治建设持续深入。实施海关行政执法“三项制度”，严格落实海关行政执法事项清单。全面梳理完善关区各项业务制度，清理规范性文件26项、业务文件136件。认真执行规范性文件合法性审查及报备制度。公职律师队伍建设、法治宣传工作扎实有序推进。

——行政效能不断提升。加强信息报送、新闻宣传，讲好成都海关故事。做好机要保密工作，加强应急值守，扎牢机关安全运行“双保险”。开展网络攻防演练，提升科技保障能力。全面上线海关政务服务“好差评”系统，积极开展政务服务满意度第三方测评，用好12360服务热线等平台。持续改进文风会风，办文办会办事效率进一步提高。

——后勤保障更加有力。严格落实过“紧日子”要求，强化预算刚性约束。完善后勤制度体系，规范后勤保障管理。

——发展环境进一步优化。与四川省科技厅、农业农村厅、商务厅等部门单位签订合作备忘录，深化关地合作，为成都海关发展创造良好外部环境。持续加强精神文明建设，积极培树先进典型，着力发挥榜样的示范引领作用，成都海关本级及绵阳海关、攀枝花海关通过“全国文明单位”复查验收，乐山海关获评“全国文明单位”。

同志们，2020年是“十三五”收官之年。五年来，在习近平新时代中国特色社会主义思想的引领下，在总署党委的坚强领导下，全关上下团结一心、开拓进取，勇于担当、履职尽责，全面完成了各项工作任务。我们始终坚持以党的政治建设为统领，持续深化政治建关，党的建设全面加强；我们始终坚持落实总体国家安全观，强化监管把关，切实维护国门安全；我们始终坚持积极融入经济社会发展大局，推动四川开放型经济实现跨越式发展；我们始终坚持深化改革创新，不断激发自身发展的新动能；我们始终坚持夯基固本，发展基础持续夯紧夯实，推动成都海关事业发展迈上了新的台阶，开启了社会主义现代化海关建设的新篇章。

这些成绩的取得，是习近平新时代中国特色社会主义思想科学指引的结果，是总署党委坚强领导的结果，离不开地方党政的关心支持，更离不开全关上下的担当作为。伟大出自平凡，平凡造就伟大！大家都是成都海关事业的创造者、奋斗者和奉献者！在此，我代表关党委向全关干部职工表示衷心的感谢并致以崇高的敬意！

事非经过不知难，成如容易却艰辛。回首过往，一路风雨兼程、一路披荆斩棘，给我们留下了深刻启迪：唯有坚持以习近平新时代中国特色社会主义思想为指导，坚定坚决落实习近平总书记重要讲话和重要指示批示精神，才能在风雨来袭时处变不惊；唯有坚持求真务实作风，强化垂直管理意识，保持专注发展定力，全力以赴强监管优服务，才能在“两个大局”交织激荡中乘势而进；唯有坚持统筹发展与安全，有效防范化解各类重大风险，才能在高质量发展道路上行稳致远；唯有坚持开放思维，持续深化与地方党政、兄弟海关的协同合作，才能营造良好的发展环境；唯有坚持以人为本，着力推进干部职工的全面发展，充分调动工作积极性，才能汇聚成都海关长远发展的磅礴力量。

二、深刻把握海关工作面临的形势和任务

“察势者智，驭势者赢”。2021 年是“十四五”开局之年，是全面建设社会主义现代化国家新征程开启之年，也是中国共产党成立 100 周年。站在新的历史起点，我们必须坚持以习近平新时代中国特色社会主义思想为指导，深刻领会党的十九届五中全会和中央经济工作会议精神的精髓要义，结合国情、省情、关情，科学谋划成都海关工作，以更高标准、更高质量助推四川开放发展。

（一）立足新阶段，政治机关建设仍需持续用力。

习近平总书记强调，必须增强政治意识，善于从政治上看问题，善于把握政治大局，不断提高政治判断力、政治领悟力、政治执行力。进入新发展阶段，中华民族伟大复兴的战略全局与世界百年未有之大变局相互交织，百年不遇的疫情使形势变得更加复杂。实践反复证明，越是形势严峻复杂，越是矛盾风险挑战增多，越是要坚持习近平新时代中国特色社会主义思想的科学指引，坚决维护习近平总书记党中央的核心、全党的核心地位，坚决维护党中央权威和集中统一领导。海关作为政治机关，必须旗帜鲜明讲政治，在做到“两个维护”上走在前、做表率。这就要求我们必须把讲政治从外部要求转化为内在主动，持续增强“四个意识”、坚定“四个自信”、做到“两个维护”，始终在思想上、政治上、行动上同以习近平同志为核心的党中央保持高度一致；不断提高政治判断力、政治领悟力、政治执行力，

特别是提升从政治上观察和处理新形势、新矛盾、新挑战的能力；锲而不舍、一以贯之落实好习近平总书记重要指示批示精神，努力建设让党中央放心、让人民群众满意的模范机关。

（二）面对新挑战，维护国门安全任务艰巨。

习近平总书记指出，越是开放越要重视安全。倪岳峰署长强调，任何时候都要牢记严格监管是本职，放松监管就是失职渎职。当前，国内外风险挑战明显增多，联动效应显著增强。四川地处内陆经济腹地和新的开放前沿，在持续加快对外开放进程中，面临着来自各方面的风险挑战。与此同时，涉枪涉毒走私、偷逃税等传统安全防控任务依然艰巨，埃博拉、拉沙热、非洲猪瘟等疫情疫病输入性风险明显加剧，象牙等濒危物种走私、“洋垃圾”走私等违法犯罪活动屡禁不止，进出口食品、危险化学品等重点商品安全风险长期存在。海关处在国门一线，必须立足监管职责，深入贯彻落实总体国家安全观，坚持统筹发展和安全，始终保持居安思危、未雨绸缪的警醒，牢固树立底线思维，增强风险意识，着力打造全链条、立体化的国门安全屏障，坚决维护国家安全、主权和发展利益。

（三）借势新机遇，服务开放发展大有可为。

习近平总书记指出，加快构建新发展格局是关系我国发展全局的重大战略任务，关键在于经济循环的畅通无阻。倪岳峰署长强调，要采取更加管用的措施，打通国内国际双循环堵点，助力国内国际双循环相互促进，更加有力地促进内需和外需、进口和出口协调发展。纵观世界，三大国际权威机构均预测，2021 年全球经济增速接近或超过 5%，世界经济有望恢复性增长。放眼全国，我国发展仍处于重要战略机遇期，经济稳中向好、长期向好的基本面没有变，我国经济发展潜力大、韧性强、后劲足。聚焦四川，“一带一路”建设、长江经济带发展、成渝地区双城经济圈建设等国家战略深入实施，区域经济布局和对外开放格局加快重塑，为四川开放发展提供了坚实支撑和强劲动能，也为我们服务四川高水平开放、高质量发展提供了广阔天地。为此，我们必须充分发挥海关处于国内国际双循环交汇枢纽的作用，从全局和战略高度准确把握成都海关工作面临的新形势新任务和四川外贸发展面临的新挑战新机遇，助力四川开放发展在危机中育新机、于变局中开新局。

（四）聚焦新目标，全面夯基固本任重道远。

倪岳峰署长提出，要奋力推进社会主义现代化海关建设，锻造一流的服务大局能力、一流的创新驱动能力、一流的开放监管能力、一流的研发应用能力、一流的队伍建设能力。近年来，我们积极推进制度化、规范化、标准化建设，发展基础持续夯紧夯实，但距离总署党委的要求还有不小差距。这就要求我们必须进一步加强队伍建设，完善制度机制，强化运行保障，为建设社会主义现代化海关打下更加坚实的基础。

对此，关党委确定2021年成都海关工作的总体思路是：坚持以习近平新时代中国特色社会主义思想为指导，深入贯彻党的十九大和十九届二中、三中、四中、五中全会精神，深入落实习近平总书记对海关工作的重要指示批示精神，深入推进“五关”建设，认真落实全国海关工作会议部署，坚持稳中求进工作总基调，增强系统观念，全面巩固拓展口岸疫情防控和促进外贸稳增长成果，扎实做好“六稳”工作、全面落实“六保”任务，立足新发展阶段、贯彻新发展理念、构建新发展格局，以加强政治建设为根本，以推动高质量发展为主题，以改革创新为动力，全力建设社会主义现代化海关，努力实现“十四五”良好开局，以优异成绩庆祝中国共产党成立100周年。

三、高质量做好2021年各项工作

（一）践行“两个维护”，高站位强化政治建设。

坚持以政治建设为统领，强化政治机关意识，不断提高政治判断力、政治领悟力、政治执行力，走好“两个维护”第一方阵。

一是提高政治判断力。持续推进政治机关意识教育，增强政治敏锐性和鉴别力，善于从政治上看问题，做到在重大问题和关键环节上头脑特别清醒、眼睛特别明亮，做政治上的明白人。围绕“讲政治、守纪律、负责任、有效率”，积极创建模范机关。开展好“党旗在基层一线高高飘扬——以实际行动庆祝中国共产党成立100周年”“我为群众办实事”等活动，教育党员干部做对党绝对忠诚的国门卫士。

二是提高政治领悟力。坚持将学懂弄通做实习近平新时代中国特色社会主义思想作为首要政治任务，深入开展党委理论学习中心组学习。积极参加总署党的十九届五中全会精神轮训并组织好关内轮训。实施青年理论学习提升工程。建立健全述学、评学、考学制度机制，做到融会贯通、真信笃行。持续巩固深化“不忘初心、牢记使命”主题教育成果，经常性开展理想信念教育、伟大抗疫精神教育、海关职责使命教育等，切实筑牢信仰之基、补足精神之钙、把稳思想之舵。

三是提高政治执行力。坚持“第一议题”制度，坚决贯彻落实习近平总书记重要指示批示精神，马上就办、真抓实干，确保践行“两个维护”更加坚决、更加迅速、更加有效。增强忧患意识，提升防范能力，坚决防范化解各类重大风险。推动巡视整改向纵深发展，在抓常抓长上持续发力。巩固脱贫攻坚成果，为推进乡村振兴贡献力量。

（二）树牢底线思维，高标准维护国门安全。

全面落实总体国家安全观，始终牢记监管是海关最基本、最重要的职责，进一步夯实监管基础，提升监管能力，努力建立与社会主义现代化国家相适应的监管体制机制。

一是慎终如始抓好常态化口岸疫情防控。坚决克服麻痹思想、厌战情绪、侥幸心理、松劲心态，毫不放松落实落细各项防控措施。做好境外疫情形势分析研判，及时调整完善应对措施。严格入境人员、进境交通工具检疫，提升精准检疫水平。强化进口冷链食品源头管控、口岸风险监测，严格监督落实口岸环节进口冷链食品和高风险非冷链集装箱货物预防性消毒措施。进一步落实联防联控机制，持续扎紧疫情防控闭环。统筹抓好埃博拉、拉沙热等重大传染病和非洲猪瘟、沙漠蝗等动植物疫病疫情防控工作，坚决防止疫情叠加。持之以恒做好内部防控工作，加大一线保障力度，做到“打胜仗、零感染”。

二是强化风险防控。延伸风险防控链条。拓展大数据方法和工具在风险防控中的应用。加强风险防控区域协作，深化口岸安全风险联合研判和协同处置。

三是加强口岸监管。继续推进行李物品、免税品、邮递物品监管智能化、规范化建设，深化智能审图改革，完善旅检“无感通关”模式。深入开展安全生产专项整治三年行动，加强口岸环节反恐维稳，强化监管作业现场安全管理。严格落实“四个最严”要求，深入推进“国门守护”行动，强化口岸环节食品安全把关。加强进出口危险化学品等重点敏感商品检验监管。持续打击进出口商品假冒伪劣行为，深入开展知识产权海关保护。积极做好冬奥会、冬残奥会、大运会等重大活动监管通关保障。

四是深化综合治税。强化归类审价，加强原产地管理，推广关税保证保险、汇总征税、自报自缴等改革。加强税政调研，形成更多、更有价值的建议。

五是强化企业管理和稽核查。加强企业信用管理，积极做好 AEO 企业认证工作。深入推进特定资质备案管理工作。积极推广“互联网+稽核查”监管。强化后续监管，深化“多查合一”改革，加强涉税、涉检等重点领域专项稽核查。优化海关特殊监管区域保税监管，加强保税监管场所管理。

六是保持打击走私高压态势。坚决贯彻总署党委关于进一步加强打击走私工作“1+6”项制度，强化党委对缉私工作的组织领导，认真履行关长作为关区打私“第一责任人”的职责。扎实开展“国门利剑 2021”专项行动，严厉打击象牙等濒危物种、“洋垃圾”、涉枪涉毒、重点涉税商品、农产品、冻品等走私。充分发挥缉私专业打击和口岸一线监管“堤坝”作用，大力提升全员打私效能。全力做好缉私综合保障。深化反走私综合治理，强化横向执法合作，开展“全链条打击”。

（三）立足“两个市场”，高质量推动对外开放。

发挥海关处于国内国际双循环的交汇枢纽作用，深入落实“四向拓展、全域开放”战略，全力支持四川打造对外开放新前沿。

一是积极推动区域协调发展。积极服务四川融入“一带一路”、长江经济带、西部陆海新通道等重大国家战略。支持成渝地区双城经济圈建设，争取总署将支持成渝地区双城经济圈建设纳入“十四五”海关发展规划，比照支持长三角区域一体化发展建立工作推进机制，出台相关支持措施；聚焦政府关切和企业诉求，积极推进先行领域重点任务，探索开展更多改革试点，及时总结形成可复制推广的经验做法；充分发挥成渝两地节点海关优势带动作用，助力“两中心两地”建设。

二是全力支持开放平台和通道建设。持续巩固成都高新综合保税区首位优势，深入推动“五大中心”建设。学习借鉴特殊综合保税区和自由贸易港开放政策，争取更多改革任务在综合保税区先行先试。助力四川“综合保税区集群”高质量起步，努力形成错位发展、优势互补、良性互动的发展格局。支持符合条件的地区申建综合保税区，支持符合条件的企业申建保税监管场所。促进现有进口指定监管场地功能发挥。推动中欧班列（成渝）高质量发展和西部陆海新通道建设，高效联通国际国内市场。支持天府国际机场口岸开放建设，确保通航后海关业务有序开展。支持双流国际机场口岸功能优化，助力航空产业能级提升。支持九寨黄龙机场口岸加快实现对外开放。支持泸州港、宜宾港进一步扩大开放。

三是保障产业链供应链安全。落实纾困惠企政策，努力解决企业面临的堵点难点问题。支持重点产业先进技术、重要设备、关键零部件等扩大进口，助力四川加快建设制造强省、质量强省。继续支持跨境电商、市场采购等新业态发展。支持成都建设服务扩大内需、畅通循环的国际消费中心城市。做好技术性贸易措施相关工作。助力“四川品牌”扩大国际朋友圈，推动出口转型升级。

四是持续优化口岸营商环境。深化“放管服”改革，持续推进“证照分离”改革、“双随机、一公开”监管。贯彻落实国务院《优化营商环境条例》，对标国家营商环境指标，持续开展优化跨境贸易营商环境专项行动。支持省市两级地方政府参加国家营商环境测评。深化“单一窗口”建设，巩固压缩整体通关时间成效。按照总署统一部署，对接落实《区域全面经济伙伴关系协定》（RCEP）和中欧投资协定。

五是进一步服务宏观决策。持续关注新冠肺炎疫情对四川外贸的影响，加大对四川进出口重点商品、重点企业的跟踪分析力度，积极做好建言献策。继续抓好抓实课题研究、理论研究，力争形成更多优质研究成果。加强与地方政府的横向合作，充分利用研究平台，做好研究成果转化。不断强化数据安全管控，进一步提升业务数据安全保护能力。

（四）坚持创新驱动，高效能推进改革。

在“管得住、放得开、效率高、成本低”上下功夫，深化改革攻坚，持续加强海关制度创新和治理能力建设。

一是进一步深化海关业务改革。紧扣高质量发展推进海关全业务领域一体化。以“五项创新”为指引，优化监管资源配置，提高监管精准性、有效性。深入做好业务改革需求调研，根据地方开放需要和企业发展需求，在总署改革部署的总体框架下，协同推进自主创新改革。充分发挥自贸试验区改革创新试验田作用，进一步释放改革红利。推进旅客通关智能化、“数智蓉关”建设。

二是充分发挥科技创新引领作用。积极支持西部（成都）科学城和中国（绵阳）科技城建设。优化实验室布局，提升实验室技术能力，推进进口固体废物属性鉴定实验室、天府国际机场卫生检疫综合实验室等建设。加强科技研究和成果应用，努力取得更多有影响、高质量的创新成果。探索创新海关业务“自助式、移动式、智能化”模式，加强大数据、人工智能等现代技术手段运用，为海关事业发展提供更有力的科技支撑。

三是夯实法治基础。积极参与《中华人民共和国海关法》《中华人民共和国进出境动植物检疫法》等修订工作。加强对改革工作的梳理总结，用制度固化新的职责任务、管理模式和业务流程，进一步理顺职责关系，优化职能设置。做好各项改革之间的配套制度衔接和规范性文件立改废释工作。推动行政执法“三项制度”全面实施，提升执法规范性和透明度。做好行政复议应诉工作，及时化解执法风险。完善法治宣传教育长效机制，全面提升法治思维和依法行政能力。

（五）压实“两个责任”，高要求打造“蓉关铁军”。

坚持严字当头，将全面从严治党、从严治关不断推向深入，着力锻造忠诚干净担当的干部队伍。

一是加强基层党建。巩固拓展“强基提质工程”成果，统筹推进合格支部动态考评，深化“四强”党支部创建。分级分类推进基层党建品牌培树，努力争创更多全国海关基层党建示范品牌。深入整治“灯下黑”问题，争当“三个表率”。完善基层党组织书记抓党建述职评议考核办法等制度机制，着力打造具有成都海关特点的基层党建实训点，全面提升基层党建规范化标准化水平。

二是锤炼过硬作风。进一步深化准军事化纪律部队建设，健全抓在日常、严在经常的工作机制，深入整治办公秩序、工作纪律、关容风纪等方面存在的问题，切实把纪律作风树起来、立起来、严起来。持续加强专项培训、技能培训，积极开展岗位大练兵、大比武，提升队伍战斗力。大力弘扬伟大抗疫精神，深入挖掘身边典型，激励广大干部职工担当作为。

三是做好干部工作。全面践行新时代党的组织路线，扎实推进干部工作五大体系建设。鲜明选人用人导向，坚持德才兼备、以德为先，把政治标准放在首位。持续优化处科两级领导干部结构，加大干部选拔任用和交流调整力度。大力选拔培养优秀年轻干部，加强执法一线科长队伍建设。推进专业技术类公务员分类管理，做好海关专家培养工作。继续做好公务员职级晋升，发挥正向激励作用。

四是建设清廉海关。认真落实十九届中央纪委五次全会精神和全国海关全面从严治党工作会议精神，建立两级党委落实全面从严治党主体责任检查考核机制，完善党建述职评议制度和履责提醒机制，压紧压实“两个责任”。统筹推进纪律监督、巡察监督、干部监督、派驻监督、审计监督，提升监督的常态化、制度化、规范化水平。精准运用“四种形态”，惩治极少数，管住大多数。扎实开展廉政教育和廉政文化建设，引导广大党员干部知敬畏、存戒惧、守底线。持之以恒落实中央八项规定及其实施细则精神，毫不松懈纠治“四风”，健全基层减负机制。深化内控机制建设，加强新海廉系统运用，紧盯关键环节，提升防控效能。用好政务服务“好差评”、满意度第三方测评、海关特约监督员制度等手段，持续巩固政风行风建设成效。加强巡视巡察上下联动，统筹推进五年巡察“全覆盖”工作，完成好年度巡察工作任务。从紧从严抓好酒驾醉驾常态化整治。坚持打私反腐“一案双查”，坚决查处各类腐败案件，努力打造干部清正、机构清廉、政治清明的新时代清廉海关。

五是强化综合保障。提升机关运转效能，守住精文减会的硬杠杠，提高督查检查实效，优化值班应急管理，加强信息宣传和政务公开，强化机要保密和档案管理。严格落实过“紧日子”要求，提升预算执行效能，确保每一笔钱都用在刀刃上。加大经费争取力度，强化财务保障。加强智慧后勤建设，推进闲置资产整合优化。支持事业单位发展，提升市场竞争力。加强文化建设，做好工青妇等群团组织工作，广泛开展文明单位创建。用心用情做好离退休干部工作，保障好老干部政治、生活待遇。

同志们，征程万里风正劲，重任千钧再出发。面对繁重的工作任务，既要有志不改、道不变的坚定，更要有真抓实干、攻坚克难的意志。关键就是要靠我们的各级领导干部，借此机会，我向大家提出几点希望和要求：

一是要带头讲政治。始终胸怀“国之大者”，持续提升政治判断力、政治领悟力、政治执行力，牢牢把握工作正确政治方向，确保成都海关事业始终沿着中国特色社会主义道路坚定前行。

二是要带头抓落实。以功成不必在我的境界和功成必定有我的担当，发扬为民服务孺子牛、创新发展拓荒牛、艰苦奋斗老黄牛精神，坚持一张蓝图干到底、一以贯之抓落实。

三是要带头守纪律。坚持以身作则、率先垂范，时刻自重自省自警自励，做到慎独慎初慎微慎友，切实管好自己，管好“身边人”，永葆共产党人清正廉洁的政治本色。

四是要带头讲团结。团结出凝聚力，团结出战斗力，要切实维护好心齐劲足的良好氛围，带动全体干部职工心往一处想、劲往一处使，形成抓工作、干事业的强大合力。

星光不问赶路人，时光不负奋斗者。同志们，让我们在总署党委的坚强领导下，更加紧密团结在以习近平同志为核心的党中央周围，坚决贯彻落实党中央国务院重大决策部署以及总署党委各项工作要求，乘势而上、接续奋斗，坚定信心、勇毅前行，为“十四五”开好局、起好步贡献成都海关力量，以优异成绩庆祝中国共产党成立100周年！

在2021年成都海关全面从严治党工作会议上的讲话

党委书记、关长　冉　辉

（2021年2月2日）

同志们：

刚才，6个隶属海关党委书记通过视频连线方式进行了述职，党委委员逐一进行了点评；其他隶属海关党委书记以书面形式进行了述职。总体来看，2020年各隶属海关党委书记在关党委的领导下，切实履行全面从严治党主体责任，抓实抓好党建各项工作，推动全面从严治党在基层落地落实，工作有特色有亮点有成效，值得肯定。陈开茂纪检组长对推进2021年全面从严治党、党风廉政建设和反腐败工作作出了安排部署，讲话是经过关党委集体审议通过的，请大家认真学习，抓好贯彻落实。

2020年，我关各级党组织以习近平新时代中国特色社会主义思想为指导，认真落实党中央关于全面从严治党决策部署以及总署党委相关工作要求，坚定不移全面从严治党，纵深推进清廉海关建设，为我关各项事业发展提供了有力的组织保证、政治保证。我们把做好新冠肺炎疫情防控作为重要政治任务，全力以赴打好疫情防控阻击战，让党旗在抗疫一线高高飘扬；我们深入推进政治机关建设，持续强化理论武装，坚决贯彻落实习近平总书记重要讲话和重要指示批示精神，坚决抓好巡视整改，一鼓作气高质量打好脱贫攻坚收官战，政治统领作用发挥更加充分；我们深入纠治“四风”，持续转变政风行风，扎实推进准军事化纪律部队建设，监督执纪更加从严；我们不断加强“制度＋科技”运用，加大风险防控力度，规范权力运行更加有效；我们持续深入开展警示教育，充分发挥巡察利剑作用，始终保持整治腐败高压态势，反腐败综合效应更加凸显；我们深入推进“强基提质工程”，党委领导力、基层党组织组织力不断提升，精神文明建设取得新成果，管党治党政治责任落实更加有力。

在肯定成绩的同时，我们也要清醒看到问题和不足：有的同志政治机关意识仍需加强，政治能力还需全面提升；一些基层党组织和党组织书记不会抓、不善抓的问题仍然存在；准军事化纪律部队建设有待持续深化，过硬纪律作风还需深入锤炼；党风廉政建设和反腐败斗争形势依然严峻复杂，一体推进不敢腐、不能腐、不想腐机制还不健全，等等。这些问题必须高度重视，在下一步工作中认真加以解决。

2021 年是中国共产党成立 100 周年，是实施“十四五”规划、开启全面建设社会主义现代化国家新征程的第一年。所有工作都要围绕开好局、起好步来展开。2021 年我关全面从严治党工作的总体要求是：以习近平新时代中国特色社会主义思想为指导，全面贯彻党的十九大和十九届二中、三中、四中、五中全会以及十九届中央纪委第五次全会精神，认真落实全国海关全面从严治党工作会议部署，增强“四个意识”、坚定“四个自信”、做到“两个维护”，坚持稳中求进，立足新发展阶段、贯彻新发展理念、构建新发展格局，充分发挥全面从严治党引领保障作用，始终坚持严的主基调，以推动高质量发展为主题，坚持系统观念，一体推进不敢腐、不能腐、不想腐，持续深化清廉海关建设，深入推进政治建关、改革强关、依法把关、科技兴关、从严治关，为建设社会主义现代化海关提供坚强保证，以优异成绩庆祝中国共产党成立 100 周年。

旗帜鲜明讲政治，既是马克思主义政党的鲜明特征，也是我们党一以贯之的政治优势。习近平总书记在 2020 年 12 月召开的中央政治局民主生活会上发表重要讲话时强调，我们党要始终做到不忘初心、牢记使命，把党和人民事业长长久久推进下去，必须增强政治意识，善于从政治上看问题，善于把握政治大局，不断提高政治判断力、政治领悟力、政治执行力。习近平总书记的重要讲话，聚焦讲政治这个主题，具有很强的思想性、指导性和针对性，是新时代全面加强党的建设的重要遵循，是各级领导干部砥砺党性修养、提升政治能力的行动指南。做好成都海关2021年全面从严治党各项工作，我们必须坚持以增强政治能力为抓手，旗帜鲜明讲政治，把讲政治的要求贯穿到全面从严治党工作的全领域各方面。下面，我代表关党委，讲两点意见。

一、深刻领会把握政治能力的内涵，使讲政治的要求从外部要求转化为内在主动

（一）讲政治必须提高政治判断力。

旗帜鲜明讲政治，善于从政治上看问题、把握大局，政治判断力是首要前提。我们党领导人民进行革命、建设、改革的历史进程反复证明了一个道理：政治上的主动是最有利的主动，政治上的被动是最危险的被动。只有从属性上判断、从本质上划清政治和非政治、马克思主义和非马克思主义、人民内部矛盾和敌我矛盾等重大是非界限，才能在政治思想观点、政治立场态度、政治理想信念、政治纪律规矩方面自觉同党中央权威保持高度一致，才能真正增强政治定力、保持政治本色、把握政治方向、承担政治责任。“风起于青萍之末，浪成于微澜之间。”当今世界正处于百年未有之大变局中，全球动荡源和风险点增多，错误思潮暗流涌动，国内改革发展稳定任务依然艰巨繁重，一些深层次矛盾如果得不到有效治理，任其发展就可能引发风险危机。面对复杂的国内外形势，我们必须提高政治判断力，切实增强政治敏锐性和高度警惕性，做到在重大问题和关键环节上头脑特别清醒、眼睛特别明亮。

（二）讲政治必须提高政治领悟力。

旗帜鲜明讲政治，善于从政治上看问题、把握大局，政治领悟力是核心。政治领悟力就是对党中央精神，对政治大是大非问题本质，对自己政治角色功能，以及三者的有机统一联动关系，进行正确领会、辩证思维、系统把握的能力。只有具备了比较坚实、深厚的领悟力，判断才会科学、精准、清醒、有效，执行才能不折、不扣、不偏、不倚。“思想是行动的先导，理论是实践的指南。”党员干部特别是党员领导干部担的是政治责任，只有对“国之大者”了然于胸，对习近平新时代中国特色社会主义思想和党中央精神学深悟透，才能结合自身职责定位抓好贯彻落实。面对新时代新形势新任务，我们必须提高政治领悟力，坚持用党的创新理论持续武装头脑、指导实践、推动工作。

（三）讲政治必须提高政治执行力。

旗帜鲜明讲政治，善于从政治上看问题、把握大局，落脚点在于政治执行力。没有见之于行动的执行力，判断力、领悟力也就失去了价值和意义；没有担当负责、高效务实的政治执行力，讲政治也就成了空中楼阁，虚幻而不可得。“道虽迩，不行不至”。各级领导干部的政治执行力如何，事关党的全面领导，事关党的执政

能力，事关党的奋斗目标。2020年，我国之所以能够打好新冠肺炎疫情防控这场硬仗，如期完成新时代脱贫攻坚目标任务，成为全球唯一实现经济正增长的主要经济体，很重要的一条，就是各级党员干部坚定执行党的政治路线，坚决听从党中央统一指挥，以强大的执行力狠抓落实。面对全面建设社会主义现代化国家新征程，我们必须提高政治执行力，坚决维护以习近平同志为核心的党中央权威和集中统一领导，不折不扣抓好党中央精神的贯彻落实。

二、不断提升政治能力，把讲政治的要求贯穿到全面从严治党工作的全领域各方面

（一）在提高政治判断力上下功夫，始终做政治上的明白人。

强化政治意识。政治判断力的提高，非一朝一夕可以完成，须在政治意识的内化与践行的互动中绵绵用力、久久为功。海关是政治机关，旗帜鲜明讲政治是第一位的要求。任何思想上的模棱两可、战略上的优柔寡断、行动上的摇摆不定，都是错误有害的。必须始终坚持政治机关属性要求，始终坚持政治立场不移、政治方向不偏，切实提高政治站位、保持政治定力。要深化政治机关意识教育，坚持将政治建设作为各级党委理论学习中心组学习、教育培训、“三会一课”最重要的任务，教育引导党员干部进一步增强“四个意识”、坚定“四个自信”、做到“两个维护”。要进一步严明政治纪律和政治规矩，严格做到“四个服从”“五个必须”，坚决防止“七个有之”。要对标“讲政治、守纪律、负责任、有效率”要求，扎实开展模范机关创建活动，积极打造“让党中央放心、让人民群众满意”的模范机关先进单位和标兵单位，永葆海关政治机关鲜明本色。

把准政治判断的标尺。以国家政治安全为大、以人民为重、以坚持和发展中国特色社会主义为本，是领导干部政治判断的根本标尺。政治安全关乎党和国家安危，是国家安全的根本。以国家政治安全为大，必须始终将维护以政权安全、制度安全为核心的国家政治安全作为根本任务。民心是最大的政治。以人民为重，必须把人民拥护不拥护、赞成不赞成、高兴不高兴、答应不答应作为衡量和检验我们一切工作的标尺，努力解决好人民群众最关心最直接最现实的利益问题。方向决定前途，道路决定命运。以坚持和发展中国特色社会主义为本，必须始终坚持正确政治方向，既不走封闭僵化的老路，也不走改旗易帜的邪路，做到“风雨不动安如山”，确保各项事业发展沿着正确方向行稳致远。

善于从政治上观察、思考和处理问题。当前，国内外形势错综复杂，风险与挑战层出不穷，越是“乱花渐欲迷人眼”，越要“不畏浮云遮望眼”。增强政治判断力，就是要科学把握形势变化，胸怀两个大局，一个是中华民族伟大复兴的战略全局，一个是世界百年未有之大变局，这是

我们谋划工作的基本出发点。就是要精准识别现象本质，学会透过纷繁复杂的现象把握本质、通过细节把握全局，从偶然问题中揭示事物必然性，在诸多矛盾关系中把握主要矛盾以及矛盾的主要方面。就是要清醒明辨行为是非，常常拿起政治的“望远镜”“显微镜”“透视镜”进行观察，善于从一般事务中发现政治问题，善于从倾向性、苗头性问题中发现政治端倪，善于从错综复杂的矛盾关系中把握政治逻辑。就是要准确甄别各种风险挑战，有的放矢、从容应对，将其解决在萌芽状态，或控制在局部范围，及时消除各种风险隐患。

（二）在提高政治领悟力上下功夫，始终同以习近平同志为核心的党中央保持高度一致。

以科学的政治理论凝神铸魂。领悟力，是一种理解力，是认知水平高低的反映。政治上的坚定源于理论上的清醒。面对新时代新形势新任务，只有通过不断学习，才能对新思想、新战略、新理论有更深的认识和领悟，才能不断提升政治领悟力。要系统深入学习习近平新时代中国特色社会主义思想，持续跟进学习习近平总书记重要讲话和重要指示批示精神，勤学原文、深悟原理、融会贯通，不断提高理论素养、政治素养，真正使党的创新理论成为认识世界、改造世界的强大精神武器。要抓好学习贯彻党的十九届五中全会精神轮训，实施青年理论学习提升工程，按照中央部署认真开展“党旗在基层一线高高飘扬”活动，巩固深化“不忘初心、牢记使命”主题教育成果，推动党员干部学在平时、养成习惯，确保学习全覆盖、有质量。要把学习习近平新时代中国特色社会主义思想同学习党史、新中国史、改革开放史、社会主义发展史贯通起来，认真组织开展庆祝建党 100 周年系列活动。制定实施好“政治能力提升”计划，引领党员干部加强党性锻炼、党性修养，持续推动学习走深走心走实。

强化党的创新理论运用。领悟不是生搬硬套，必须坚持实事求是，立足实际，在准确把握党的创新理论精髓要义和精神实质的基础上，灵活运用蕴含其中的思想方法和工作方法去解决实际问题。习近平新时代中国特色社会主义思想，是马克思主义中国化最新成果，是经过实践检验、富有实践伟力的强大武器。提高政治领悟力必须既学习领会习近平新时代中国特色社会主义思想基本内容，又充分吸收、灵活运用贯穿其中的马克思主义立场观点方法，切实提高驾驭各项工作、应对复杂局面的能力。

做到常怀“国之大者”。所谓“国之大者”，强调的是思想认识上的格局和高度。百年未有之大变局下，这是一种难能可贵的品质。当前，有的党员干部还局限在一岗一域的小天地里，觉得埋头干好自己的分内事就够了，党中央怎么考虑、如何部署等这些国家大事与己无关，也用不着自己多去关心，一碰到问题，首先从海关系统甚至本部门单位的角度权衡利弊，不善于从党和国家大局出发，导致对党和国家的大政方针理解不深、领悟不够，甚至囿于小我利益，产生抵触情绪，在行动中搞变通、打折扣。“不谋全局者，不足谋一域。”作为党员领导干部，必须时刻关注党中央在关心什么、强调什么，深刻领会什么是党和国家最重要的利益、什么是最需要坚定维护的立场，切实把增强“四个意识”、坚定“四个自信”、做到“两个维护”落到行动上。必须把得牢守得住党和国家重大原则、重大立场和重大利益，看得清辨得明大势、大局和大事，切实做到心眼明亮。必须自觉站在党和国家的战略全局、政治大局上想问题、作决策、办事情，善于把本部门单位的工作融入党和国家事业大局，精准发力，做到既为一域争光、更为全局添彩。

（三）在提高政治执行力上下功夫，坚决走好“两个维护”第一方阵。

经常对表对标。提高政治执行力，要经常同党中央精神对表对标，看看贯彻落实过程中有没有“慢半拍”的问题，有没有“时差”的问题，有没有“打折扣”的问题，经常校正偏差，纠正偏离和违背党的政治方向的行为，严格做到党中央提倡的坚决响应、党中央决定的坚决执行、党中央禁止的坚决不做，不折不扣抓好党中央精神的贯彻落实。要坚持把习近平总书记重要指示批示精神作为第一行动号令，坚持“第一议题”制度，进一步健全学习传达督促落实闭环链条，切实做到方向更明确、措施更有力、落实更到位。

坚持问题导向。要把坚持问题导向贯穿工作始终，敢于正视问题、善于发现问题，注重从各种现象的关系中、改革发展实践中、总结经验教训中发现问题。要科学分析问题、深入研究问题，具体问题具体分析，弄清楚问题的性质和类型，哪些是体制机制弊端造成的问题，哪些是工作责任不落实或落实不到位造成的问题，哪些是条件不具备一时难以解决的问题，有的放矢加以解决。要敢于触及矛盾、善于解决问题，以解决问题为目的，着力化解矛盾、破解难题。

强化纪律执行。要突出准军事化纪律部队特色，坚决做到闻令而动、遵令而行，坚决防止各种象征性执行、选择性执行、低水平执行，及时清除贯彻落实过程中的“拦路虎”“中梗阻”“断头路”，确保党中央政令畅通、令行禁止。要强化垂直管理意识，各级党组织和党员干部要自觉服从总署党委的安排，凡总署党委作出的决定，必须坚决执行，决不允许讨价还价，决不允许阳奉阴违、当面一套背后一套。党员干部特别是党员领导干部要时刻牢记自己是党的干部、组织的人，第一职责是为党工作，凡是重大问题、重要事项、重要工作进展情况，都必须按规定及时请示报告，坚决做到对党绝对忠诚。要始终绷紧廉洁从政这根弦，正确处理自律和他律、信任和监督、职权和特权、原则和感情的关系，严格遵守廉洁从政各项规定，时刻自重自省自警自励，做到慎独慎初慎微慎友，筑牢拒腐防变的思想道德防线。

敢于担当尽责。要强化责任意识，知责于心、担责于身、履责于行，绝不能当“开明绅士”、搞“爱惜羽毛”。要敢于直面问题，不回避矛盾，不掩盖问题，在重大原则问题上敢于亮剑，在大是大非问题上敢于发声，在推进改革发展中敢于碰硬，在全面从严治党上敢于较真，出了问题要敢于承担责任。各级党委要坚决扛起全面从严治党主体责任，做到守土有责、守土负责、守土尽责；党委书记、关长要严格履行第一责任人工作职责，管好班子、带好队伍、抓好落实；党委委员要严格履行“一岗双责”。要强化考核监督，建立与全面从严治党主体责任清单配套的检查考核机制，完善基层党组织书记抓党建述职评议考核办法，抓实考核检查，强化结果运用，对责任落实不到位、管理不完善、问题突出的部门单位和个人要严肃追责问责。要从严加强监督执纪，推动巡察、纪律、派驻、组织、审计等监督贯通融合，形成强大监督合力。

“政治不立，一切无依。”让我们在总署党委的坚强领导下，紧密团结在以习近平同志为核心的党中央周围，把讲政治的要求贯穿到全面从严治党工作的全领域各方面，不断开创成都海关全面从严治党、党风廉政建设和反腐败工作新局面，以强烈的政治担当为“十四五”开好局、起好步，为建设社会主义现代化海关提供坚强保证，以优异成绩庆祝中国共产党成立100周年！

第二篇

专记

党史学习教育和庆祝中国共产党成立100周年

2021年是中国共产党成立100周年，是全面实施“十四五”规划的开局之年，也是开启全面建设社会主义现代化国家新征程的第一年。党中央决定在全党深入开展党史学习教育。成都海关党委坚持把开展好党史学习教育作为贯穿全年的一项重大政治任务，结合庆祝中国共产党成立100周年，深入学习贯彻习近平总书记关于党史学习教育的重要讲话和重要指示批示精神，认真落实党中央决策部署以及总署党委工作要求，在全国海关党史学习教育第三巡回指导组的指导下，按照“学史明理、学史增信、学史崇德、学史力行”总要求，科学谋划、精心组织，抓实抓好党史学习教育各项工作。

一、聚焦主题主线，统筹推动有力有序

成立成都海关党史学习教育领导小组，健全领导机构及工作机构，制定工作方案，强化组织推动，确保各项任务落地落实。

（一）坚持“一贯到底”，提高政治站位。

坚持将学习贯彻习近平总书记关于党史学习教育的重要讲话和重要指示批示精神，作为党史学习教育的核心内容、“两个维护”的具体体现，确保全关党史学习教育始终沿着正确方向进行。深入学习习近平总书记在党史学习教育动员大会、庆祝中国共产党成立100周年大会、党的十九届六中全会上的重要讲话精神，跟进学习习近平总书记参观“不忘初心、牢记使命”中国共产党历史展览、北大红楼，以及在广西、福建、西藏、陕西等地考察期间的重要讲话和重要指示精神，深刻感悟习近平新时代中国特色社会主义思想伟力，深刻认识扎实开展党史学习教育的重大意义，切实增强在新时代学习党的历史、弘扬党的传统、开启新的征程、创造新的伟业的思想自觉、政治自觉和行动自觉。

（二）建立“五个机制”，落实主体责任。

认真落实党史学习教育的总体进度安

排，领会重点内容、把握工作节奏、注重全面统筹、保持工作力度，确保组织到位、人员到位、工作到位、责任到位。建立定期研究推动机制，坚持在关党委班子每周碰头会上研究党史学习教育工作，形势分析及工作督查例会上先后6次听取工作汇报，强化分类指导。建立台账管理机制，进一步明确党史学习教育工作任务，细化形成5个专题40项具体任务台账，每月梳理工作进展，抓好日常推进落实。建立定期汇报沟通机制，加强向总署政工办和总署党史学习教育第三巡回指导组的汇报，坚持每半月向指导组报送工作情况，报送经验做法42条、先进典型案例48个。建立基层联系点督导机制，关党委委员结合落实基层联系点制度，加强实地调研和具体指导。建立全覆盖督导机制，组建5个巡回指导组，采用巡回指导、随机抽查、调研访谈、巡听旁听等线上线下多种方式，督责任、看做法、找问题、评效果、提建议，从严从实开展实地指导95次。

（三）搭建“三个平台”，营造浓厚氛围。

加强思想舆论引领，加强宣传报道，营造浓厚氛围。搭建线上平台，在成都海关信息网开辟专栏，设立“工作动态”等5个板块，推送相关资料1,900余篇；在“蓉关人”微信公众号推送“我想对党说”“我为群众办实事”等9个系列专题，推送文章740余篇。用活传统平台，在党员活动室、大厅显示屏、走廊等打造“微型党史馆”。用好外部平台，向总署、四川省直机关工委等报送信息被采用500余篇次。

二、坚持学思践悟，学习教育走深走实

坚持规定动作与自选动作相结合，推进内容、形式、方式创新，通过“学、悟、讲、做、比”等多种方式，不断提高学习教育的针对性、有效性。

（一）建立“1＋N”学习机制，推动入脑入心。

把学习研讨作为深化理论学习的重要方式，推动各个层次和岗位党员干部潜心自学、深入思考，做到学有所思、学有所悟、学有所得。关党委率先垂范，认真研读指定学习书目，用好重要参考材料，带头读原著、学原文、悟原理，形成“1＋4”学习机制，举行党委理论学习中心组学习27次，开展专题学习4次、集中研讨6次、座谈会交流1次，举办党史学习教育专题读书班、党的十九届六中全会精神专题学习班各1期。关党委被评为四川省直部门（单位）党组（党委）理论学习中心组学习先进单位、省直机关“四好一强”领导班子创建活动先进单位。统筹推动开展宣讲和青年大学习活动，形成“1＋1”长效机制，组建23名各层级党员干部参与的宣讲专家库，通过互动宣讲、线上展播宣讲、“点菜式”上门等方式宣

讲30余场次；实施“青年理论提升工程”，组建33个青年理论学习小组，开展“一小组一学习品牌”创建，组织集中学习研讨130余次，1名青年关员获得四川省首届基层理论宣讲大赛省直机关第一名。组织各部门单位结合各自实际开展学习，形成“1+3”学习机制，召开领导班子集中学习研讨620次，组织开展主题党日活动854次、“悦读党史”活动891次、讲党课活动457次。

（二）组织“2+1”红色教育，赓续红色血脉。

认真落实习近平总书记关于用心用情用力保护好、管理好、运用好红色资源的重要指示精神，用好党领导下的红色海关历史和地方红色资源，激励党员干部赓续红色血脉、传承红色基因。用好地方红色教育基地，关党委委员到成都市烈士陵园开展现场教学，各部门单位就近运用红色教育基地开展“沉浸式”教育131场次。用好四川科普教育基地，强化对海关资源的挖掘、保护和利用，丰富完善关史馆，建成四川科普教育基地，1篇红色档案经典故事入选海关红色档案故事，3件疫情防控见证物被中国国家博物馆永久收藏。用好“学史·铸魂”红色讲坛，通过组织全国先进基层党组织书记作专题报告、开展新老关员初心对话、采访制作历届老关长和“五老”微视频并集中展播等形式，开展红色讲坛活动38场次，让学习教育热在基层、热到一线。

三、丰富形式内容，系列活动有声有色

结合庆祝中国共产党成立100周年，贯穿党史学习教育，组织开展“永远跟党走”主题党日活动和系列活动，推动各层面的党史学习教育持续热起来、实起来，引导党员干部不断深化理解领悟。

（一）开展庆祝中国共产党成立100周年“永远跟党走”主题党日活动。

7月1日上午举行升国旗仪式，组织1,200余名党员收听收看庆祝中国共产党成立100周年大会，全程聆听习近平总书记重要讲话。全国先进基层党组织——青白江海关党总支书记陶毅同志在现场参加。下午，继续开展主题党日活动，党委书记、关长冉辉作活动致辞；集中表彰优秀共产党员38名、优秀党务工作者10名、先进党组织30个；为23名“光荣在党50年”老党员颁发纪念章；组织15名新接收的预备党员集体入党宣誓；观看蓉关青年自编自导的《觉醒年代》情景剧表演；开展“颂歌献给党”歌咏活动，关党委委员和一级巡视员合唱《保卫黄河》，青白江海关等5家单位进行展演。

（二）积极开展系列活动。

开展党史知识竞赛活动，组织全体党员干部开展线上、线下党史知识测试，将全关分为7个赛区开展现场竞赛；派员参加海关西南文化协作区现场竞赛和四川省直机关工委线上比赛。开展书画作品展活

动，举办“翰墨颂党恩 丹青绘百年”书画作品展，征集作品60余件，依托“蓉关人”微信公众号和“书香蓉关”文化长廊进行线上、线下同步展出，1部原创作品获评四川省廉政文化诗文和图片征集大赛一等奖，成都海关获优秀组织奖。开展线上歌咏展播活动，组织各部门单位精心演绎展现党领导人民在革命、建设、改革开放、新时代各个时期辉煌历程的代表性歌曲，录制视频在“蓉关人”微信平台集中展示，择优推选5个部门单位参加现场展示。开展微视频展播活动，组织拍摄《国门巍巍、党徽熠熠》《党旗下的海关人》等系列视频在蓉关人微信平台展播。组织参加总署政工办、中国海关学会举办的庆祝中国共产党成立100周年征文活动，1篇获评“三等奖”。开展红色经典电影展播活动，组织集中观看红色电影。

四、突出为民服务，实践活动有行有效

认真落实党史学习教育实践要求，把“我为群众办实事”实践活动作为党史学习教育重要内容，坚持人民立场，结合海关职责，为企业、群众办实事解难题。

（一）“两个机制”察民情。

走进服务对象、基层一线开展调查研究，听取意见建议，了解基层需求、企业关切、群众期盼。建立健全问题收集反馈机制，优化“关长信箱”、12360热线和“我为群众办实事”专栏，用好政务服务“好差评”、第三方测评，发挥特约监督员作用，收集群众留言和意见建议93件次。建立关长接待日制度和海关开放日制度，为企业和群众解决问题18个。

（二）“两张清单”办实事。

建立重点民生项目清单，实施国门安全、便民利企、暖心聚力“三大工程”，建立“两级”党委重点民生项目清单19份，推进185项重点民生项目落实。建立办实事清单，组织各部门单位开展调研614次，梳理形成办实事清单41个、办实事项目715个，解决实际问题674个，收到企业群众锦旗（感谢信）98面（封），“前店后仓＋快速配送”案例入选全国海关“百佳项目”。

通过党史学习教育，全关党员干部经受了全面深刻的政治教育、思想淬炼、精神洗礼，各级党组织创造力、凝聚力、战斗力显著增强，多项重要业务指标实现大幅提升，达到了学党史、悟思想、办实事、开新局目的。

（撰稿人：马冬梅　李　平　李　东
江海平　杨瑷宁　姜若云
袁　睿　蔡　科）

学习宣传贯彻党的十九届六中全会精神

成都海关坚持以习近平新时代中国特色社会主义思想为指导，把学习宣传贯彻党的十九届六中全会精神作为重大政治任务，精心安排部署，周密组织实施，引导全体党员干部切实把思想和行动统一到全会精神上来，更加紧密地团结在以习近平同志为核心的党中央周围，大力弘扬伟大建党精神，以史为鉴、开创未来，埋头苦干、勇毅前行。

一、制订学习贯彻方案

全会召开后，关党委第一时间通过党委会、形势分析及工作督查例会、党委理论学习中心组（扩大）学习会等方式传达学习党的十九届六中全会精神。2021 年 11 月 15 日，党委书记、关长冉辉主持召开党委会，传达学习、研究贯彻党的十九届六中全会精神，要求全关坚持以习近平新时代中国特色社会主义思想为指导，按照总署党委部署要求，深入学习领会全会精神，用心感悟思想伟力、用心服务发展大局、用心守护国门安全、用心抓实党的建设，埋头苦干、勇毅前行、开创未来，以更高标准、更高质量完成总署党委安排部署的各项工作任务，在新的赶考之路上作出成都海关人的新贡献，以新的业绩迎接党的二十大胜利召开。党委委员虞阳、李宣彤、李海帆参会交流学习全会精神心得体会。同时，对成都海关深入学习宣传贯彻党的十九届六中全会精神作出具体部署。

二、发挥党委理论学习中心组学习示范带头作用

12 月 1 日，组织处级以上党员领导干部参加总署党委理论学习中心组（扩大）学习暨党的十九届六中全会精神专题学习班专题宣讲视频会议。12 月 7 日，党委书记、关长冉辉参加全国海关纪检机构学习贯彻党的十九届六中全会精神专题学习辅导电视电话会议。

12 月 9 日，举行成都海关党委理论学习中心组（扩大）学习暨党的十九届六中全会精神专题学习班开班仪式，党委书

记、关长冉辉作开班动员，宣讲党的十九届六中全会精神，从强化组织推动、强化全员培训、强化集中宣讲、强化氛围营造四个方面对成都海关学习宣传贯彻工作进行部署并提出要求。关党委委员，一级巡视员，二级巡视员、二级总监，总工程师，各内设处室、风控分局副处级以上领导干部，各事业单位六级职员以上领导干部在主会场参会，会议以视频会议方式召开。12 月 10 日至 12 月 16 日，参会代表原原本本自学《中国共产党第十九届中央委员会第六次全体会议公报》《中共中央关于党的百年奋斗重大成就和历史经验的决议》和习近平总书记就《中共中央关于党的百年奋斗重大成就和历史经验的决议》所作的说明等会议文件。12 月 17 日上午，组织开展专题学习研讨。关党委委员、各部门单位主要负责人分成 4 个组，围绕“如何深刻认识‘两个确立’的决定性意义，胸怀‘两个大局’，牢记‘国之大者’，更加坚决贯彻习近平总书记重要指示批示精神，确保海关正确发展方向”“如何深刻认识党的百年奋斗‘五个方面’的历史意义和‘十个坚持’的历史经验，把握历史规律，深化党史学习教育，提高运用党的历史经验推动现代化海关事业发展的政治自觉”“如何深刻把握以史为鉴、开创未来的要求，坚持立足新发展阶段、贯彻新发展理念、构建新发展格局、推动高质量发展，围绕中心，服务大局，强化监管优化服务，不断提升海关制度创新和治理能力建设水平”3 个方面的主题深入开展研讨。集中研讨期间，党委委员、缉私局长虞阳，党委委员、副关长叶卫翔，党委委员、副关长李海帆，办公室、动植食处、机场海关、锦城海关主要负责人围绕主题作交流发言。专题学习班后，各隶属海关、事业单位党委围绕学习党的十九届六中全会精神主题，党委书记带头，中心组成员紧密联系思想实际和工作实际，开展集中学习研讨 20 余次。

三、多形式组织开展学习宣传贯彻

党的十九届六中全会召开当日，全关各部门单位利用电视、广播、报刊媒体等方式，组织干部职工收听收看全会相关报道。各隶属海关单位、各基层党支部坚持将学习全会精神与党史学习教育融会贯通，通过党委理论学习中心组学习、“三会一课”、青年理论学习小组学习等方式开展学习研讨 50 余次，创新利用“指尖阅读”“云学习”“专家授课”“党员讲坛”等方式，及时跟进学习领会全会精神的丰富内涵和核心要义，迅速掀起学习宣传贯彻全会精神热潮。团委迅速组织团员、青年深入学习全会精神，立足岗位畅谈体会。

四、强化全员培训

突出“关键少数”，研究制定处级以上领导干部集中学习培训计划，分批次推进署管干部参加总署党委举办的学习贯彻党的十九届六中全会精神集中轮训。突出全员覆盖，通过举办专题学习班、读书班等形式，对全体党员进行培训，完成学习贯彻党的十九届六中全会精神网上培训班第一阶段参训任务，实际参训率100%，全员均达到24学时要求。突出内容全面，抓好《习近平谈治国理政》《论中国共产党历史》等重要著作及《〈中共中央关于党的百年奋斗重大成就和历史经验的决议〉辅导读本》《党的十九届六中全会〈决议〉学习辅导百问》等辅导材料的学习。

各隶属海关因地制宜、因岗制宜、灵活安排，制订培训方案，抓好本单位党员干部学习培训。全关143个基层党组织用好“三会一课”、主题党日活动、读书班、专题研讨会等方式，组织党员原原本本学习会议文件，开展集中学习研讨交流。部分基层一线单位针对工作地点相对分散、口岸疫情防控任务较重等实际情况，组织党员干部利用网络平台、班前会、“班车学堂”“学习园地”等多平台实现共学、共交流，将党的十九届六中全会精神传达到一线、落实到基层。

组织离退休党员干部通过微信群、公众号等开展在线学习培训。12月10日，离退休干部党总支组织老干部召开学习党的十九届六中全会精神研习交流会，30余名老党员交流心得体会，畅谈感言感想。

五、广泛开展集中宣讲

12月9日，党委书记、关长冉辉带头开展宣讲，学习贯彻全会精神，要求深刻把握领会党的十九届六中全会重要精神，深化“蓉关认识”；深刻总结把握党领导下成都海关事业发展历史，凝聚“蓉关感悟”；深刻把握成都海关事业发展的新形势新要求，坚定“蓉关行动”。

12月13日，邀请四川省委宣讲团成员以“学习贯彻党的十九届六中全会精神和省委十一届十次全会精神”为主题进行专题宣讲。

党委委员分别到所在支部或联系点，结合分管领域工作作宣讲。各部门单位主要负责同志在本部门单位宣讲。各基层党组织书记面向支部党员开展宣讲。

六、营造浓厚学习宣传贯彻氛围

党的十九届六中全会召开前，提前推送《改革开放以来历届六中全会都关注了什么?》《我们党是怎样总结历史经验的?》等学习资料，做好引导预热。会议期间，通过党史学习教育专栏、微信群、学习强国群等渠道，编辑推送全会最新公开资料，引导党员及时学习。会后，“蓉关人”公众号第一时间转发《公报》全文，“党史学习教育专栏”同步进行更新，LED屏幕滚动播放全会重要精神要点，13篇反映学习贯彻全会精神情况的信息、简报分别被总署政工办网站、四川省机关党建网采用。在“蓉关人”开辟“学习党的十九届六中全会精神”专题，推送相关报道75期。制作《礼赞党的十九届六中全会精神——成都海关青年快板表演》视频。各隶属海关同步利用党建长廊、宣传展板等，宣传党的十九届六中全会精神。

（撰稿人：马冬梅　李　平　李　东
江海平　杨瑷宁　姜若云
袁　睿　蔡　科）

贯彻落实《“十四五”海关发展规划》

2021年6月9日，总署下发《“十四五”海关发展规划》，从全局高度明确了“十四五”海关发展的指导思想、基本原则、主要目标和主要任务，提出了7大任务、42项工作、20项工程，为“十四五”海关发展指明了方向，提供了根本遵循。为确保《“十四五”海关发展规划》各项目标任务有效落地落实，结合《中共四川省委关于制定四川省国民经济和社会发展第十四个五年规划和二〇三五年远景目标的建议》《四川省国民经济和社会发展第十四个五年规划和二〇三五年远景目标纲要》，编写《成都海关贯彻〈“十四五”海关发展规划〉实施方案》。

一、实施方案

明确了“十四五”时期成都海关发展的指导思想、工作目标，成立成都海关贯彻“十四五”海关发展规划工作领导小组，提出推进规划和实施方案落实的工作机制和工作要求。

（一）指导思想。

全面贯彻习近平新时代中国特色社会主义思想，深入学习领会习近平总书记关于“十四五”规划编制的重要指示精神，统筹推进“五位一体”总体布局，协调推进“四个全面”战略布局，立足新发展阶段，贯彻新发展理念，构建新发展格局，推动高质量发展，以社会主义现代化海关建设为战略牵引，持续深化政治建关、改革强关、依法把关、科技兴关、从严治关，全面提升制度创新和治理能力水平，促进高水平开放、保障高标准安全、提升高效能治理，更好地为国家经济社会发展贡献成都海关力量。

（二）工作目标。

锚定《“十四五”海关发展规划》确定的2035年海关发展远景目标，结合成都海关实际，坚持目标导向和问题导向相结合，全面发挥把关服务作用，推动成都海关各项事业高质量发展，“十四五”期间要努力实现以下主要目标。

——政治建关全面强化，服务大局能力大幅提升。政治信仰更加坚定，政治领导坚强有力，政治判断力、政治领悟力、政治执行力显著提高，政治生态风清气正，维护国家安全和发展利益更加坚决有力，服务四川对外开放更加积极有为，永葆政治机关鲜明本色，坚定走好“两个维护”第一方阵，让党中央放心、让人民群众满意的模范机关建设成效显著。

——改革强关持续深化，促进发展能力大幅提升。改革创新更加系统集成、协同高效，业务改革统筹推进，“放管服”改革成效显著，海关特殊监管区域优化升级和自贸试验区制度创新红利持续释放，监管效能进一步提高，营商环境更加优化，推进改革攻坚取得新突破。

——依法把关全面加强，依法行政能力大幅提升。制度体系更加系统完备，职责履行更加全面高效，行政权力监督制约机制更加严密有效，法治实施保障更加协同有力，执法规范性、统一性全面提升，逐步形成更加规范有序、公平高效的执法环境，法治建设取得明显进步。

——科技兴关动力强劲，科技支撑水平大幅提升。紧跟总署“智慧海关”建设步伐，大力推动应用创新与科技创新，科技研发和应用工作机制更加健全，业务科技一体化有力推进，大数据、人工智能等新技术应用更加广泛深入，信息化项目建设更加完备，网络安全保障能力得到加强，检验检测能力明显提升，口岸监管装备智能化应用成果显著。

——从严治关纵深推进，队伍建设能力大幅提升。坚定推进党的建设高质量发展，基层党建水平全面提高，党风廉政建设和反腐败工作持续向纵深发展，清廉海关建设成效明显，干部人事工作规范有序，人才队伍配置不断优化，准军事化纪律部队建设全面加强，综合保障能力全面提升，内控机制建设更加扎实有效，队伍活力、动力充分激发，忠诚干净担当的高素质专业化干部队伍建设再上台阶。

（三）工作任务。

聚焦《“十四五”海关发展规划》“坚决维护国家安全”“服务国内国际双循环相互促进”“持续深化海关改革”“全面推进法治海关建设”“全面提升科技创新应用水平”“构建海关大外事工作格局”“持续推进准军事化海关纪律部队建设”7大板块42项工作任务、20项工程，结合成都海关实际，逐项进行分解细化。同时，成立成都海关贯彻落实《“十四五”海关发展规划》工作领导小组，研究部署《“十四五”海关发展规划》的推进落实，协调解决推进落实过程中出现的重大问题，对规划的贯彻落实情况进行检查、指导和监督。领导小组下设办公室设在统计处，内设4个专项工作组负责日常工作。

二、任务分解

《成都海关贯彻落实“十四五”海关发展规划重要任务分解表》《成都海关贯彻落实“十四五”海关发展规划重点工程分解表》作为文字方案的附件，表单逐项细化落实举措，明确路线图、预期成果、责任单位、完成时限。

《成都海关贯彻落实“十四五”海关发展规划重要任务分解表》聚焦坚决维护国门安全、服务国内国际双循环相互促进、持续深化海关改革、全面促进法治海关建设、全面提升科技创新应用水平、构建大外事工作格局、持续推进准军事化海关纪律部门建设、后勤保障8个领域，由18个部门单位牵头实施。

《成都海关贯彻“十四五”海关发展规划重点工程分解表》将《“十四五”海关发展规划》“20项工程”分解为63个具体项目，由15个部门单位牵头实施。

（撰稿人：王沣涛）

统筹推进口岸疫情防控和促进外贸稳增长

新冠肺炎疫情是中华人民共和国成立以来我国遭遇的传播速度最快、感染范围最广、防控难度最大的重大突发公共卫生事件之一。新冠肺炎疫情发生后，成都海关党委坚决贯彻落实习近平总书记关于疫情防控的重要讲话精神和重要指示批示精神，自觉把思想认识统一到党中央关于疫情防控形势的分析判断和工作部署上来，从践行“两个维护”的高度，坚决扛起疫情防控政治责任，勇担疫情防控政治责任，从严、从紧、从实狠抓疫情防控措施落实，坚决守牢口岸疫情防控关口。

一、加强组织领导

设立成都海关统筹推进口岸疫情防控和促进外贸稳增长工作指挥部，指挥部下设9个工作组。保持三级指挥体系始终处于运转状态，坚持每日工作例会制度，及时听取汇报，开展集中研讨，持续深入推进疫情防控工作中重大风险隐患梳理评估，做到“前日情况日报告，发现问题日解决，当天工作日安排”，确保国务院联防联控机制、总署党委疫情防控和稳外贸促发展等重大决策部署和工作要求落实不过夜、不打折扣。截至2021年年底，累计召开指挥部工作例会704次。

二、毫不松懈抓好口岸疫情防控

（一）严格口岸防控。

密切跟踪国际疫情变化，特别是与成都通航的国家和地区疫情发展趋势，结合成都口岸实时检疫数据，按周、按月分析提炼出当前口岸疫情防控重点航线、重点国家等防控重点，实时提醒并督导现场加强对重点航班、重点人员入境卫生检疫。严格落实口岸“三查三排一转运”工作要求，对入境人员实施健康申明卡核查、登临检疫、医学巡查、两次测温、流行病学调查、医学排查、核酸采样检测。加强联防联控，密切与外事、卫健、民航、机场等部门单位沟通联系，掌握远端防控情况和人员信息，共享疫情信息，入境人员信息100%信息通报，100%移交属地后续管理，做到入境人员闭环移交机场工作组

“零遗漏”“零脱管”。落实消毒工作要求，监督现场发现“四类人员”行李物品消毒工作，并做好监督记录。根据总署要求严格落实高风险进境航班布控与终末消毒监督工作，对进境载客航空器的终末消毒指令实施监控。加强进口冷链食品和高风险非冷链集装箱货物的监测检测及预防性消毒监督。严格执行实验室操作规范，定期开展样本接收、病毒灭活、标本分装、仪器设备操作、检测和样本保存等操作培训，按规范开展检测前预防性消毒，按照规范开展实验室生物样本管理，严格做好废弃物处理。全年检疫监管进出境航班8,466架次、进出境人员29.2万人次，检测样本9.5万份，监测进口货物新冠病毒样本3.9万个，指导完成预防性消毒处理货物23.2万件、集装箱（器）2,544个，监督完成入境客运航空器终末消毒756架次。坚持“多病共防”，检出疟疾、乙肝、梅毒等传染病271例，有效防止疫情叠加。

（二）强化科技支撑。

根据疫情发展态势及相关政策要求，不断完善口岸一线卫生检疫作业区设置，加强卫生检疫信息化手段应用，持续优化口岸监管检疫作业流程。加强与航空公司、机场等单位的协作配合，积极推进双流国际机场旅检入境通道升级改造，完成人脸识别设备、活体检测设备、毫米波人体检查设备等科技设备的安装及业务用房改造。为实验室配备高通量核酸提取仪、恒温水浴锅、全自动化学发光免疫分析仪器等仪器设备，保障新冠病毒检测和防疫物资检测工作高效开展，提升实验室整体效能。制定疫情防控设备和系统保障方案，开展科技人员跟班作业，全天候提供网络和技术保障。优化空港口岸卫生检疫信息化系统，完成总署新旅通卫生处置子模块系统上线，完成视频监控网和业务网“双网剥离”。依托信息化系统，加大科技装备和信息化投入，实现卫生检疫全链条数据共享、全程闭环信息化管理。

（三）加强关心关爱。

积极落实总署党委进一步激励关爱疫情防控一线党员干部职工担当作为的措施，在疫情防控一线建立问题“直报”机制，针对不同岗位，分类设立调查问卷、开展谈心谈话，全面掌握人员思想状况，积极做好压力纾解。在“蓉关人”微信公众号开通“蓉关爱电台”专栏，定期推荐心理健康方面书籍，为一线人员分享工作生活心得、交流感想提供平台。组建“蓉关爱”心理疏导志愿者服务队，及时掌握疫情防控一线人员的思想动态，有针对性地做好思想工作。开展专题讲座，推送心理健康微课程，创作文艺作品，进一步疏导压力、提振精神。以疫情防控大队为单位，开展健步走打卡、“7天get一项新技能”等符合抗疫一线防护要求的文体活动，利用“蓉关爱·爱读书”学习交流平台，开展读书打卡等活动，以充实的精神文化生活，让封闭管理人员身心得到放松。建立落实关心关爱机制，从政治关爱、工作支持、生活关心、精神激励四个方面，广泛收集疫情防控一线人员的问题、建议，及时回应一线人员的诉求。围绕“14＋7＋7”管理模式，加强岗位人力资源调研分析，及时掌握关员的具体困难，动态调配人力资源。

三、全力以赴促进外贸稳增长

深入学习贯彻习近平总书记关于统筹疫情防控和促进经济社会发展重要讲话和重要指示批示精神，扎实做好“六稳”工作，全面落实“六稳”任务，着力促进外贸保稳提质。2021年，四川货物贸易进出口总值9,513.6亿元，规模位列全国第8，同比增长17.6%，其中，出口5,708.7亿元，同比增长22.7%；进口3,804.9亿元，同比增长10.8%。与2019年相比，四川外贸进出口、出口、进口分别同比增长40.1%、46.2%和31.8%。

（一）优化口岸营商环境。

主动对标接受世界银行营商环境评价的东部城市，对表国家口岸办部署的跨境贸易便利化专项行动，制定实施便利化措施。持续深化“放管服”改革，有序推进26项海关行政执法“双随机、一公开”工作。优化行政审批服务，推进“证照分离”改革，受理办结行政审批1,889件，继续保持“零超时”“零差评”纪录。落实总署全面深化业务改革2020框架方案，持续推进重点领域和关键环节改革，“两步申报”应用率20.22%，“提前申报”应用率55.77%。持续巩固压缩整体通关时间成效，2021年12月，进、出口整体通关时间分别为44.48小时和0.50小时，较2017年分别压缩63.24%和86.49%。扎实开展内部培训和对企宣传，全力做好《区域全面经济伙伴关系协定》（RCEP）实施准备。加强企业信用管理，组织做好AEO企业认证工作，新增AEO高级认证企业8家。

（二）提升开放平台和通道能级。

推进自贸试验区制度创新，“中欧班列运费分段结算估价管理改革”入选全国第四批自贸试验区“最佳实践案例”，4项创新举措入选四川省第五批复制推广制度创新成果。推动4个综合保税区和1个保税物流中心（B型）封关运作，助推四川综合保税区集群发展。探索实施“同企跨片”微改革。2021年，四川各综合保税区和保税物流中心（B型）进出口总值6,221.9亿元、增长7.4%，其中成都高新综合保税区进出口值5,819.0亿元，继续保持全国综合保税区第一位。支持成都双流国际机场新增国际航线和全货机境内续驶段混载业务，全年验放货运航班5,330架次，航空运力得到提升。支持成都天府国际机场获批设立进境水果、冰鲜水产品、食用水生动物等指定监管场地。推进中欧班列“快通”模式扩大试点和双向运行，全年监管中欧班列（成渝）开行超2,258列，物流组织效率持续提高。稳步推进“船边直提”“抵港直装”试点，支持泸州港、宜宾港利用长江黄金水道进一步扩大物流网络。

（三）促进外贸新业态和现代产业融合发展。

支持先进技术、重要设备和关键零部件扩大进口，助力产业链供应链稳定。推进市场采购全国通关一体化，支持通过“市场采购＋各市州生产基地”方式挖掘市场潜力，扩大辐射面。支持跨境电商综合试验区建设，扩大跨境电商B2B出口试点，拓展“买全球、卖全球”消费供给网络。助力生物医药产业发展，“四川造”生物制品对20个国家（地区）实现首次出口。聚焦新冠病毒疫苗研发，保障进出境研发样本“零等待”。积极做好技术性贸易措施应对，推动7种农产品拓展出口市场11个，助力川菜、川茶、川果等特色食品农产品出口。

（撰稿人：龙　华　何建伟　杨　晶　杨博溢　林　魏）

巩固拓展脱贫攻坚成果同乡村振兴有效衔接

一、坚决打赢脱贫攻坚战

党的十八大以来，习近平总书记从全面建成小康社会的战略高度，对脱贫攻坚工作作出重大战略部署。习近平总书记亲自挂帅、亲自动员部署、亲自深入基层检查推动，向全党全国发出动员令，开启了人类减贫史上前所未有、波澜壮阔的伟大实践。在这场声势浩大的脱贫攻坚人民战争中，成都海关坚决贯彻落实习近平总书记关于打赢脱贫攻坚战的重要指示批示精神，认真落实总署党委、四川省委工作要求，推动各项扶贫政策落地落实。2015 年至脱贫攻坚结束，成都海关共争取、投入资金 1,225.8 万元，联系扶贫点 30 个（其中贫困村 27 个、非贫困村 1 个、非贫困街道办事处 1 个、学校 1 个），助力 2,236 户 7,933 人脱贫退出。脱贫攻坚期间成都海关扶贫点基本情况详见表 2－1。

表 2－1　脱贫攻坚期间成都海关扶贫点基本情况（2015—2021 年）

单位	联系点	帮扶起止时间	脱贫退出时间	选派驻村扶贫干部	贫困人口	
					户	人
成都海关	宜宾珙县罗渡苗族乡王武寨村（原楠木村）	2018.5—2021.6	2019	是	59	221
	凉山州金阳县丙底乡布洛村	2015.9—2021.6	2017	是	95	453
	宜宾珙县巡场镇坳田村	2016.2—2018.5	2017	否	59	203
	宜宾珙县玉和苗族乡杨家村	2014.8—2016.2	2017	否	59	218

续表

单位	联系点	帮扶起止时间	脱贫退出时间	选派驻村扶贫干部	贫困人口	
					户	人
绵阳海关	阿坝州松潘县白羊乡燕子坪村	2018.7—2021.6	2019	否	21	55
	绵阳市三台县紫河镇深垭井村	2015.8—2021.6	2019	否	46	126
自贡海关	自贡市大安区凤凰街道办事处	2015.8—2021.6	非贫困村	否	33	81
攀枝花海关	攀枝花市米易县撒莲镇金花塘村	2015.12—2021.6	2017	否	265	1,305
泸州海关	泸州市叙永县白腊苗族乡回龙村	2015.7—2017.12	2018	是	182	827
德阳海关	德阳市中江县兴隆镇碾子湾村	2018.7—2021.6	2018	是	40	83
广元海关	广元市旺苍县九龙镇印斗村	2019.9—2020.7	非贫困村	是	47	188
	广元市旺苍县九龙镇文星村	2015.10—2018.5	2017	是	95	313
遂宁海关	遂宁市蓬溪县下东乡花果村	2015.1—2021.6	2018	否	57	116
	遂宁市蓬溪县吉祥镇彭井村	2015.1—2021.6	2016	否	59	120
	遂宁市船山区桂花镇响堂村	2015.1—2021.6	2017	否	81	234
	射洪市金家镇碧山庙村	2018.1—2021.6	2019	否	65	176
	射洪市太兴乡书房村	2017.1—2017.12	2017	否	65	190
内江海关	隆昌市普润镇斑竹林村	2013.10—2021.6	2017	是	120	255
	威远县连界镇永富村	2017.3—2021.6	2018	否	42	94
	隆昌市普润镇兰家田村（非单位联系点，但派驻扶贫干部）	2017.6—2021.6	2017	是	97	224
乐山海关	乐山市峨边彝族自治县新林镇红椿村	2015.8—2021.6	2018	是	82	367
	乐山市峨边彝族县哈曲乡巴溪村	2015.8—2021.6	2019	是	108	461
	甘孜州雅江县木绒乡俄委村	2018.7—2021.6	2019	否	21	105

续表

单位	联系点	帮扶起止时间	脱贫退出时间	选派驻村扶贫干部	贫困人口	
					户	人
宜宾海关	宜宾市高县罗场镇顺江村	2015. 3—2018. 4	2018	否	106	273
	宜宾市屏山县屏边彝族乡青龙村	2019. 3—2021. 6	2019	否	65	310
	宜宾市筠连县巡司镇沙林村	2015. 3—2021. 6	2017	否	68	343
南充海关	南充市仪陇县凤仪乡高屋村	2015. 1—2021. 6	2016	是	52	163
	南充市仪陇县新政镇埃湾村	2016. 10—2021. 6	2017	否	57	169
达州海关	达州市大竹县观音镇青杠村	2015. 5—2019. 1	2017	是	18	29
广安海关	广安市广安区龙台镇红旺村	2019. 3—	2019	否	72	231
成都海关	蒲江金钥匙小学	2015—				

（一）扛起政治责任，增强脱贫攻坚牵引力。

始终坚持党的领导，压实各级责任，强化脱贫攻坚组织保证。成都海关党委坚持全关扶贫工作“一盘棋”，2015 年至脱贫攻坚结束，召开关党委（党组）会议 25 次、政治部会议 9 次研究扶贫工作，关党委（党组）班子成员到联系扶贫点调研指导扶贫工作 60 人次，其中关党委（党组）书记调研指导扶贫工作 13 次。有扶贫任务的隶属海关按照成都海关党委和地方政府扶贫工作要求，切实履职尽责，形成脱贫攻坚强大合力。从严从优选派脱产扶贫干部，2015 年至脱贫攻坚结束，派出脱产扶贫干部 31 人、支教干部 1 人，其中 16 人担任驻村“第一书记”，全体脱产扶贫干部克服远离家庭、生活不便、言语不通等困难，围绕“宣传党的政策、建强基层组织、推动精准扶贫、为民办事服务、提升治理水平”五项任务，与当地干部群众干在一起、苦在一起、累在一起，真扶贫、扶真贫，6 人获得四川省委省政府表彰奖励、2 人获得联系扶贫点所在地市委市政府表彰奖励、4 人获得联系扶贫点所在地县委县政府表彰奖励，驻凉山州金阳县布洛村扶贫工作队被凉山州委州政府表彰为“凉山州脱贫攻坚十佳综合帮扶工作队”，1 名扶贫干部事迹被央视新闻报道。脱贫攻坚期间脱产驻村扶贫干部情况详见表 2 - 2。发动党员干部与贫困户开展结对帮扶，组织广大党员干部职工捐款捐物，捐赠资金 30. 6 万元。开设爱心超市、开展“以购代捐”，组织党员干部认购价值80余万元联系扶贫点自产猪肉、土豆、芸豆等农产品。发挥海关罚没侵权物资用于公益事业的优势，联系上海、杭州、宁波、厦门等海关，将近年罚没的运动服装、文具、汽油机、水泵机组等侵权货物捐赠用于扶贫帮困。

表2-2 脱贫攻坚期间脱产驻村扶贫干部及被表扬表彰情况（2015—2021年）

	扶贫干部	驻村扶贫对象及职务	起始时间	获得荣誉	备注
成都海关驻珙县扶贫工作队	杨昕	宜宾珙县楠木村扶贫“第一书记”、工作队队长	2018.5—2021.6	2020年5月被四川省委省政府表彰为脱贫攻坚“五个一”帮扶先进个人；2019年10月被珙县表彰为全县脱贫攻坚创新奖	全脱产
	李平	宜宾珙县楠木村扶贫工作队队员	2019.7—2021.6	2019年10月被珙县表彰为全县脱贫攻坚贡献奖	全脱产
	谢天	宜宾珙县楠木村扶贫工作队队员	2019.7—2021.6	2019年10月被珙县表彰为全县脱贫攻坚贡献奖	全脱产
	蒋华	宜宾珙县楠木村扶贫工作队队员	2018.7—2019.7	—	全脱产
	朱越胜	宜宾珙县楠木村扶贫工作队队员	2018.7—2019.7	—	全脱产
	陈宏浩	宜宾珙县楠木村扶贫工作队队员	2018.5—2019.7	2019年7月被四川省委省政府表彰为脱贫攻坚“五个一”帮扶先进个人	全脱产
成都海关驻金阳县扶贫工作队	杨斌	凉山州金阳县丙底乡挂职副书记	2017.12—2021.1	2019年7月被四川省委省政府表彰为“对口帮扶藏区彝区贫困县先进个人”	均为全脱产。驻村工作队2020年7月被凉山州委州政府表彰为“凉山州脱贫攻坚十佳综合帮扶工作队”
	刘炯	凉山州金阳县丙底乡布洛村“第一书记”	2018.7—2021.6	2020年5月被四川省委省政府表彰为脱贫攻坚“五个一”帮扶先进个人	
	王沣涛	凉山州金阳县丙底乡布洛村扶贫工作队队员	2018.7—2021.6	2021年4月被四川省委省政府表彰为脱贫攻坚“五个一”帮扶先进个人	
	胡晓	凉山州金阳县丙底乡布洛村“第一书记”	2017.2—2019.5	—	
	陈伟	凉山州金阳县丙底乡布洛村“第一书记”	2015.9—2017.2	—	
绵阳海关	无			2019年绵阳海关被松潘县委表彰为脱贫攻坚先进工作集体	
泸州海关	俞洪宝	泸州市叙永县白腊苗族乡镇回龙村“第一书记”	2015.7—2017.5	—	全脱产

续表

	扶贫干部	驻村扶贫对象及职务	起始时间	获得荣誉	备注
德阳海关	邓小林	中江县兴隆镇碾子湾村“第一书记”	2018.7—2019.4	2018年度、2019年度被中江县委县政府表彰为优秀“第一书记”	全脱产
	宋灵骥	中江县兴隆镇碾子湾村“第一书记”	2019.4—2021.1	—	全脱产
广元海关	张子豪	旺苍县印斗村村驻村工作队队员	2020.6—2021.6	—	1/3驻村
	袁鸿林	旺苍县印斗村村驻村工作队队员	2019.9—2020.6	—	1/3驻村
	汪颜明	旺苍县文星村“第一书记”	2015.10—2018.5	—	全脱产
	刘俊阳	旺苍县文星村“第一书记”	2015.8—2015.10	—	1/3驻村
内江海关	陈新	隆昌市普润镇斑竹林村扶贫工作队队员	2016.9—2021.6	—	全脱产
	宋小平	隆昌市普润镇兰家田村扶贫工作队队员	2016.9—2021.6	—	全脱产
	张艺	隆昌市普润镇兰家田村扶贫工作队队员	2017.6—2019.6	—	2/3驻村
乐山海关	贾志勇	乐山市峨边彝族自治县黑竹沟镇巴溪村扶贫工作组组长	2015.8—2021.6	—	1/3驻村
	刘燕群	乐山市峨边彝族自治县红椿村扶贫工作组组长	2015.8—2021.6	—	1/3驻村
	朱茂林	乐山市峨边彝族自治县黑竹沟镇巴溪村代“第一书记”（2016.3—2016.10）、第一书记（2017.5—2021.6）	2016.6—2021.6	2019年9月被乐山市委市政府表彰为脱贫攻坚贡献奖	全脱产
	史志强	乐山市峨边彝族自治县红椿村驻村“第一书记”	2019.6—2021.6	—	全脱产
	章丽忠	乐山市峨边彝族自治县黑竹沟镇巴溪村“第一书记”	2015.8—2017.5	—	全脱产
	雷阳刚	乐山市峨边彝族自治县红椿村驻村“第一书记”	2015.8—2017.7	—	全脱产
	徐竞	乐山市峨边彝族自治县红椿村驻村“第一书记”	2017.7—2019.6	—	全脱产

续表

	扶贫干部	驻村扶贫对象及职务	起始时间	获得荣誉	备注
南充海关	潘中乔亚	南充市仪陇县凤仪乡高屋村“第一书记”	2017.6—2021.6	2021年被四川省委表彰为脱贫攻坚“五个一”帮扶先进个人、四川省脱贫攻坚先进个人	全脱产
	魏友	南充市仪陇县新政镇埃湾村“第一书记”	2015.6—2017.6	2016年被南充市委市政府表彰为脱贫攻坚工作优秀结对帮扶干部	全脱产
达州海关	杨忠	大竹县观音镇青杠村村主任助理	2016.11—2019.1	—	全脱产
机场海关	鲁顺伶	河南省三门峡卢氏县横涧乡中心小学和代家村小学（总署第六批定点扶贫支教）	2019.2—2019.7	—	全脱产

（二）破解产业难题，增强脱贫增收造血力。

始终坚持把产业发展作为解决贫困问题的根本途径，增强联系扶贫点造血功能，努力实现由“输血式”扶贫向“造血式”帮扶转变，让贫困村加快发展、同步奔小康。结合各联系扶贫点特点，充分发挥海关在检验检疫等方面职能作用，免费开展国家动物疫病监测与流行病学调查，帮助村民防范感染非洲猪瘟、口蹄疫等疫病风险，对蜂蜜、葛根等进行质量检测，推荐进出口企业参加扶贫产品推介会，帮助特色产品“走出去”，因地制宜引导发展产业项目。2015年至脱贫攻坚结束，先后投入专项扶贫资金支持发展产业项目25个，指导支持发展产业项目15个，40个产业项目均初具规模，有效带动贫困户稳定脱贫、持续增收，同时确保每个联系扶贫点都有稳定的集体经济收入。其中指导金阳县成功创建青花椒、白魔芋“生态原产地产品保护示范区”和“国家级出口食品农产品质量安全示范区”，实现凉山州“两区”建设和特色农产品自营出口“零”的突破。

（三）强化扶志扶智，增强贫困群众内驱力。

始终坚持突出扶志扶智，强化感恩教育、倡树文明新风，注重把人民群众对美好生活的向往转化为脱贫攻坚的强大动能，激发贫困群众内生动力。坚持扶贫与扶志扶智相结合，通过办好农民夜校、控辍保学、设立助学奖学金等，帮助村民提高劳动技能，鼓励贫困学生上好学、读好书，以知识和智慧改变贫穷、改变命运，阻断代际贫困。2015年至脱贫攻坚结束，成都海关联系扶贫点共举办农民夜校465期，发放奖学金187人次、助学金274人次。其中在金阳县布洛村开办课后家教辅导班，受到全村家长和学生欢迎，得到金阳县各级干部群众充分肯定，并作为凉山州“控辍保学”典型案例在全州推广。深入推进移风易俗，建立健全村规民约，通过党建月会、农民夜校等形式抓好村民思想发动和宣传教育，教育贫困群众感党恩、听党话、跟党走，引导贫困群众自力更生、艰苦奋斗，贫困群众精神面貌发生明显变化。驻金阳县布洛村工作队将移风易俗与当地彝族群众实际情况相结合，带动村组干部组建移风易俗三支队伍：古嫫阿支互助队（倡导村民们互帮互助，一家有难，大家帮忙）、蓝天卫生健康宣传队（开展卫生评比、禁毒防艾宣传教育）、达体舞队（组织村民练习达体舞、强身健体），以彝族群众喜闻乐见的宣传方式不断促进文明习惯养成，四川省妇联2019年“树新风助脱贫”巾帼行动推进会将布洛村作为实地调研现场，受到120多名参会代表充分肯定。

（四）夯实脱贫基础，增强持续发展保障力。

始终坚持着眼长远，着力补齐短板，改善发展条件，为贫困村可持续发展提供坚实保障。注重党建引领，深化支部结对共建，派出党建指导组，指导开展“三会一课”、发展党员、培育后备干部和致富带头人等党建工作，帮助完善党支部各项软硬件设施，夯实党建基础工作，把联系扶贫点党支部打造成为脱贫攻坚强有力战斗堡垒。2015年至脱贫攻坚结束，成都海关联系扶贫点共新建及改造党员活动室7个、村民阅览室6个、文化广场4个。加强联系扶贫点卫生室建设和村医培训，协调增添医疗设备，为村民赠送药品，组织义诊巡诊，开展医疗救急难行动，在推动当地医疗服务水平不断提高的同时，积极防止贫困群众因病返贫。2015年至脱贫攻坚结束，成都海关联系扶贫点共新建改建村卫生室8个，组织义诊巡诊23次，帮助重病村民治病81人。坚持完善基础设施，在直接投入资金基础上积极向联系扶贫点所在县协调投入专项资金，加大对住房、厕所、水站、路灯、道路等“三建五改”工程投入，全力补齐道路、住房、安全饮水、电力网络等基础设施短板。2015年至脱贫攻坚结束，成都海关联系扶贫点共新建硬化道路92.26千米、安装路灯524盏、危房改造19户、新建集中安置房82户。其中在金阳县布洛村推进“彝家新寨建设工程”，先后多方协调资金修建新房并完善配套设施，受惠人口占全村总人口的49.5%，村容、村貌明显提升，群众居住条件、卫生条件得到极大改善；在宜宾市珙县王武寨村建立质量把关“不放松”、配套完善“不走样”、产业跟进“不断档”、返贫监管“不缺位”的“四不”机制，完成39户131人易地搬迁集中安置，建成王武新寨，让贫困户住上好房子、过上好日子。坚持脱贫不脱政策，着力构建脱贫长效机制，做好返贫监测和帮扶，成都海关联系的所有脱贫退出的贫困村、贫困户均无返贫现象发生。驻珙县王武寨村工作队认真总结脱贫攻坚经验，形成“红黄绿”亮灯工作法，建立红黄绿灯指示表及整改台账，动态监测调整贫困户情况，确保脱贫进度长效有序，“红黄绿”亮灯工作法被珙县全县复制推广。

二、助力乡村振兴

成都海关深入学习贯彻习近平总书记在全国脱贫攻坚总结表彰大会上的重要讲话精神，认真落实四川省委省政府工作部署，根据《四川省省直部门和有关单位定点帮扶工作方案》要求，有序组织脱贫攻坚期间扶贫干部回撤，接续选派5名党员干部全脱产驻村帮扶，助力10个联系村巩固脱贫攻坚成果同乡村振兴有效衔接，推动乡村振兴定点帮扶工作实现良好开局。定点帮扶及派驻干部情况详见表2－3。

（一）加强工作统筹组织。

加强帮扶工作组织领导，召开党委会议和政治部工作会议对定点帮扶工作作出部署安排，组织制定成都海关定点帮扶工作五年规划和年度帮扶工作计划。坚持把定点帮扶工作纳入党委会日常议题，党委班子成员定期到帮扶联系村开展调研。认真总结和提炼脱贫攻坚工作经验，召开脱

表2－3 成都海关乡村振兴联系帮扶点及帮扶干部情况

单位	联系帮扶村	派驻干部			
		姓名	职务	到岗时间	备注
成都海关	凉山州金阳县丙底镇丙底洛村	耿芹	锦城海关综合业务四科科长、驻村“第一书记”	2021.7	全脱产
		李建	风控分局处置科二级主管、驻村工作队队员	2021.7	全脱产
广元海关	广元市青川县沙州镇白水关社区	张子豪	综合业务科四级主办、驻村工作队队员	2021.7	全脱产
乐山海关	乐山市峨边彝族自治县新林镇红椿村	史志强	一级行政执法员、驻村“第一书记”	2021.7	全脱产
南充海关	南充市嘉陵区大通镇麻感坝村	滕江	四级高级主办、驻村工作队队员	2021.7	全脱产
攀枝花海关	攀枝花市米易县金花塘彝族村	—	—	—	—
广安海关	广安市广安区龙台镇四缸村	—	—	—	—
	广安市前锋区代市镇帽合村	—	—	—	—
德阳海关	德阳市中江县兴隆镇碾子湾村	—	—	—	—
遂宁海关	遂宁市射洪市广兴镇金泉村	—	—	—	—
达州海关	达州市宣汉县南坪镇斜坪村	—	—	—	—

贫攻坚脱产驻村帮扶干部工作座谈会，为32名帮扶干部颁发脱贫攻坚工作纪念章，编印《关徽照耀扶贫路——成都海关扶贫干部故事实录》。党委书记、关长主持召开定点帮扶干部欢送会，2021年7月起，有序组织5名脱产驻村干部到帮扶村开展定点帮扶工作。

（二）强化党建工作指导。

开展基层党组织共建，组织金阳县丙底镇丙底洛村党支部与成都海关所属攀枝花海关业务党支部就近开展结对共建，建立党建共建工作机制，开展共建活动2次，提升帮扶村党建工作水平，凝聚定点帮扶工作合力。督促帮扶村党支部严格执行“三会一课”制度，驻村“第一书记”带头讲党课，组织党建例会10余期，开展集中学习15次。建立党员学习交流微信群，推送党史学习资料，提升帮扶村党员干部理论素养。积极与帮扶村所在乡镇党委沟通，选拔优秀党员参与帮扶工作，将村级能人和致富带头人发展成为入党积极分子。利用党员活动室和村务党务公开栏，进一步完善基层党组织阵地。组织帮扶村党员干部和村致富能手外出考察学习，学习经验，拓宽视野，增强信心，驻金阳县丙底镇丙底洛工作队组织村组干部外出考察学习交流，协调金阳县1名干部到成都海关技术中心顶岗培养3个月。

（三）持续抓好扶志扶智。

坚持将“扶志扶智”贯穿帮扶工作始终，在金阳县丙底镇丙底洛村接力开展“蓓蕾计划”课后家教辅导班，制订实施方案，针对不同年龄、不同情况的少年儿童，利用课余时间，分步骤、分层级开展课后辅导、知识拓展、文体娱乐等活动6次，参与学生100余人次。在失学儿童重返校园、适龄儿童全部入学的既有基础上，进一步助学奖学，为成绩优异且有意愿继续深造的联系村学生争取优先录取和补助政策。加大组织技能培训力度，办好“农民夜校”等技能培训班。

（四）着力为民办实事。

注重帮扶工作延续和拓展，持续开展结对帮扶，建立成都海关关党委委员结对帮扶工作机制，推进重点困难监测户结对帮扶全覆盖。结合“我为群众办实事”实践活动，驻村工作队开展入户大走访，逐户摸排收入来源、收入情况、家庭构成、健康情况、适龄儿童入学情况，先后为10余人调整低保档线，为7户群众协调解决低保发放、产业奖补等问题，为18户老党员发放慰问品，协调推动县政府办开展“暖冬行动”，为51户困难群众发放慰问物资，积极对接务工单位5家，帮助群众就近就业。宣传医疗政策，帮助患病村民足额享受政策。协调医疗机构为村民开展义诊，为患重病村民提供“一对一”帮扶，防止因病返贫。结合联系村实际，加大基础设施建设支持力度，持续推动改善群众生产生活条件，村通组土路硬化及土石桥重建项目全面完工投入使用，硬化路面宽4米、长约1千米。

（五）全力发展特色产业。

立足海关职能职责，充分发挥海关技术、信息等方面优势，争取政策大力支持帮扶联系村发展。在金阳县丙底镇丙底洛村，继续用好“公司+农户”“合作社+农户”等模式，因地制宜扶持发展当地特色农业，推动群众持续增收、发展壮大集体经济，报县农业农村局产业发展项目立项申请3个；充分发挥当地农业产业资源优势，促进当地农产品质量安全水平提档升级；积极推进“以购代捐”消费帮扶，组织采购金阳县农产品，助推帮扶村农产品销售和农业产业发展。联合四川省农业农村厅开展帮扶村当地优势农牧产品分析，支持帮扶地产品参加“川货全国行”“农博会”等会展和市场拓展推介活动，助力开拓农产品市场，积极打造当地特色农产品绿色名片。

（撰稿人：江海平　李　平）

第三篇

党的建设

党建工作

【概况】2021年，成都海关坚持以习近平新时代中国特色社会主义思想为指导，认真落实党中央关于全面从严治党的决策部署以及总署党委工作要求，坚定不移全面从严治党，纵深推进清廉海关建设。切实履行管党治党政治责任，扎实开展党史学习教育，举办庆祝中国共产党成立100周年系列活动，持续深化巡视整改，高质量开展政治巡察，全面加强准军事化纪律部队建设，各级党委领导力不断加强，基层党组织政治功能和组织力持续增强，干部队伍凝聚力、战斗力持续提升，为成都海关事业发展提供了有力的组织保证、政治保证。

【政治机关建设】2021年，成都海关深入推进政治机关建设，认真落实“第一议题”制度，做到学习深入、研究及时、落实有力，坚定走好“两个维护”第一方阵。组织机关内设处室、风控分局、事业单位开展创建“让党中央放心、让人民群众满意的模范机关”活动，分别表彰机关党委、自贸处和办公室、动植食处为创建模范机关标兵单位和先进单位。深化准军事化海关纪律部队建设，4月组织开展“听指挥，亮形象”内务规范强化月活动，组织开展升旗手和领训员集训；坚持开展“周督察、月通报、季评比”，评选红旗处室和办公室各9个（次），内务规范先进单位18个（次）。严格落实意识形态工作责任制，完善《成都海关网络管理办法》《成都海关网络安全管理办法》，切实强化各类宣传文化阵地建设和管理。开展“四好一强”领导班子创建活动，成都海关党委获评2019—2020年度省直机关“四好一强”领导班子创建活动先进单位，党建工作案例作为典型案例在《四川日报》刊发。

【党委理论学习中心组学习】2021年，成都海关把学习习近平新时代中国特色社会主义思想作为党委理论学习中心组学习首要内容，围绕学习中国共产党党史、习近平总书记关于党史学习教育的重要论述、中国共产党第十九届中央委员会第六次全体会议精神等6个专题，开展党委理论学习中心组学习27次，其中，开展集体学习12次、集中交流研讨12次、专家辅导3次。党委书记、关长带头讲党课2次，开展宣讲1次，在《四川机关党建》杂志上发表理论文章《弘扬伟大建党精神　全力推进社会主义现代化海关建设生动实践》。中心组成员联系工作实际开展学习、调查、研究，撰写学习心得体会43篇，到基层一线开展调研185次，形成调研报告5篇。突出问题导向，中心组成员聚焦“我为群众办实事”实践活动要求，立足分管工作，实施“三大工程”（国门安全工程、便民利企工程、暖心聚力工程），建立“两个长效机制”（海关业务问题收集反馈机制、机关直接服务基层机制），深入推进重点民生项目185项，帮助群众解决“急难愁盼”问题513个。2021年3月5日，成都海关党委获评“2020年度四川省直机关理论学习中心组学习先进单位”。

▲2021年9月3日，成都海关组织成都海关党委理论学习中心组（扩大）学习暨党史学习教育专题读书班第二次现场教学

【精神文明建设】2021年，成都海关统筹推进全关各单位精神文明建设工作，坚持围绕中心、服务大局、重在创建、抓在日常的工作导向，把精神文明创建工作与海关业务改革、党建工作、队伍建设有机结合，对照落实《海关系统全国文明单位测评体系（2020年版）》《2021年海关精神文明建设工作要点》的任务要求，夯实基础，补足短板。广安海关新获评“市级最佳文明单位”，实现全关各层级文明单位创评全覆盖（详见表3－1）。以巩固全关精神文明建设成果为统领，完善文化阵地建设，推动机关二楼“成都海关国门卫士展厅”改造升级。

表3－1　2021年成都海关获文明称号情况

文明称号	单位名称
全国文明单位（4个）	成都海关（含机关及驻蓉单位）、绵阳海关、攀枝花海关、乐山海关
省级最佳文明单位（1个）	德阳海关
省级文明单位（3个）	泸州海关、遂宁海关、内江海关
市级最佳文明单位（4个）	自贡海关、广元海关、南充海关、广安海关
市级文明单位（2个）	达州海关、宜宾海关
全国青年文明号（4个）	青白江海关综合业务一科、锦城海关综合业务一科、成都双流机场海关监管一科、成都双流机场海关综合业务科
省级青年文明号（2个）	成都双流机场海关旅检二科、天府新区海关监管一科

【思想动态调查】2021年，成都海关突出日常教育引导与专题调查分析，采取线上线下结合方式，聚焦干部职工思想状况、工作状态、切身困难、现实需

求，开展思想动态问卷调查，全面掌握干部队伍思想动态情况。线上，组织全关干部职工开展思想动态问卷调查，调查涵盖成都海关内设部门处室、各隶属海关和各事业单位，涉及厅、处、科及科以下各个层级干部，覆盖21岁至60岁4个年龄梯度，共收回1,179份有效问卷，占在编关员的97%。线下，通过“三会一课”、主题党日、座谈会、“一对一”谈心谈话、专题调研等方式及时掌握干部职工苗头性、倾向性问题。形成专题调研报告，调查结果显示，成都海关干部职工理想信念坚定、思想状况稳定、精神状态良好，干部队伍凝聚力、向心力、战斗力增强。

【基层党组织建设】 2021年，成都海关持续推动“强基提质工程”，4月6日，党委第一派驻纪检组、第二派驻纪检组、第四派驻纪检组成立党支部。5月8日，成都海关后勤管理中心、成都海关技术中心、四川国际旅行卫生保健中心设立党委。考核评定并授牌表彰29个“四强”党支部（详见表3－2）。动态调整关级基层党建示范品牌9个、培育品牌11个，1个全国海关基层党建示范品牌、3个培育品牌通过总署复核。完成1个机关党委“书记项目”和14个支部“书记项目”课题调研。挖掘支部创新工作案例3个，2个案例入选总署政工办“支部书记百问百答”。9月1—15日，组织开展党建专题培训，形成调研文章1篇；12月14—15日，组织全体专兼职党务干部开展党务干部培训。严格标准和程序，新发展党员26名。大力培树先进典型，表彰成都海关优秀共产党员38名、优秀党务工作者10名、先进基层党组织29个。青白江海关党总支部被中共中央评为“全国先进基层党组织”，1名党员作为全国海关优秀党员代表参加中央宣传部中外记者见面会；2名个人、1个党支部分别获评省直机关优秀共产党员、优秀党务工作者和先进基层党组织；为23名老党员颁发“光荣在党50年”纪念章；评定成都海关“党员先锋岗”122个。

表3－2 2021年成都海关“四强”党支部和党建品牌创建情况

类别	党支部
“四强”党支部	（第一批）办公室文秘科党支部、卫检处党支部、机场海关监管一科党支部、机场海关监管二科党支部、机场海关旅检总控科党支部、青白江海关监管一科党支部、锦城海关综合业务一科党支部、自贡海关党支部、遂宁海关党支部。 （第二批）法综处党支部、自贸处党支部、关税处党支部、动植食处党支部、统计处党支部、政工办党支部、监察室党支部、风控分局党支部、机场海关办公室党支部、机场海关物流监控科党支部、机场海关旅检二科党支部、青白江海关办公室党支部、青白江海关综合业务一科党支部、锦城海关综合业务二科党支部、锦城海关稽查科党支部、天府新区海关监管一科党支部、泸州海关监管一科党支部、德阳海关监管科党支部、宜宾海关办公室党支部、南充海关监管科党支部

续表

类别		党支部
基层党建品牌	全国海关党建示范品牌	机场海关监管二科党支部
	全国海关党建培育品牌单位	青白江海关监管一科党支部、天府新区海关监管一科党支部、遂宁海关党支部
	成都海关党建示范品牌	办公室文秘科党支部、机场海关监管二科党支部、机场海关旅检各党支部（6个支部）、青白江海关监管一科党支部、锦城海关综合业务一科党支部、锦城海关稽查科党支部、天府新区海关监管一科党支部、遂宁海关党支部、自贡海关党支部
	成都海关党建培育品牌单位	自贸区和特殊区域发展处党支部、口岸监管处党支部、督察内审处党支部、政工办党支部、机场海关监管一科党支部、机场海关监管三科党支部、绵阳海关办公室党支部、德阳海关综合业务科党支部、德阳海关监管科党支部、宜宾海关稽查和技术中心分部党支部、南充海关监管科党支部

【党风廉政建设】2021年，成都海关纵深推进清廉海关建设，在四川省市（州）和省直部门（单位）落实党风廉政建设责任制考核中位列省直部门（单位）第四、中央驻川单位第一。开展以案为鉴警示教育月活动，组织基层党组织以“把好作风弘扬在新时代”为主题开展廉政主题党日活动120余场。组织36人参加任前廉政法规制度考试。开展“铿锵廉音”诗文和“机关干部新形象、治蜀兴川好作风”图片征集活动，成都海关获评省直机关部门单位优秀组织奖，1个作品获优秀原创作品一等奖。开展落实中央八项规定精神情况调研，持续纠治“四风”、餐饮浪费、酒驾醉驾等问题，严明节假日期间纪律作风。加强政风行风建设，开展政务服务“好差评”工作。调整、增补海关特约监督员4名，收集办理第三方测评和特约监督员意见建议51件次。落实总署党委关于加强对“一把手”和领导班子监督的实施意见，制定《成都海关党委关于加强对“一把手”和领导班子监督任务分解表》，制定细化措施54条。对外出执法工作台账开展全覆盖检查，专题通报突出问题。开展海关领导干部配偶、子女及其配偶从业情况抽查37人。依规开展海关工作人员上交礼品礼金登记管理项，依规落实婚丧嫁娶事项报告备案制度3人次。

【工会工作】2021年，成都海关工会设主席1名、副主席2名、委员8名，下属6个分工会（双流机场海关、锦城海关、青白江海关、天府新区海关和技术中心、保健中心分工会）和23个工会小组，职工会员1,185名。10月19日，成都海关工会召开第六次会员代表大会，完成换届选举工作。开展婚丧嫁娶、生病住院、退休等慰问78人次，依规开展职工会员节日慰问，为职工会员购买四川省职工互助保障会5个互助保障计划，向7名困难职工提供帮助，为6个职工家庭7名学生申领四川省直机关工会金秋助学金，举办“关爱职工送健康”讲座，组织未婚青年参加“红绣球”联谊活动，举办“迎新春·云联欢”系列活动，组织干部职工参加全国总工会2021年“迎七一”线上健步走。组织参加四川省直机关第五届职工运动会获得好成绩并荣获“优秀组织奖”。组织参加“中国梦·劳动美”四川省第二届职工诵读比赛，成都海关原创作品《我是海关人》荣获金奖。关心关爱疫情防控一线人员，开展“蓉关爱”行动，配发文体器材书籍等，丰富疫情防控一线人员文体生活，举办心理疏导专题讲座。成都海关工会被四川省直机关工会评为2021年度省直单位先进职工之家。

▲2021年2月11日，成都海关关领导带队慰问成都双流机场海关值班值守干部职工

【共青团工作】2021年，成都海关以党的政治建设为统领，把党的建设总要求贯穿落实到团的建设全过程。3月9日，召开团建工作会议，确定12项重点工作。结合学习贯彻党的十九届六中全会精神，开展“青年大学习”活动，全年开展主题团日活动21次，组织33个青年理论学习小组、6个“青年文明号”集体、“省级青年文明号”和“省级青年安全生产示范岗”集体开展专题学习研讨141次。成都双流机场海关团支部获评“全国五四红旗团支部”，成都双流机场海关综合业务科、监管一科被评为第20届“全国青年文明号”，青白江海关团支部获评“四川省直机关五四红旗团支部”，1名团员获评“四川省优秀共青团员”，1名团干部获评“四川省直机关优秀共青团干部”。

▲4月26—29日，成都海关、重庆海关联合开展“青春心向党　携手共奋进”主题团日活动

【助力乡村振兴】2021年，成都海关全面总结脱贫攻坚工作经验成果，拍摄脱

▲2021年9月11日，成都海关派驻金阳县丙底洛村工作队开展入户走访

贫攻坚工作纪录片《下足绣花功夫 书写海关答卷》，编印扶贫干部故事实录《关徽照耀扶贫路》。6 月 18 日，组织召开扶贫干部工作座谈会，向27 名全脱产驻村扶贫干部颁发纪念章。按照全省安排部署，有序做好帮扶村调整、驻村人员回撤和新选派工作，截至2021 年年底，共有联系点10 个、全脱产驻村干部5 人。深入开展摸底调研，科学编制五年帮扶规划，初步确定15 个重点帮扶项目。成都海关被四川省委省政府表彰为2020 年度省直部门（单位）定点扶贫工作先进集体，3 人次扶贫干部获得省委省政府表彰奖励。

（撰稿人：马冬梅 李 平 李 东
江海平 杨瑷宁 姜若云
徐红兵 袁 睿 蔡 科）

巡视整改和巡察工作

【概况】2021 年，成都海关党委坚持以习近平新时代中国特色社会主义思想为指导，把“两个维护”作为根本政治任务，抓好巡视整改和成果运用，完善巡视巡察上下联动机制，以强有力的政治监督，推动党中央各项重大决策部署及总署党委各项工作安排落实落细。

【巡视整改】2021 年，成都海关党委认真履行巡视整改主体责任，主要负责同志负总责，专题研究巡视整改工作 2 次，推动工作落实。11 月 1 日至 5 日，配合广东分署监督检查组在成都海关开展实地检查以及到宜宾、广安、南充等隶属海关开展延伸检查，针对监督检查组反馈的 4 项问题，制订整改方案，推动中长期任务持续整改落实，截至 2021 年年底，113 项整改任务累计销账 110 项，34 项中长期整改事项持续整改。推动巡视整改成果转化为制度建设成果，完善《成都海关机关收文办理规程》等 18 项制度、规范性文件清理，新制定文件 8 件，修订 29 件、废止 11 件，构建系统完备、科学规范、运行有效的制度体系。

【巡察工作】2021 年，成都海关党委严格落实主体责任，召开党委会 3 次、巡察工作领导小组会议 4 次、专题会 2 次，贯彻党中央巡视工作方针，落实总署党委巡视巡察工作部署和巡视整改工作要求，研究安排巡察工作。关党委书记认真履行第一责任人责任，通过听取巡察情况汇报、点人点问题等方式，对巡视整改和巡察工作做出批示，组织 10 个巡察组对 15 个部门单位开展两轮常规巡察，列席各类会议 13 次，开展谈话 311 人次，发放调查问卷 588 份，走访调研 23 次，调阅资料、记录、档案等材料 7,775 份。按照党的十九大以来巡察五年全覆盖工作安排，截至 2021 年年底，已完成 35 个部门单位巡察。

开展巡察整改日常监督，组织 6 个检查组对 2021 年第 1 轮被巡察单位和接受问题、建议移交办理的 9 个部门开展巡察“回头看”和全覆盖督导检查。制定《成都海关党委强化巡察成果运用实施办法（试行）》，推动巡察成果运用到党建专题培训、“我为群众办实事”、“现场监管与外勤执法权力寻租”专项整治、督察内审

▲2021 年 11 月 5 日，成都海关党委巡察工作领导小组召开 2021 年第 4 次会议

等工作，做到问题共享、信息互通、力量共用。将整改情况列入形势分析及工作督查例会内容，推动各部门单位完善制度 18 个，调整优化管理措施 41 项。

建立完善《成都海关党委巡察工作领导小组工作规则》等 5 项制度，新编《成都海关巡察监督工作手册》，内容包括巡察监督工作制度、监督要点、巡察情况报告撰写规范、巡察监督工作流程。选派 4 人参加总署巡视工作，组织开展巡察干部全员培训 2 期，邀请总署党委巡视工作办公室和总署广东分署巡视巡察专家开展授课，培训巡察干部 83 人次，把巡察组干部评优奖励比例提高到 30%。完成《提升站位、勇于担当，进一步提高海关巡察工作发现问题能力》课题研究，课题论文获总署巡视办课题征文评选“三等奖”。12 篇（条）次巡察工作信息被总署巡视办网站和四川省直机关党建网站等平台刊载，在成都海关巡视巡察工作专栏发布“巡视巡察工作动态”“巡察故事”10 期。

▲2021 年 4 月 19 日，成都海关组织巡察干部开展队列训练

（撰稿人：许　健　张　苹）

纪检监察

【概况】2021年，成都海关以习近平新时代中国特色社会主义思想为指导，全面贯彻落实党的十九大和十九届历次全会精神，及十九届中央纪委历次全会精神，按照2021年全国海关全面从严治党工作会议、纪检监察工作会议部署，聚焦主责主业，突出政治监督，持续正风肃纪反腐，建设清廉海关。

【政治监督】2021年，成都海关聚焦贯彻落实习近平总书记重要指示批示精神、党中央重大决策部署情况，综合采取列席或参加党委会、形势分析及工作督查例会、调研督导、专项检查、制发监督建议书、约谈提醒等方式，对各部门单位贯彻落实总体国家安全观、统筹推进口岸疫情防控和促进外贸稳增长、开展党史学习教育、共建“一带一路”高质量发展等大事、要事情况开展监督。围绕驻署纪检监察组部署的重点工作任务，细化制定《成都海关党委纪检组统筹做好疫情防控和推动外贸保稳提质监督工作措施》等工作方案10个。开展政治生态分析研判，汇总整理全关各部门单位监督执纪问责、班子成员廉洁从政、召开民主生活会、接受巡视巡察及审计等方面情况，对全关各部门单位逐一建立电子廉政档案。

【常态化疫情防控监督】根据驻署纪检监察组关于毫不松懈抓好新冠肺炎疫情防控监督工作的部署要求，组建成立新冠肺炎疫情防控监督工作专班，细化制定监督措施9项，明确工作责任；通过执行纪检干部每日参与“挑毛病”专家组检查，每周参与总署指挥中心疫情防控连线会商会，各派驻纪检组对所驻在单位口岸新冠肺炎疫情防控工作和关键环节做到“每日必问，每周汇总”等制度，形成监督合力。全年开展下沉监督66次、视频监督107次，向相关部门单位制发《监督建议书》9份，提出相关意见建议48条。

【权力运行监督制约】2021年，成都海关党委纪检组列席成都海关党委会30次，参加形势分析及工作督查例会12次，监督成都海关党委班子研究决策“三重一大”事项45项。

【“现场监管与外勤执法权力寻租”专项整治】2021年，成都海关按照驻署纪检监察组统一部署，扎实推进专项整治全面自查、实地检查、问题整改等各阶段工作，建立两级党委领导机制。全关 1,300 人进行个人申报，申报违规事项 73 人，谈话 1,290 人。各部门单位累计排查廉政风险 81 个，健全和完善制度规定 10 个，工作机制 43 个，修订制度规定 4 个，制定操作指引 10 个，完善作业流程 98 个。

▲2021 年 3 月 16 日，成都海关召开“现场监管与外勤执法权力寻租”专项整治工作动员部署会

【执纪审查】2021 年，成都海关严格执行“查办案件以上为主”“提级管辖”“案件监督管理”等制度，严格按程序、按时限处置问题线索，及时准确录入监督执纪问责信息系统，在总署监督执纪问责统计工作量化考核中各季度均获满分。受理问题线索 15 件，立案 3 件，结案 2 件，制发纪律检查建议书 2 份。落实“走读式”谈话安全工作相关要求，强化事前、事中、事后全链条监管，全年安全事故“零发生”。

【以案为鉴、以案促改】2021 年，成都海关组织学习驻署纪检监察组、总署政治部通报的警示案例，梳理 104 个廉政典型案例汇编成《“现场监管与外勤执法权力寻租”专项整治典型案例学习表》，编写《成都海关 2012 年以来违纪违法典型案例》，推动以案说法走深走实。

（撰稿人：吕　昂）

干部工作

【概况】2021 年，成都海关坚持以习近平新时代中国特色社会主义思想为指导，深入践行新时代党的组织路线，深入学习贯彻习近平总书记对干部人事工作和人才工作的重要指示批示精神，科学精准选贤任能，选优配强处科级领导班子，加强执法一线科长队伍建设，激励号召关员积极投身一线防疫，大力培养选拔优秀年轻干部，强化制度建设，深化公务员队伍管理，规范事业单位评聘工作，从严从实管理监督，优化调整机构编制和人力资源配置，全方位培养引进用好人才，着力建设高素质专业化的准军事化纪律部队。

▲2021 年 2 月 2 日，人事处查阅干部人事档案

【新冠肺炎疫情防控人力资源保障】2021 年，成都海关主动适应常态化疫情防控需要，优化完善新冠肺炎疫情防控人员梯队管理办法，重构一线、预备、应急 3 个梯队，充实疫情防控一线力量。加强调研分析，及时掌握口岸疫情防控一线人力调配变化情况，完善备勤轮休机制，动态调配人力资源。利用线上线下两种模式、采取理论实操相结合的方式持续开展疫情防控一线人员安全防护培训和实战演练，进一步提升口岸防疫能力。认真贯彻落实总署关于建立保护关心爱护疫情防控一线人员长效机制的工作措施，切实加强对一线“战疫”人员的关心关爱，开展疫情防控及时奖励 4 批次，及时表扬和奖励在疫情防控一线的先进典型。

【干部选拔任用】全面落实新时代党的组织路线，坚持党管干部原则，强化处科级领导班子建设，加快消化超配干部，加大干部选拔交流力度，注重在新冠肺炎疫情防控、巡察审计、业务改革等急难险重任务和关键时刻考察识别干部。认真贯彻落实总署党委关于进一步加强执法一线科长队伍建设的若干措施，注重执法一线科长的政治素质培养和日常管理监督。突出正向激励作用，在干部选拔任用、职级晋升和表彰奖励工作中向优秀执法一线科长倾斜。

【公务员队伍管理】对部分部门单位人员编制及科级领导职数进行优化调整，稳步推进各层次公务员职级晋升工作。聚焦不同时期重点改革和重点工作，加强干部多岗位交流锻炼，优化干部队伍配置。严格考录公务员资格审查，新招录公务员10名，强化政治理论培训、海关业务培训和准军集训，切实为新关员上好“第一课”、扣紧“第一粒扣子”。研究制订专业技术类公务员分类管理和职务与职级并行制度实施方案，完成83名专业技术类公务员任职资格的首次评定和69名专业技术类公务员职级套转。巩固深化公务员分类管理改革成果，推进将职务与职级并行制度同海关干部管理、关衔评授等制度衔接起来，为185名职级公务员评授或晋升关衔。

【事业单位人员管理】加强事业单位管理，在事业单位设立党的基层委员会。按照总署加强和规范事业单位岗位设置管理要求，进一步细化各事业单位首次岗位聘用方案，做好岗位聘用相关工作。加强事业单位职称管理和公开招聘工作，进一步推动专业技术人才队伍建设。

【干部监督】从严从实抓好领导干部个人有关事项报告工作，全年共开展抽查核实54人次，“不如实报告率”控制在5%以内，领导干部如实报告的政治自觉持续增强。加强“四种形态”运用，发挥好提醒、函询和诫勉警示作用，对干部进行及时有效的提醒监督。进一步加强因私出国（境）管理，开展违规投资企业及在企业兼职专项自查，持之以恒抓好违规兼职清理工作，推动干部日常监督管理走深走实。加强与巡察、审计等部门的联系配合，发挥监督合力，进一步提升监督效果。

▲2021年10月11日，人事处开展因私出国（境）管理检查

（撰稿人：李　平　张　静）

教育培训

【概况】2021 年，成都海关认真贯彻落实总署关于教育培训工作的部署要求，发挥教育培训工作在干部队伍建设中的先导性、基础性、战略性作用，发挥教育培训工作职能作用，培养忠诚干净担当的高素质专业化干部队伍。

【政治培训】把习近平新时代中国特色社会主义思想作为教育培训的首要任务，通过集中调训、网络培训等方式，持续强化政治训练。广泛开展需求调研，精心制订培训方案，拓展培训方式形式，组织成都海关处级领导干部参加学习贯彻党的十九届五中全会精神暨党史学习教育专题培训班，164 名处级领导干部参加轮训，实现处级以上领导干部调训率 100%。组织处级以上领导干部、一级二级巡视员、事业单位六级以上领导干部参加“海关 e 课堂——学习贯彻党的十九届五中全会精神”专题培训 2 期、259 人参训，参加“海关 e 课堂——党史学习教育”专题培训 8 期、1,348 人参训。“当好中欧班列驼队护航人”党课在“海关 e 课堂——党史学习教育”专题培训第八期上宣讲。组织处级以上领导干部、一级二级巡视员参加中国干部网络学院“党史百年”网上专题班学习。组织习近平法治思想、党的十九届五中全会精神、党史学习教育网上专题班学习，参训 3,807 人次。“成都海关用好‘一册一条一表’机制确保党史学习教育网上专题班学习阶段任务圆满完成”等 12 篇信息被总署教育培训中心采用。

▲2021 年 4 月 25 日，成都海关举行处级领导干部学习贯彻党的十九届五中全会精神暨党史学习教育专题培训班开班仪式

【专业培训】举办进境美国种猪检疫监管业务实操培训，为四川种猪进口检疫提供人才支撑。开展进出口危险货物及其包装检验实操培训及岗位资质培训和考核，157 人参训。开展巡察干部集中培训并组织参加 2021 年全国海关巡视工作网上培训班，103 人参训。开展“万人争先”岗位练兵活动，183 人参训。开展动植物检疫岗位资质培训，33 人获得 55 个动植食岗位资质。组织关区 19 个基层单位 91 名执法一线科长（基层党支部书记）参加网上培训。全年累计组织开展网络培训 56 期，参训人员 6,109 人次。按照新录用公务员初任培训由各直属海关自行组织要求，将 10 名新录用公务员安排至成都双流机场海关、锦城海关两个承训点，实施集中住宿管理、集中参加网上培训，圆满完成培训任务。

【新冠肺炎疫情防控培训】 制发《进一步加强疫情防控专业能力培训的工作方案》《进一步加强新冠肺炎疫情常态化防控培训的工作方案》，明确组织领导、培训目标、培训内容、培训形式、督查评估，以及实操演练要求。举办职工心理健康服务志愿者培训班。开展口岸疫情防控一线实战轮训人员岗前培训 5 期，参训人员 60 人次。开展疫情防控网上培训 6 期，参训人员 1,138 人次。

▲2021 年 12 月 8 日，成都海关举办职工心理健康服务志愿者培训班

【教育培训制度建设】 修订《成都海关干部教育培训管理办法》《成都海关兼职教师聘任管理办法》，依法依规开展培训工作。组织全关 105 名教育培训工作人员集中培训，宣讲教育培训工作政策法规，分析研讨工作中遇到的问题。聘任 50 名兼职教师，涵盖成都海关各业务类别。

（撰稿人：杨　静）

第四篇

业务建设

法治建设

【概况】2021年，成都海关深入贯彻落实总署对海关法治建设的工作部署，参与总署组织的海关法修订、立法后评估、权责清单编制试点等专项工作，开展规范性文件和业务制度文件清理，开展法治宣传教育活动，推进法治文化建设取得成效。

【法规管理】参与总署组织的《中华人民共和国海关法》修订工作，成立以法律人才、业务专家为骨干的工作专班，围绕《中华人民共和国生物安全法》《中华人民共和国进出境动植物检疫法》《中华人民共和国国境卫生检疫法》等法律如何在《中华人民共和国海关法》中落地开展调研，形成专题研究报告。

对总署开展的《中华人民共和国海关办理行政处罚案件程序规定》《中华人民共和国海关企业信用管理办法》等规章修订调研、“行政处罚代理人问题”专题论证组织研究并提出论证意见。

对24部海关规章和行政解释实施评估并提出初步评估意见。成立立法后评估小组，对《供港澳活牛检验检疫管理办法》等7部规章实施专题立法后评估并形成评估报告。

制（修）订《成都海关行政许可管理办法》《成都海关法律事务接待管理办法》《成都海关行政执法全过程记录实施细则》《成都海关普法讲师团管理办法》等法治工作文件。

开展业务制度性文件和改革创新举措合法性审查，审查制度、改革创新举措14件次。清理《成都海关案件审理委员会工作规程》等业务文件93件，废止《成都铁路保税物流中心（B型）内汽车平行进口保税仓储操作规程》等业务文件15件。

▲2021年4月26日，成都海关召开《中华人民共和国海关法》修订培训会

【复议应诉】4月，在李某某诉锦城海

关、成都海关其他行政行为一案中二审胜诉。12 月，在文某某诉成都海关、第三人四川某物流有限责任公司租赁合同纠纷一案中二审胜诉。配合成都市青羊区人民法院开展通锦桥办公大楼房屋腾退及相关财物的查封扣押、评估拍卖、案款分配等执行工作，债权受偿款人民币 210,901 元执行到位，执行依法终结。积极推进解决南充“商州名苑”小区历史遗留问题。

加强复议应诉人才队伍建设，开展“学党史大家谈”“行政处罚代理人问题”等专题研讨，参加总署政法司行政执法典型案例评议以及《海关执法研究》稿件审核等专项工作。开展公职律师工作专题书面调研，形成《成都海关公职律师工作调研报告》，截至 2021 年年底，共有公职律师 17 名。发挥海关第五行政应诉协作区平台作用，加强与协作区海关法治建设工作交流，以集体座谈、培训讲座、以干代训等工作形式，培养法治工作人才。

【法制协调】 落实行政执法“三项制度”，制定《成都海关行政执法全过程记录工作操作细则》。推进涉企经营许可事项“证照分离”改革和优化行政审批服务，办理“证照分离”事项 604 件、行政审批事项 1,889 件，保持审批服务“零超时”“零差评”。

按照总署权责清单编制试点工作要求，开展成都海关清单编制试点工作，配合完成《海关系统政务服务事项目录清单》审核。

【法治宣传】 开展普法宣传，利用“蓉关法苑”微信普法专栏，开展线上普法宣传 24 期。搭建“蓉关普法 e 在线”培训平台，开展“蓉关普法进行时”、《中华人民共和国民法典》有奖知识竞答等普法活动，发放普法宣传品 2,500 余件，4,000 余人次、300 余家企业参与相关活动。打击濒危动植物走私犯罪普法视频《“象”往的生活》荣获“2021 年川渝法治微视频微电影大赛”普法作品优秀奖。

▲2021 年 8 月 8 日，成都双流机场海关关员对入境旅客开展普法宣传

（撰稿人：钟原草　倪　霞　谢　娟）

业务改革与发展

2021年，成都海关认真贯彻落实《海关全面深化业务改革2020框架方案》，以“五项创新”为指引，统筹推进“提前申报”“两步申报”“两段准入”等业务改革。推进调整驻蓉地区隶属海关业务管辖范围，解决业务调整过渡期各类问题，进一步理顺业务运行机制。优化通关流程，推广运用新一代通关管理系统（H2018）3.0版。开展年度技术性贸易影响调查，协助企业做好经贸摩擦交涉应对。组织开展“龙腾行动2021”，保持打击侵权违法高压态势。

【优化口岸营商环境】 对标接受世界银行营商环境评价的东部城市，对表国家口岸办部署的跨境贸易便利化专项行动，出台优化口岸营商环境专项行动措施，参与制定《四川省优化营商环境条例》等政策文件，应对新冠肺炎疫情影响，提振市场信心。支持四川省参加国家发展和改革委员会组织的国家营商环境评价，成都市跨境贸易指标首次进入全国先进行列。成都海关连续两年被评为四川省深化“放管服”改革优化营商环境工作先进集体。

持续落实与重庆海关签署的合作备忘录明确事项，会同重庆海关落实总署出台的《海关支持成渝地区双城经济圈建设重点措施》，推动川渝开放型经济联动发展。

【业务改革协调】 稳步推进“提前申报”“两步申报”“两段准入”等总署部署改革项目在关区落地，“提前申报”应用率达64.9%，“两步申报”应用率达22.0%。开展关区业务运行情况和改革需求调研，调整驻蓉地区5个隶属海关业务管辖范围，进一步理顺业务运行机制。推进“中欧班列运费分段结算估价管理改革”“关银一KEY通”川渝一体化模式等改革。

【通关运行管理】 制定《成都海关综合业务系统授权管理实施细则》，修订《成都海关地方关参数管理实施办法》《成都海关进口车辆〈货物进口证明书〉管理操作细则》《成都海关检验检疫签证工作管理办法（试行）》《成都海关应急通关管理办法》。

推广运用新一代通关管理系统（H2018）3.0版，新系统接受报关单申报

73.12万票，其中进口19.25万票，出口53.87万票。依托HLS2017、HZ2011等系统监控处置海关作业时间超长报关单。2021年，成都海关进口整体通关时间48.02小时，出口整体通关时间1.06小时，圆满完成国务院提出的较2017年压缩一半的目标任务。

保障新冠肺炎疫情防控物资便捷通关，加强申报单证规范性审核，强化质量管控，在确保防疫物资有序通关的同时，防范伪瞒报风险，验放口罩、防护服、检测试剂盒、疫苗等主要防疫物资出口1,909批次，出口至40余个国家和地区。

【技术性贸易措施应对】 开展2020年度技术性贸易措施影响调查工作，调研167家川内重点外贸企业受影响情况并形成调查报告。

参与成都南亚标准研究中心举办的胶原蛋白欧盟市场准入特别贸易关注专题研讨，形成特别贸易关注提案。根据提案，市场监管总局会同商务部等相关部门在第80次SPS例会上向欧盟发起磋商，要求撤销出口障碍。我方提案建议最终被欧盟采纳，成功突破中国胶原蛋白出口欧盟的技术性贸易壁垒。

支持重庆海关中新（重庆）战略性互联互通示范项目建设，推动中新双方交换“希望对方提供具体准入要求和强制性技术标准的商品清单”。

【知识产权海关保护】 开展“龙腾行动2021”，印发《成都海关2021年知识产权保护专项行动方案》，在“龙腾行动2021”框架内部署开展寄递渠道知识产权保护“蓝网行动2021”、出口转运货物知识产权保护“净网行动2021”，保持打击侵权违法高压态势。参加2021年四川省知识产权保护与发展状况新闻发布会。查办的成都某公司出口侵犯“ROLEX及图形”等商标权手表案，入选“2020年四川省知识产权保护十大典型案例”。

修订《成都海关知识产权海关保护工作规程》，下放案件查办权限至各隶属海关。启动知识产权保护措施517批次，实际扣留侵权货物516批次，查获侵权货物196,857件。

开展知识产权情况调研及政策法规宣讲，新增知识产权海关保护备案60件，截至2021年年底有效备案296件。开展知识产权海关保护业务培训33次，受训人员1,500余人次。

【服务成渝地区双城经济圈建设】 落实《成渝地区双城经济圈建设规划纲要》和海关支持举措，全力支持成渝地区双城经济圈建设。自2020年6月成都海关、重庆海关签署合作备忘录以来，建立起三级常态化协作机制。推动双方职能部门、隶属海关实地互访、相互交流，签署合作备忘录（协议）12个，在口岸疫情防控、优化营商环境、自贸创新、监管通关、检验检疫、稽核查执法及风险防控等领域开展广泛交流合作。联合重庆海关、建设银行创新“关银一KEY通”川渝一体化模式，在全国首次实现“电子口岸卡”业务跨关区办理，通过“四川+重庆”跨关区业务就近办、“海关+银行”跨窗口业务多点办、“政务+金融”跨领域业务一站办，满足企业就近办理业务以及“一站式”办理“电子口岸入网+线上金融”业务的需求。

（撰稿人：龙　华　杨博溢　林彦谷　黄子宜　谢　娟　黎　钢）

自贸区和特殊监管区域管理

【概况】2021年，成都海关着力推进四川自贸试验区、综合保税区、保税物流中心（B型）等对外开放平台高水平开放高质量发展。四川自贸试验区进出口总值985.7亿元，同比增长55.6%，新增企业55,635家，合计注册资本3,238.59亿元，其中在海关备案的进出口企业3,701家。“中欧班列运费分段结算估价管理改革”入选全国第四批自贸试验区“最佳实践案例”，“关银一KEY通”川渝一体化模式通过总署自贸创新举措备案，“区内保税加工”和“再制造”2个案例入选总署向全国推介入区项目典型案例，进口特殊物品“关地协同”监管新模式等4项在全省复制推广。截至2021年年底，四川共有综合保税区6个，保税物流中心（B型）3个，保税仓库20个，出口监管仓库2个。2021年四川各综合保税区和保税物流中心（B型）实现进出口值6,221.88亿元，同比增长7.4%，占四川外贸进出口总值的65.4%。

【自贸试验区制度创新】2021年9月，会同重庆海关联合建设银行四川省分行、重庆市分行共同推出“关银一KEY通”川渝一体化模式，在全国首次实现“电子口岸卡”业务跨关区办理。通过“四川+重庆”跨关区业务就近办、“海关+银行”跨窗口业务多点办、“政务+金融”跨领域业务一站办，满足企业就近办理业务以及“一站式”办理“电子口岸入网+线上金融”业务需求，企业单笔业务办理时间压缩2/3以上。截至2021年年底，川渝两省市新入网企业2,113家，办理制卡、变更、解锁、延期等业务6,875次。

2021年，四川自贸试验区内的创新开展集成国际转运海关监管新模式、包装材料循环便捷进出综合保税区监管模式、进口特殊物品“关地协同”监管新模式等制度创新成果在全省复制推广。其中，包装材料循环便捷进出综合保税区模式，对符合条件的包装材料实施便捷进出区管理，包装材料在途流转时间缩短2天，每年可为企业节省成本约3,000万元；进口特殊物品“关地协同”监管模式，探索实施产业园区核查承诺、企业自主申报、部门现场查验“三位一体”监管，企业进口中低风险特殊物品审批时间压缩至3～5天。

【综合保税区管理和发展】2021年，绵阳、宜宾、泸州、成都国际铁路港4个综合保税区封关运作，宜宾港、泸州港、成都铁路保税物流中心（B型）完成注销。深化综合保税区增值税一般纳税人资格试点，成都高新综合保税区内17家企业完成一般纳税人资格切换，绵阳、宜宾、泸州、成都国际铁路港综合保税区完成综合保税区增值税一般纳税人资格试点区域备案。在成都高新综合保税区开展“同企跨片”微创新，实现区内企业货物跨片区便捷流转；协调四川省药品监督管理局创新监管模式，实现综合保税区内生产药品内销零的突破。泸州综合保税区探索实施跨境电商网购保税进口（海关监管代码1210）“保税速配”模式。2021年四川各综合保税区运行情况见表4－1。

▲2021年4月7日，锦城海关关员在成都高新综合保税区内检查跨境电商企业

表4－1　2021年四川各综合保税区业务运行情况

名称	进出口总值（亿人民币）	同比增长（%）	进口值（亿人民币）	同比（%）	出口值（亿人民币）	同比（%）	全国144个有进出口实绩的综合保税区中排名
成都高新综合保税区	5,819.03	6	2,630.58	5.4	3,188.45	6.5	第1位
成都国际铁路港综合保税区	243.44	15.1	28.78	－9.5	214.66	19.5	第51位 含保税物流中心（B型）
泸州综合保税区	40.05	16.3	33.73	22.3	6.32	－7.6	第107位 含保税物流中心（B型）
宜宾综合保税区	36.43	27.2	14.92	－8.4	21.51	74.1	第112位 含保税物流中心（B型）
成都高新西园综合保税区	26.78	—	26.74	—	0.04	—	第123位
绵阳综合保税区	23.47	94.4	15.77	250.8	7.7	1.6	第128位

配合四川省商务厅每月通报运营发展情况，配合四川省出台综合保税区发展绩效评估办法，配合总署和地方政府高质量完成2020年综合保税区发展绩效评估。成都高新综合保税区、绵阳综合保税区参加2020年度全国综合保税区发展绩效评估，在134个参评海关特殊监管区域中分别位居第2名、第98名，评估分类分别为A、B类。

【保税物流中心（B型）管理和发展】对有申建保税物流中心（B型）需求的地

市开展政策宣讲、现场调研、指标评分和申建指导。支持天府新区（成都片区）保税物流中心（B 型）引进菜鸟中心仓等大型项目，“双 11”期间单日清单量首次突破 1 万单。支持南充保税物流中心（B 型）封关运作。2021 年四川各保税物流中心（B 型）运行情况见表 4－2。

▲2021 年 5 月 7 日，成都双流机场海关关员在天府新区（成都片区）保税物流中心（B 型）跨境电商保税展示现场开展核查工作

【保税仓库及出口监管仓库管理和发展】2021 年新批设立保税仓库 3 个、出口监管仓库 1 个。其中内江新区蓉欧、达州无水港等新设立的公用型保税仓库正式开办业务。截至 2021 年年底，四川共有保税仓库 20 个，其中在运行 17 个，已批设、待验收 3 个；出口监管仓库 2 个，其中在运行 1 个，已批设、待验收 1 个。2021 年四川各保税仓库和出口监管仓库情况见表 4－3。

▲2021 年 4 月 26 日，泸州海关关员对泸州中海专用型保税仓库开展盘库工作

表 4－2　2021 年四川各保税物流中心（B 型）业务运行情况

名称	进出口总值（亿人民）	同比增长（%）	进口值（亿人民币）	同比增长（%）	出口值（亿人民币）	同比增长（%）	全国已运行的 85 个保税物流中心中排名
成都空港保税物流中心（B 型）	24.92	39.2	24.84	39.1	0.08	81.1	第 17 位
天府新区（成都片区）保税物流中心（B 型）	5.26	397.6	3.47	227.9	1.79	—	第 42 位
南充保税物流中心（B 型）	2.49	—	0.12	—	2.37	—	第 51 位

表 4－3　2021 年四川各保税仓库和出口监管仓库情况

名称	运行状态	主管海关	面积/容积
中国航空器材西南有限公司航材专用保税仓库	正常运行	机场海关	115 平方米
中国航油成都机场公用型保税仓库	正常运行	机场海关	10,000 立方米
四川飞机维修工程公司自用保税库	正常运行	机场海关	207 平方米
四川航空汉莎食品有限公司专用保税仓库	正常运行	机场海关	384 平方米
成都国航进出口有限公司公用型保税仓库	正常运行	机场海关	2,014 平方米
四川瑞科达物流信息咨询服务有限公司公用型保税仓库	正常运行	遂宁海关	2,000 平方米
四川广安承平港务有限公司公共保税仓库	正常运行	广安海关	3,060.5 平方米
广运物流公用型保税仓库	正常运行	广元海关	2,304 平方米
中国航空器材西南有限公司航食专用保税仓库	正常运行	机场海关	80 平方米
中航成飞民用飞机有限责任公司公用型保税仓库	正常运行	锦城海关	3,312 平方米
四川航空自用型保税仓库	正常运行	机场海关	126.63 平方米
泸州中海专用型保税仓库	正常运行	泸州海关	61,647 立方米
成都畅联供应链管理有限公司公用型保税仓库	正常运行	天府新区海关	3,830 平方米
成都国际商贸城公用型保税仓库	正常运行	锦城海关	4,500 平方米
天府国际生物城公用型保税仓库	正常运行	天府新区海关	2,000 平方米
达州无水港公用型保税仓库	正常运行	达州海关	2,200 平方米
中国航空油料有限责任公司天府国际机场航油液体保税仓库	待验收	机场海关	20,000 立方米
四川航空汉莎食品有限公司天府国际机场航食专用保税仓库	待验收	机场海关	473.88 平方米
内江新区蓉欧公用型保税仓库	正常运行	内江海关	3,580 平方米
成都国航进出口有限公司天府机场公用型保税仓库	待验收	机场海关	2,135 平方米
中国航油成都机场出口监管仓库	正常运行	机场海关	10,000 立方米
中国航空油料有限责任公司天府国际机场航油出口监管仓库	待验收	机场海关	20,000 立方米

【保税业务监管】开展打击跨境电商（网购保税）进口走私“断链刨根”专项整治行动，出台《成都海关跨境电商零售进口退货中心仓监管操作指引》。清理涉及特殊监管区域和保税监管场所未结关报关单，完成 H883、H2000（H2010）系统遗留加贸及保税手（账）册清理。

（撰稿人：刘　伟　郭　萍　段建萍　施筱圆　谢弘建　雷　率）

税收征管

【概况】2021年，成都海关深化综合治税，严格依法征管，完善税收风险协同防控，制订属地纳税人管理工作方案，形成监控指标体系，加强验估、稽核查补税，完成各项税收征管工作。关税和进口环节税净入库189.0亿元，同比增长5.8%，其中行邮税0.3亿元，同比增长29.2%。办理减免税审核确认货值14.2亿美元，减免两税1.7亿元。推广汇总征税、中欧班列运费分段结算估价管理改革，做好《区域全面经济伙伴关系协定》（RCEP）实施准备。

▲2021年11月26日，关税处组织研究减免税业务办理事宜

【税则税政】结合四川经济发展实际，聚焦新型显示器用有机发光材料、养猪产业用改性乳清等国内暂时无法完全替代的重点进口产品开展调研，向总署报送10项税则税政修订调整建议。强化税政宣传意识，聚焦企业所需，紧密围绕国家关税政策要点、海关征管改革节点、社会各界关注热点和企业业务操作难点等方面进行策划，加强与税收征管局联系配合，开展税政宣传。参与RCEP、碳达峰碳中和等3个署级课题和6个司局级重点课题研究。

【估价管理】探索推行中欧班列运费分段结算估价管理改革，通过解析中欧班列运输成本构成、完善单证格式、规范贸易术语等措施，分摊境外、境内段运费，在合法合规原则下，实现中欧班列境内段运费不计入完税价格，帮助企业降本增效。2021年5月，根据总署出台的《中欧班列回程运输及其相关费用估价指导意见》，以汽车零部件为主推对象，将改革适用范围由青白江海关（铁路口岸）扩大至所有隶属海关。2021年7月，中欧班列运费分段结算估价管理改革入选国务院自由贸易试验区工作部际联席会议办公室印发的自由贸易试验区第四批“最佳实践案例”，是四川自贸试验区唯一入选案例。2021年，2445票班列回程进口货物实现境内运费扣减，货值13.1亿元，为企业减征税款154.32万元，受益商品范围从汽车整车扩大到进口肉类、红酒、矿石产品，税负成本降低2%，线路从荷兰蒂尔堡、波兰罗兹扩展至中欧班列全线。

【税收征管】采用汇总征税方式申报报关单6.7万票，同比增长25.3%，涉及税款42.1亿元。新增备案汇总征税担保企业594家，备案担保753份，担保额度合计268.9亿元，其中保险公司出具关税保证保险单436份，担保额度合计93.3亿元，惠及企业14家。实施以企业为单元的税款担保改革，实现线上办理、一保多用、一地备案、全国通行。立项开发成都海关跨境电商零售进口税款担保交互平台项目，以数据驱动方式提升企业办事便捷度。

推进属地纳税人管理，制发《成都海关推进落实属地纳税人管理工作方案》，为30家重点税源企业、30家报关企业建立企业底账、“双特”价格管理台账（特殊关系和特许权使用费，但并没有“特殊关系和特许权使用费价格管理台账”）等，开展企业纳税遵从度评估，制订差别化合规管理服务方案。为四川省内高校、科研院所、相关企业宣讲“十四五”期间支持科技创新、集成电路、新型显示产业发展的进口税收优惠政策。办理减免税担保2万余票，办理减免税审核确认货值14.2亿美元，减免两税1.7亿元，审核确认投资总额超过5,000万元以上的鼓励项目10个，涉及投资总额超过80.9亿元。

▲2021年12月6日，关税处、成都双流机场海关关员在物流报关企业指导进出口货物涉税要素规范申报

【税收风险防控】制发《成都海关税收征管监控指标体系（试行）》，设定33项监控指标，重点聚焦规范申报、反倾销商品、申报价格偏低商品、减免税审核等高风险点，明确监控方法、频次和要求。反馈总署风险核查单证16份，自主制发监控单99份，组织集中核查6次。完成审价、归类、原产地、减免税等征补税2.3亿元，同比增长4.4倍。处置申报不规范数据2,456条，向总署报送修订建议10条。规范邮（快）件涉税信息申报，提出50余条价格布控建议并实施，细化14项税单打印核注要求。

【原产地管理】推广原产地证书自助打印、智能审核便利化措施，推出节假日原产地签证“预约+快递签”模式，实行全年“7×24 小时”签证服务。优惠贸易安排项下享惠进口货值25.7亿元，同比增长25.1%，税款减让1.8亿元，签发出口优惠原产地证书20,589份，货值14.2亿美元。

做好RCEP实施准备工作，组织原产地签证人员开展培训3期，参训人员110人次。召开RCEP政策宣讲会8次，为1,200余家企业提供专题政策辅导。围绕RCEP实施对四川外贸影响开展课题研究，在总署关税司“RCEP原产地规则和关税减让”征文中获三等奖。

▲2021年3月11日，关税处、青白江海关联合青白江区国贸和物流局举办RCEP政策宣讲暨原产地业务培训会

（撰稿人：刘　杰）

卫生检疫

【概况】2021 年，成都海关深入贯彻落实习近平总书记关于新冠肺炎疫情防控的重要讲话和重要指示批示精神，深入践行伟大抗疫精神，坚持“人、物、环境”同防、多病共防，毫不放松抓好口岸新冠肺炎疫情防控，扎实开展口岸病媒生物监测和防控，持续推进口岸公共卫生核心能力建设，严格口岸食品卫生安全监管和特殊物品监管，切实筑牢口岸疫情防控防线。

▲2021 年 5 月 14 日，成都海关召开 2021 年卫生检疫工作会

【口岸新冠肺炎疫情防控】落实国务院联防联控机制“四早”（早发现、早报告、早诊断、早隔离）要求，发挥“成都海关卫生检疫业务风险评估技术组”作用，密切监测研判境外疫情形势、病毒变异、阳性检出情况等，重点关注成都关区口岸通航国家和地区疫情态势，掌握异动情况，每周开展“成都航空口岸入境人员阳性检出情况分析”，并对口岸检疫进行指导提醒。联合四川省外事办公室开展成都口岸境外输入新冠肺炎病例情况分析，每月形成《成都口岸境外输入新冠肺炎病例情况分析报告》，供四川省应对新型冠状病毒肺炎疫情应急指挥部决策参考。联合重庆海关定期开展疫情形势分析研判，发布《成渝地区双城经济圈渝蓉海关疫情信息周报》50 期。结合成都关区口岸通航情况，研判德尔塔、奥密克戎变异株等对口岸疫情防控的影响。运用四川省应对新型冠状病毒肺炎疫情应急指挥部专项工作组平台，加强与外事部门的沟通联系，参与我驻埃及使馆疫情防控连线会商，提出远端防控工作建议；协助民航部门优化调整入境航班，从源头防范涉疫风险。实行重点航班“一机一方案”，按照总署工作要求动态完善口岸精准防控措施。

落实口岸疫情防控要求，严格规范实施健康申明卡核验、两道测温、采样检测、信息通报和移交处置等检疫措施。推进总署“严防疫情输入”“今冬明春疫情防控”等疫情防控重点工作，分解落实任务46项。落实总署调整血清抗体样本采样、取消快速流调等工作要求，进一步优化口岸检疫流程。推动临时航班组织单位落实主体责任，严格乘机人员境外核酸检测筛查。加强临时航班卫生检疫保障服务，制订工作预案，密切联系外事、卫健、民航、机场等部门，掌握远端防控情况和人员信息。坚持联防联控，完善细化人员移交、信息通报、病例追溯等合作机制，确保入境人员信息100%信息通报，人员100%移交后续管理。全年检疫出入境人员29.2万人次，同比减少42.2%。

【消毒处理监督】梳理消毒处理法律法规，研究明确海关在口岸卫生处理工作中的职能职责。提请成都市境外疫情输入防控指挥部机场现场工作组加强进出境环节消毒工作，推动解决四方责任落实、专业能力水平等问题。成立成都海关疫情防控消毒处理监督现场工作组，执行总署最新《口岸新冠肺炎消毒作业指南》《入境客运航空器新冠肺炎疫情终末消毒监督作业指南》等要求，加强入境航空器终末消毒方案审核、消毒作业现场监督。以视频单兵系统联线、抽查已备案消毒方案或监督记录等方式，指导做好入境消毒处理监督相关工作。

【安全防护】持续完善安全防护制度，制定下发《成都海关新冠肺炎疫情防控工作人员安全防护管理实施细则》《成都海关新冠肺炎疫情防控工作人员安全防护自查督查工作方案》《关于进一步加强成都海关新冠肺炎疫情防控工作人员安全防护自查督查工作的通知》，巩固“培训考核、监督管理、自查督查”三位一体的安全防护体系。严格落实“岗前检查、工作巡查、全程督查”和“双人作业、互相监督”安全防护监督要求。严格口岸一线作业人员集中封闭管理，落实登记造册、封闭管理、两点一线、一天一检、全员全程接种疫苗“五件套”等工作要求，坚持“六个不”原则。口岸一线工作人员新冠病毒疫苗接种率100%，实现第三针“即到即接”。从严就高落实安全防护要求，建立安全防护“月自查、季督查”以及“每日督导”制度，建立“业务指导—问题通报—整改反馈”安全防护管理机制。

加强安全防护监督检查，成立成都海关安全防护领导小组、安全防护专家组，制定《成都海关新冠肺炎疫情防控工作人员安全防护自查督查工作方案》，建立发现问题、整改措施清单。组织督导工作小组对18个隶属海关疫情防控工作人员安全防护开展督导检查和“回头看”23次。7月，组建“挑毛病”专家组，组织卫检、监管、动植食等部门开展联合督导，做到每日不间断、航班全覆盖，优化完善“检查—反馈—整改—销账—问责”机制，视频督导航班227架次，发现问题184项次，均指导现场整改落实。

【“多病共防”】 坚持“多病共防”，开展拉沙热、埃博拉等重大传染病等筛查，开展疟疾、登革热等虫媒传染病检测以及流感等呼吸道传染病监测，对自相关重大传染病疫情国家和地区入境人员开展针对性流调、采样和实验室检测，严防埃博拉病毒病、鼠疫、黄热病、中东呼吸综合征、拉沙热等重大传染病，防止疫情叠加。5月12日，配合总署完成世界卫生组织独立评估专家组对中国“消除疟疾”认证评估相关工作，参与世界卫生组织对四川省的线上评估，宣传成都海关“多病共防”工作经验。

【口岸病媒生物监测和防控】 落实《国境口岸病媒生物监测规定》《长江中游口岸病媒生物联合监测合作备忘录》要求，在航空、水运、陆路口岸开展病媒生物监测，全年捕获鼠4只、蚊686只、蝇521只。

▲2021年12月10日，成都双流机场海关国境卫生监督员开展病媒生物监测

【口岸公共卫生核心能力建设】 推动成都双流国际机场出入境口岸卫生检疫作业区升级改造，实现口岸卫生检疫作业场所增区扩容提效。推进总署新旅通系统卫生处置模块运用，组织开展培训、测试25次，口岸卫生检疫作业由“成都海关空港口岸卫生检疫信息化系统”平稳切换至新作业系统运行。制订《进一步加强疫情防控专业能力培训的工作方案》《进一步加强新冠肺炎疫情常态化防控培训的工作方案》，开展检疫作业人员上岗前培训考核、检疫处理、个人防护等方面培训75次，培训人员2,000余人次，组织成都双流机场海关等5个部门单位开展职业暴露应急处置演练7次。通过联防联控机制，争取四川省卫生健康委从全省各市（州）调派专业人员轮换支援口岸现场采样和实验室检测。通过图纸设计审核把关、施工现场调研、召开研讨会等多种形式，推动成都天府国际机场按口岸公共卫生核心能力标准进行建设。

【口岸食品卫生安全监管】 优化口岸食品饮用水审批服务，推动口岸公共场所卫生许可“告知承诺制”，实现自由贸易试验区7类公共场所卫生许可改备案管理。加强口岸食品生产经营企业卫生监督，督促企业落实食品安全主体责任。全年对口岸食品生产、餐饮服务、食品销售等企业开展卫生监督1,083家次，抽样2,321项次，处置不合格项目17个。

【特殊物品监管】 履行生物安全法要

求，创新“政府主导、关地协同、闭环管理”的特殊物品监管模式，支持成都市温江区“成都进出境特殊物品属地监管信息化系统”落地运行。依托该系统，与属地职能部门交换高风险特殊物品检疫审批、口岸验放结果信息以及地方职能管理情况，实现“口岸＋属地”监管无缝衔接。进口特殊物品“关地协同”监管新模式入选中国（四川）自由贸易试验区（协同改革先行区）第五批可复制可推广制度创新成果。支持地方搭建西南地区首家研发供应链服务平台，支持建设全国首个专门针对创新药企的生物安全培训中心。全年办理进出境特殊物品检疫审批1,370件、同比增长6.5%，开展高风险特殊物品风险评估34次，验放进出境新冠病毒疫苗研发样本27批次。督促生物医药生产研发企业落实生物安全主体责任，助力关区企业实现全球首个四特异抗体注射液正式进入临床试验、全球最大临床药物DNA筛选库建设，推动“四川造”自主研发疫苗首次出口。

▲2021年4月16日，成都双流机场海关关员对进境特殊物品开展查验工作

（撰稿人：何建伟　林　魏　杨　晶）

动植物检疫

【概况】2021 年，成都海关坚决贯彻习近平生态文明思想，坚决贯彻落实总体国家安全观，坚持系统观念、底线思维，强化进出境动植物检疫监管，开展国门安全监测，严密防范外来物种入侵，严防重大动植物疫病疫情传入传出，持续推进动植物检疫能力提升工程，国门生物安全建设持续加强。

【进境动物检验检疫】全年检验检疫进口动物及其产品 145 批、11,737.36 吨、4,136 头，主要品种详见表 4－4。

表 4－4　2021 年成都海关检验检疫进口动物及其产品主要品种

分类名称	重量（吨）
种猪	4,136（头）
盐渍牛皮	948.96
牛骨粒	6,116.52
饲料添加剂	5,382.07
动物源性生物材料	0.12
食用水生动物	29.47

按照总署关于进一步加强口岸非洲猪瘟等重大动物疫情防控工作要求，严格非洲猪瘟等重大动物疫情疫病口岸防控，对截获来自非洲猪瘟疫区旅客携带和邮寄进境的猪肉及其制品开展非洲猪瘟监测，检测样品 485 个，全国首次从德国生产猪肉制品中（为旅客携带德国生产的火腿肠）检出非洲猪瘟病毒核酸阳性。

进境动物指定隔离检疫场考核。按照《进境动物隔离检疫场使用监督管理办法》，完成进境种猪、种禽、水生动物、虹鳟鱼卵 4 类等 6 个指定隔离检疫场考核。

进境种猪检疫监管。成立工作专班，制订检疫监管工作方案，开展模拟演练及应急推演 3 次，选派 20 人次驻场监管。与隔离场所在地的政府、农业农村部门就做好押运和隔离检疫期间综合保障和疫情疫病联防联控等生物安全保障开展合作。

全年检疫监管自美国、丹麦、英国进境种猪 4 批 4,168 头，检疫合格放行 3,988 头，检出猪传染性胸膜肺炎、蓝耳病、圆环病毒 3 种二类传染病并扑杀 85 头，全国首次从英国引进种猪中检出人畜共患病猪戊型肝炎病毒抗体，对该批种猪实施延长隔离期并全部再实施检测，对 9

▲2021 年 4 月 28 日，成都双流机场海关关员对进境种猪开展查验

头发生转阳的种猪，依企业申请予以扑杀。

【出境动物检验检疫】 全年检验检疫出口动物及其产品 1,916 批、19,856.76 万吨、146 只，主要品种详见表 4－5。

表 4－5　2021 年成都海关检验检疫出口动物及其产品主要品种

分类名称	重量（吨）
猪鬃	1,116.53
饲料及饲料添加剂	10,330.75

出境伴侣动物（犬、猫）检疫监管。加强对出境宠物签证程序、核查携带人身份信息、口岸放行查验环节管理，全年检疫监管携带出境伴侣动物 137 批、146 只，未发生国外退运情况。

进出境动物生物材料检疫监管。完成动物制品生产加工存放场地注册考核，对出口动物血液及其制品实施现场查验、来源追溯、物种鉴定。监管出口狗全血 1 批，为四川首次出口。

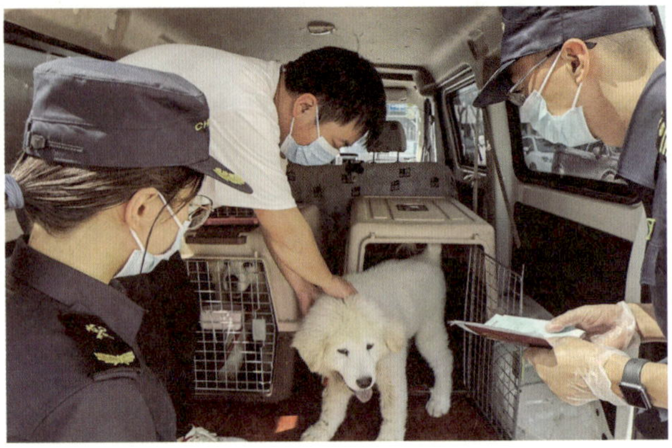

▲2021 年 7 月 28 日，天府新区海关关员对出境宠物开展检疫监管

【进出境植物检验检疫】 全年检验检疫进口植物及植物产品 1,014 批、23 万吨，同比分别减少 24.7%、32.9%，主要产品详见表 4－6。

表 4－6　2021 年成都海关主要进口植物及植物产品

分类名称	重量（吨）
粮食	200,846
竹木草制品	3,883
水果	46.1
种苗花卉	20.5
栽培介质	1,171.2

全年检验检疫出口植物及植物产品 1,552 批、2.2 万吨，同比分别增加 29.7%、57.1%，主要出口产品详见表 4－7，桑葚首次出口日本，苹果首次出口越南，香菇菌丝首次出口意大利。鲜石榴、葡萄、猕猴桃、柠檬等首次出口到泰国、印度尼西亚、斯里兰卡、德国、孟加拉国、缅甸、马来西亚、巴基斯坦等国家。

表 4－7　2021 年成都海关检验检疫主要出口植物及植物产品

分类名称	重量（吨）
水果	3,501.4
竹木草制品	10,981.2
种苗花卉	2,249.2
烟叶	4,685.5
植物提取物	179.8
冷冻植物产品	372.3
植物源性饲料	54

进境粮食检疫监管。2021 年，办理进境粮食检疫许可 45 批，备案进口粮食加工、存放指定企业 122 家。从宜宾港、泸州港检验检疫监管直接进口的高粱、杂豆等粮食 20 万吨，检出假高粱、黑高粱等检疫性有害生物 114 批次，检出杂草种子曼陀罗超标的澳大利亚高粱 2 批。2021 年四川省将粮食安全纳入党政同责考核，成都海关作为考核领导小组成员单位，制发《成都海关 2021 年度落实粮食安全省长责任制工作方案》，完成对四川 21 个市（州）进口粮食风险防控考评工作。

进境木质包装检疫监管。开展口岸松材线虫等植物检疫业务线上培训，参训人员 100 余人，实施对进境针叶木木质包装全部取样检测松材线虫措施，全年检疫进境货物木质包装 240 批。10 月 26 日，关区首次从来自美国装运电路连接器的木质包装中截获活体检疫性有害生物松材线虫。

完成出境植物及其产品、其他检疫物生产加工存放单位注册登记 123 家，向总署推荐对泰国、俄罗斯注册果园及包装厂 77 家。

▲2021 年 8 月 24 日，乐山海关关员对进口玉米入库进行现场监管

【国门生物安全监测和安全风险监控】 国门生物安全监测。开展进境种猪疫病监测等国门生物安全（动物检疫部分）监测，抽取样本 12,922 个，获得监测结果 23,399 个，检出阳性结果 5 种 770 个。开展植物检疫性实蝇、外来杂草、红火蚁等外来有害生物监测，设置监测点 500 余个，诱捕各类实蝇标本 29,340 头，监测到加拿大一枝黄花等杂草 55 科 155 属 224 种，监测到泸州辖区红火蚁 1 次。

进出境食用农产品风险监控。抽取出口食用水生动物样品 4 个、进出境饲料及添加剂样品 36 个。实施兽残、农残、重金属、添加剂、微生物等安全项目风险监控，获得进境宠物食品（饲料）三聚氰胺超标不合格结果 2 个并监督销毁处理。抽取出口水果猕猴桃、芒果、柠檬等 6 类水果样品 11 个，实施农残、重金属风险监控，获得数据 91 个，无不合格结果。

▲2021 年 6 月 21 日，攀枝花海关关员在出口石榴果园开展外来实蝇监测

【“国门绿盾 2021”行动】受理审核进境动植物检疫许可 157 批，完成检疫许可证核查核销。全年截获进境植物有害生物 1,936 种次，旅检、邮检等非贸渠道采用“人、机、犬”等手段，截获外来入侵物种 131 种次，截获非法寄递种子苗木行为 57 起、禁止进境植物及其制品 237 起。

【动植检岗位资质管理】全年 30 人新获得 50 个动植物检疫岗位资质。其中，动物检疫普通现场查验岗位资质 19 个、动物检疫专家现场查验岗位资质 3 个、植物检疫普通现场查验岗位资质 20 个、植物检疫专家现场查验岗位资质 1 个、签证兽医官资质 4 个、签证植物检疫官资质 3 个。

【支持特色农产品出口】在成都海关与四川省农业农村厅、商务厅合作备忘录的框架下，支持四川省首批 21 个省级农业国际贸易高质量发展基地创建，配合开展 10 个创建基地现场核查和联合评定。联合四川省农业农村厅举办出口农产品贸易政策专题宣讲和国外技术标准宣贯 2 期。向总署推荐对外官方注册水果、水产品等企业 78 家。设立农产品出口绿色通道，保障鲜活农产品快速通关。2021 年四川省农产品（包括动植物及产品、初级加工食品）出口 61.0 亿元，同比增长 35.8%。

【动植物疫情信息收集分析研判】调整成都海关国外植物疫情监测工作小组成员，开展中非、中亚植物疫情信息收集、编译、评估。开展疫情分析研判，采集报送动植物疫情信息 31 篇被总署采用。

（撰稿人：周洪波　黄　菊　张　军　刘贞伟）

进出口食品安全监管

【概况】2021 年，成都海关认真贯彻落实习近平总书记关于食品安全“四个最严”要求，强化进出口食品安全监管，提升监管能力，推进食品安全社会共治，守住国门食品安全防线，关区全年未发生系统性、区域性进出口食品安全事件，成都海关动植物和食品检验检疫处被国务院食品安全委员会评为“全国食品安全工作先进集体”，成都海关所属锦城海关被四川省食品安全委员会评为“四川省食品安全工作先进集体”。

【进口食品化妆品安全监管】全年检验监管进口食品化妆品 2,838 批、同比减少 2.8%，重量 15.6 万吨、同比增长 88.0%（其中含跨境电商食品化妆品 739 批、0.2 万吨），主要品种详见表 4－8。

表 4－8　2021 年成都海关检验监管进口食品化妆品主要品种

分类名称	重量（吨）
酒	6,764.3
食用粮谷	121,514.9
乳制品	4,563.8
化妆品	742.0
特殊食品	192.5
饮料	5,754.6
糖、糖果及巧克力	900.0
食用油	2,256.1
粮食制品	4,554.8
其他未列明食品	51.8
糕点饼干	255.0
动物肉脏及杂碎	26.0
水产动物油脂	4,927.8
蜂蜜	8.0
粮食加工产品	910.7
食用加工油脂	21.9

（注：食用粮谷同时统计在“进出境动植物检验检疫”条目中）

进口食品领域通关环节监管证件管理检查。对进口肉制品、乳制品（含跨境电商乳制品）、葡萄酒等重点敏感产品开展以国家准入、国外生产企业注册、官方证书比对、监督抽检指令执行为主要内容的专项检查，检查进口货物单证 45 份，发现 12 批次存在不规范的情况并督促整改。

进口大宗食品风险控制。严格产品准入、进口食品境外生产企业注册信息审查，对进口量较大的进口鱼油企业开展核查。引导进口企业加强境外生产企业审核，确保进口鱼油的境外生产企业已获得总署注册。

风险提示。梳理进口澳大利亚葡萄酒、动物源性食品以及进口食品申报、审核、出证中发现问题，发布风险类预警、提示3条。

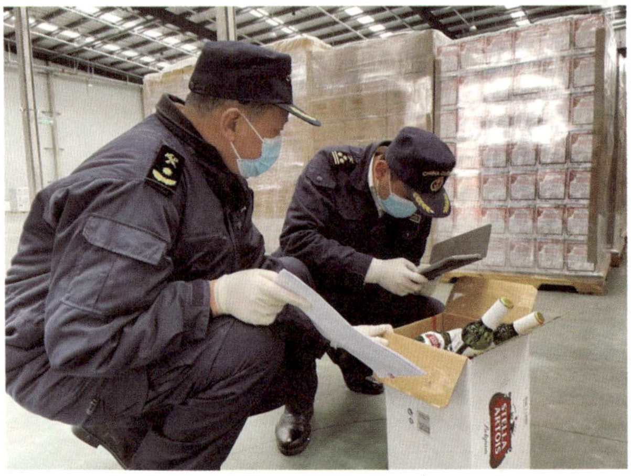

▲2021年4月25日，青白江海关关员查验进口啤酒

【出口食品化妆品安全监管】全年检验监管出口食品化妆品10,811批、同比增长9.8%，总量12.7万吨、同比增长1.3%。出口大宗食品化妆品详见表4－9。

表4－9　2021年成都海关食品化妆品出口主要品种及占比情况

分类名称	重量（吨）
水产动物油脂	3,996.3
酒	1,520.5
肉及肉制品（含肉禽罐头、内脏及杂碎）	21,928.0
调味品	37,323.2
蔬菜及制品	15,044.4
食用加工油脂（植物奶油、起酥油）	2,048.1
其他植物源性食品（主要为植物提取物）	1,915.0
中药材	1,699.1
水产及制品（含水产罐头）	1,084.1
粮食制品	4,569.2

续表

分类名称	重量（吨）
其他未列明的加工食品（主要是乐山的魔芋丝）	2,494.8
茶叶	4,747.3
植物性调味料	555.7
食用粮谷	22,003.4
糕点饼干	1,426.9
食用油	373.4
非种用油籽	797.5
饮料饮品咖啡果冻	1,494.8
蜂蜜	588.9
糖、糖果、巧克力、可可制品	298.7
熟制坚果炒货	293.1
干坚果及坚果罐头	285.4
食品加工用植物蛋白	108.0

防范动物疫情传出。督促出口肉类企业严禁采购非洲猪瘟疫区产品原料，对出口猪肉及其制品100%实施非洲猪瘟病毒核酸检测，共计检测样品532批次，未检出核酸阳性样品。

出口食品生产企业监管。核查出口水产品、肉类、调味品等高风险食品生产经营企业和种植养殖基地230家。对10家境外通报不符合输入国添加剂、过敏原、农残、污染物等食品安全标准的出口食品生产企业开展核查，对发生问题原因进行调查处置。对俄罗斯官方通报成都出口水产品被检出土霉素超标的问题开展核查，并对出口俄罗斯水产品开展土霉素检测布控。

出口食品质量安全监管。发布加强输韩泡菜酱腌菜等食品质量安全监管的警示通报，加强对输韩泡菜、酱腌菜等食品生产企业监管，督促企业认真落实食品安全主体责任，确保其输韩食品符合韩国要求。

【进出口食品化妆品监督抽检和风险监测】全年监督抽检及风险监测进口食品样品362个、5,698项次，检出进口标签不合格50批次；进口化妆品样品5个、54项次，未检出不合格；出口食品样品547个、3,476项次，检出不合格10批。完成供港蔬菜专项检测样品6个、检测项目1,434项次，未检出不合格。

【新冠肺炎疫情防控】成立非冷链疫情防控工作专班，制定《成都海关进口高风险非冷链集装箱货物口岸环节新冠病毒检测和预防性消毒工作实施方案》《进口商品检出新冠病毒核酸阳性处置工作流程》。

落实企业主体责任和源头管理。要求进口企业通过商业合同、商业磋商等方式向出口方告知中国疫情防控规定，审核进口冷链食品准入信息，查验随附官方证书，强化源头管控。督促指导进口商、海关查验场地经营单位实施预防性消毒并及时在“川冷链”平台填报进口冷链食品信息。

规范现场作业。开展进口冷链物流疫情防控业务培训3次，培训人员102人次。开展进口冷链食品口岸环节新冠病毒核酸检测、预防性消毒监督及人员防护实操演练2次。

实施监督检查。对现场采样作业音视频录证和样本留存，组成“挑毛病”专家组工作，在二级监控指挥中心对口岸现场开展工作进行督导检查，共实施监督检查233次，联合相关部门对进口货物口岸作业和人员防护等开展现场检查5次。

完成进口高风险非冷链集装箱货物新冠病毒检测样品38,816个，监督完成预防性消毒处理货物1,664批231,623件，监督完成预防性消毒处理集装箱（器）2,544个。

开展联防联控。成都海关作为四川省应急指挥部市场监管组疫情防控成员单位，派出26人次参加四川冷库和进口链食品新冠防控工作专项督查。会同市场监管、卫生健康等部门对成都、宜宾、泸州3市海关监管作业场所（场地）经营单位、进口企业和消毒处理单位等实施监督检查2次。协助市场监管部门开展进口冷链食品入境货物信息核查32票。

【推动形成食品安全共治格局】向有关企业、地方政府通报进出口食品安全情况32次。参与四川省食品安全评议考核、风险会商、应急预案制定、应急演练。开展《中华人民共和国进出口食品安全管理办法》和《中华人民共和国进口食品境外生产企业注册管理规定》宣传，派出宣贯工作人员70余人次，组织线下活动8场，推送微信、张贴海报、发放宣传画册1,605份。开展“线上+线下”食品安全宣传周活动32场次，发放宣传资料5,500份。

【支持食品出口】收集欧盟、美国、摩洛哥等茶叶准入标准，为出口茶叶企业提供国外技术标准，指导“峨眉—夹江”生态茶叶产业带企业开展农药残留物检测。与四川省农业农村厅联合举办出口联盟外贸实战培训，解读出口食品农产品基地管理要求及食品出口流程等外贸规则。支持“四川夹江茶叶”中欧班列专列形式，首次向中亚国家（乌兹别克斯坦）出口茶叶，共计2列、2,500吨。全年出口茶叶210批、重量4,747.27吨、货值746.90万美元。

▲2021年4月11日，青白江海关保障首列“中国成都—乌兹别克斯坦”茶叶专列开行

（撰稿人：周洪波　黄　菊
陈　艳　崔鹏博）

商品检验

【概况】2021 年，成都海关严厉打击“洋垃圾”入境，严格进出口危险化学品及其包装等重点敏感商品和防疫物资检验监管。接受进出口法定检验商品申报 93,477 批、货值 1,140.03 亿元。其中进口法定检验商品 84,016 批、货值 1,051.45 亿元；出口法定检验商品 9,461 批、货值 88.58 亿元。对其中 17,336 批进出口法定检验商品实施检验，抽检率 18.55%，检出不合格 263 批，不合格率 1.52%。持续完善进出口商品质量安全风险预警和快速反应监管体系，深化进出口商品质量安全风险一级监测点建设。贯彻落实总署动态调整法检目录工作部署，推进检验结果采信改革，推动“先放后检”、大宗商品重量鉴定、“先声明后验证”等工作持续开展。

【进口商品检验】进口固体废物属性鉴别。对 190 余名一线执法人员开展培训，提升进口固体废物属性鉴别能力。对货运、旅检、快件渠道 96 批货物及物品实施固体废物属性鉴别，其中 13 批次、163.57 千克货物及物品鉴别为进口固体废物，涉及废旧手机及其零部件、废旧汽车零部件、再生塑料颗粒和废旧电子产品等。

▲2021 年 2 月 5 日，成都双流机场海关查获进口“洋垃圾”——废电路板

进口危险化学品及其包装检验监管。严格开展进口危险化学品及其包装口岸“批批验核、抽批检验”，检验进口危险化学品 154 批、重量 283.50 吨，检出不合格 13 批。不合格原因主要为危险公示标签、包装和安全数据单不合格。组织参加进出口危险货物及其包装检验岗位资质培训及考核，截至 2021 年年底，成都海关共 176 人具备进出口危险货物及其包装检验岗位资质。参加总署进出口危险品及其包装检验领域岗位练兵和技能比武活动，2 人获“万人争先”线上练兵表彰。拍摄《出口危险货物包装使用鉴定（纤维板桶）》《〈危险化学品目录〉（2015 版）2,828 项的危险特性分类鉴别》2 个岗位练兵培训教程，均被总署采用。

进口旧机电产品检验监管。贯彻落实总署《新版进口旧机电产品作业要求清单》，制发《成都海关〈新版进口旧机电产品作业要求清单〉解读》，加强进口旧机电产品检验监管。2021 年检验进口旧机电产品 2,466 批、33,758 台（套），检出不合格 43 批、48 台（套），不合格原因主要为夹带禁止进口货物、警示标识、电源制式、中文说明不合格。打击非贸渠道废旧机电“洋垃圾”入境，截获非贸渠道旧机电进口“洋垃圾”11 批。

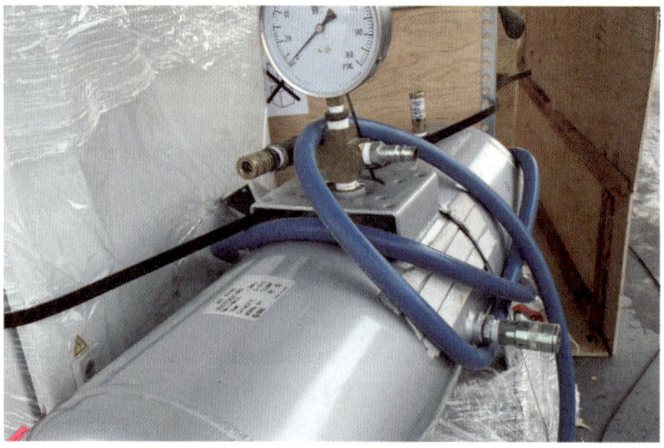

▲2021 年 5 月 31 日，锦城海关查获进口旧机电产品中夹带的禁止进口旧压力容器

进口大宗资源性商品检验监管。落实进口矿产品“先放后检”和大宗商品重量鉴定改革措施，优化进口锌精矿检验监管流程，助力锌精矿快速通关，检验进口锌精矿 40 批。支持国家储备棉进口，检验进口棉花 15 批。

进口汽车检验监管。制发《成都海关关于明确进口机动车检验有关事宜的通知》，规范进口机动车检验检测机构安全性能检验结果采信工作。编写《进口汽车检验操作指引》，加强进口汽车检验监管。2021 年检验进口汽车 1,053 批、2,038 辆。

进口医疗器械检验监管。2021 年检验进口医疗器械 817 批次，检出不合格 5 批，不合格原因主要为无注册证号、货证不一致、品质不合格、中文标识不合格等。开展打击非法医疗美容服务专项整治，强化进口医疗器械备案注册证验证核查和属地检验，对 4 批不合格进口医疗美容产品实施退运销毁。

进口消费品检验监管。2021 年检验进口儿童用品 668 批次、服装 2,054 批次、一次性卫生用品 13 批次。检验进口食品接触产品 801 批次，检出 1 批中文标识不合格。

民用商品入境验证。执行进口环节监管证件核查要求，2021 年实施入境 CCC 证明验证 178 批次，检出不合格 2 批，不合格原因为标识标志未按相关标准要求加施。实施能效标识验证 13 批次。

【出口商品检验】 出口防疫物资检验监管。收集整理 123 类 326 项国内外标准、翻译 39 项国外标准。制作《出口医疗物资法检指南》《出口防疫物资通关指南》

《出口防疫物资通关要点参考》，介绍出口防疫物资通关流程、海关监管要求及相关注意事项。参加四川省防疫物资产品质量和市场秩序专项整治行动。2021 年检验出口防疫物资 78 批，检出不合格 9 批，对存在质量问题的防疫物资依法依规进行处置。

出口危险品及其包装检验监管。落实出口危险化学品及其包装“产地检验、口岸查验”要求，制发《进出口危险化学品及其包装检验操作指引》《出口危险货物包装性能检验操作指引》《出口危险货物包装使用鉴定操作指引》《成都关区进出口危险品及其包装检验不合格典型案例编写操作指引（试行）》，强化进出口危险品及其包装检验监管工作。2021 年检验出口危险化学品 3,860 批、重量 20.90 万吨，检出不合格 32 批；实施出口危包性能检验 1,025 批、361.10 万件；实施出口危包使用鉴定 3,270 批、173.70 万件。不合格原因主要为安全公示标签不合格、安全数据单不符合要求、安全标识不合格、包装性能检验相关项目不合格、包装使用错误、包装捆扎不符合规定。开展进出口危险化学品危险特性验证及危险货物包装周期检验符合性验证，抽取样品 34 批，检出不合格 5 批。组织进出口危险货物及其包装技术专家组开展进出口危险货物及其包装检验实际操作集中培训和现场跟班实际操作培训，参训人员 180 余人次。

▲2021 年 6 月 17 日，商品检验处关员开展出口危险货物包装检验实际操作现场跟班培训

出口航空煤油检验监管。制定《四川石化管道运输出口航空煤油检验工作规范》，优化保税航空煤油检验流程，支持出口保税航空煤油出口。2021 年检验出口航空煤油 16 批、10.90 万吨。

出口稀土检验监管。开展出口稀土检验监管工作调研，采用“一图五清单”掌握属于危险化学品的稀土产品相关情况。强化出口稀土现场检验和抽样检测工作，按照出口危险化学品及其包装检验要求加强属于危险化学品的出口稀土检验监管。2021 年检验出口稀土 282 批、重量 7,286 吨。

国外通报和出口退运货物调查。利用“出口退运信息管理系统”采集出口退运工业品信息 238 批次。通过备案、书面以及现场调查方式开展出口退运货物追溯调查 230 批次。完成 11 批“RAPEX – CHINA 中欧非食品消费品快速预警系统”通报调查。

【进出口商品质量安全风险监测】 深化成渝地区双城经济圈进出口商品质量安全风险监测点（成都）和进出口商品质量安全风险一级监测点（进口特种设备）2个总署风险监测点建设，联合重庆海关制发《重庆海关　成都海关推动成渝地区双城经济圈进出口商品质量安全风险监测点建设合作机制》。2021年采集进出口商品质量安全信息4,384条。开展进出口商品专项质量安全风险监测4次，抽取样品58批，检出不合格12批（详见表4－10）。编制《成都海关进口特种设备验证及判定工作指引V1.0》，开展进口特种设备法律法规汇编和课题研究。报送质量安全不合格典型案例6个（详见表4－11）。

【进出口商品检验结果采信】 按照《中国（四川）自由贸易试验区进出口商品检验结果采信工作规范》，大力实施进口汽车第三方检验结果采信，助推成都国际铁路港进口汽车业务快速发展。2021年对1,471台进口汽车实施第三方检验结果采信。

【进出口商品检验检测机构监管】 制定《成都海关进出口商品检验鉴定机构“双随机、一公开”监管工作细则》，对进出口商品检验检测机构规范实施现场监管，未发现违法违规行为。制定成都海关检验检测机构风险信息主动报告制度，采集进出口检验检测机构主动报告质量安全风险信息1,601条。

（撰稿人：任　芸　张　峰　谢　佳）

表4－10　进出口商品专项质量安全风险监测情况

序号	监测名称	监测时间	监测进出口商品	监测批次	不合格批次
1	进出口危险化学品危险特性验证	8—9月	氢氧化钾、氢氧化锂等进出口危险化学品	15	3
2	出口危险货物包装检验符合性验证	8—9月	集装袋、钢桶等出口危险货物包装	19	2
3	跨境电商进口消费品风险监测	8—10月	纺织品、一次性卫生用品、玩具等	16	4
4	法定检验商品以外进出口商品抽查检验	9—11月	摩托车头盔、儿童安全座椅、灯具等	8	3

表4－11　进出口商品质量安全不合格典型案例

序号	案例名称
1	出口危险货物包装出现渗漏
2	出口危险货物包装封口不符合要求
3	出口危险货物包装性能检验不合格
4	进口危险化学品未见中文危险公示标签和有限数量运输标签
5	进口危险化学品中文安全数据单和危险公示标签象形图不符合要求
6	成都邮局海关查获寄自日本无备案号的隐形眼镜片

口岸监管

【概况】2021 年，成都海关落实总体国家安全观，强化口岸正面监管，持续提升口岸监管能力水平，健全业务运行监控体系，筑牢国门安全防线。同时，积极推动监管模式改革，支持外贸新业态发展，提升监管效能，助推地方经济高质量发展。

【打击象牙等濒危物种及其制品走私】不断强化货运、旅检、邮快递渠道等口岸监管重点领域监管，严厉打击象牙等濒危物种及其制品走私犯罪活动。加强对重点航班、重点人员、藏匿方式的风险研判，加强对 CT 机、智能审图系统、毫米波人体快速检查设备等技术手段的应用，加强部门间联系配合，及时开展鉴定、线索移交等工作。会同外事管理部门、航空公司等单位，加大对重点人群的政策宣传力度，力求从源头上防范象牙等濒危物种及其制品走私入境。全年，共查发象牙等濒危物种及其制品 176 起、72 千克，其中象牙及其制品 114 起、30 千克，查发象牙制品情事居全国首位。

【运输工具监管】健全“执行—监督—评估”运输工具监管机制，严格按照布控指令开展运输工具登临检查，完成对成都双流机场海关 2020 年 1 月 1 日—2021 年 3 月 31 日期间运输工具登临检查专项审计。

制定《成都海关进境客运航空器终末消毒监督检查机制实施方案》，建立入境客运航空器终末消毒监督检查机制，规范开展入境客运航空器终末消毒监督，全年共监督 756 架次。

▲2021 年 1 月 7 日，成都双流机场海关关员对入境运输工具开展监管

【货物监管】严厉打击“洋垃圾”进境。强化风险研判，加强查缉跟踪，全年

货运渠道查获固体废物4批，涉及旧灯具、飞机娱乐系统乘客控制组件、电路板（测试样品）、经梳理人发，全部退运出境。

制订《成都海关移动查验单兵使用管理办法（试行）》，规范查验设备使用管理。强化查验规范性管理，开展查验报关单随机抽核，重点针对查验双随机、查验录证、查验时间、严格执行布控指令等进行复核，定期分析通报成都海关口岸查验业务监控情况。

推动“船边直提”“进口直提”试点。11月16日，宜宾港完成关区首票进口货物“船边直提”业务。11月18日，泸州港完成进口货物“船边直提”业务。12月12日，成都国际铁路港完成“进口直提”业务。

【快件监管】制定《加快快件企业承揽承运货物物品通关时限的工作方案》，明确在海关正常工作时间内，相关货物物品已抵达海关监管作业场所并且企业已向海关完整提交放行所需信息的情况下，对符合运输方式为空运，由快件运营人承揽承运，具备《全面经济伙伴关系协定》（RCEP协定）区域或缔约方原产资格的货物，以及来自于《全面经济伙伴关系协定》（RCEP协定）缔约方的物品，实行六小时内放行的便利措施（不包括海关需要对相关货物、物品进行查验处理或者其他处置的情形），压缩快件企业承揽承运货物物品通关时间。

分别于2021年3月、2021年6月在成都邮局海关，成都双流机场海关快件中心监管现场试行“非接触式”查验，设置常闭式玻璃窗，查验台一分为二，将查验关员同快递邮件及邮政、场站工作人员进行物理隔断，做到“非必要不接触”“非必要不开拆”，试行“透明化”非侵入式查验。试行非接触式“查验后，监管效能未受影响，寄递渠道查获毒品69起，仿真枪1支、非成套枪支散件15件、管制刀具180把，各类反宣品2.6万份。全年监管快件68.5万票，同比减少37.4%，其中进口44.6万票，同比减少46.3%，出口23.9万票，同比减少9.3%。

【邮件监管】在邮递物品管理子系统中设置税收、出口防疫物资、包值、生物安全、敏感国家（地区）、敏感商品、反宣品等各类风险参数200余条。将风险布控、同屏比对、智能审图等功能嵌入自动化分拣流水线，结合关员机检判图经验，提高人工开箱查发准确性。针对重点地区邮件开展人工重点筛查，运用“人+机+犬”相结合的方式，多手段发现异常邮件。围绕建党100周年这条主线，强化“扫黄打非”口岸查缉，切实保障国家安全，成都海关所属成都邮局海关监管一科被全国“扫黄打非”工作小组办公室评为全国“扫黄打非”进基层示范点。全年监管邮递物品（不含快件）19.1万件，同比减少61.5%，其中进口15.4万件，同比减少9.1%，出口3.7万件，同比减少88.6%。监管邮政快件128万件，同比减少73.1%，其中进口20.3万件，同比减少55.9%，出口107.7万件，同比减少75%。

【跨境电商】成都海关关区开展跨境电商进出口业务的隶属海关包括成都双流机场海关、青白江海关、锦城海关、天府新区海关、泸州海关、南充海关等，业务类型包括“保税电商（1210）”进口、“直购（9610）”进出口、“跨境电商B2B（9710）”直接出口、“跨境电商出口海外仓（9810）”等。

开展打击跨境电商进口走私“断链刨根”专项整治行动，立案侦查跨境电商渠道“电子水客”走私进口普通货物案2起，案值1,456万元，涉税167万元。

制订“双11”业务和技术保障工作方案及应急处置指引，成立业务和技术保障组，安排24小时人员值班。加强风险分析和验放效率监控，确保布控指令保持稳定。合理调配监管资源，增加业务现场监管人员，提高作业效率；协同成都跨境电商公共服务平台提前了解重点企业通关计划，部署相关保障工作；与公共服务平台建立备用传输队列，加强系统全链路运行监控，提高数据处理能力。“双11”期间，验放跨境电商进口商品1.8亿元，同比增长84.4%。

【市场采购贸易】按照总署安排部署，开展市场采购贸易数据校验功能系统对接，协调推动市场采购贸易综合管理系统与国际贸易“单一窗口”对接，规范申报

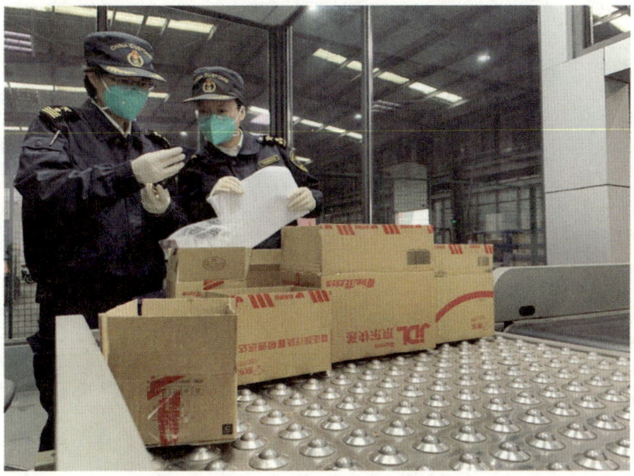

▲2021年11月3日，青白江海关关员对“双11”跨境电商货物开展监管

管理，确保市场采购贸易货物经市场采购贸易综合管理系统确认。加强与口岸海关联系配合，协调宁波海关、广州海关、重庆海关，支持市场采购贸易货物采用全国通关一体化模式和转关方式从宁波、广州、重庆出口。支持地方政府落实市场采购贸易市（州）合作机制，与武侯、锦江、彭州、新津、隆昌等地商务部门签署市场采购区域合作协议，拓展市场采购试点辐射面。全年监管市场采购贸易出口货物258.8亿人民币，同比增长4.4倍。

【行李物品监管】推进双流国际机场旅检智能化升级改造，配置人脸识别、活体检测、低温探测、毫米波快速检测等科技化设备，将智能审图嵌入托运行李先期机检，提升海关顺势监管效能。

打击“水客”走私，制发工作方案，加强协同监管，选取重点航班、重点旅客开展分析筛查，严防水客走私行为“口岸漂移”。指派查缉经验丰富关员开展行李

物品查验，对旅客行李物品100%机检查验，对机检发现异常旅客行李物品100%开包查验，对风险布控旅客进行100%彻查。旅检现场查发入境旅客涉税情事398起。

【场所场地监管】 修订《成都海关监管作业场所行政审批对外办理指南》，印发《成都海关监管作业场所（场地）巡查“双随机、一公开”工作指引》，做好监管作业场所行政审批及日常管理。

指导成都天府国际机场国际货运区监管作业场所及指定监管场地规划建设。组建专家组，对指定监管场地设立必要性、场地布局以及配套保障等开展初审评估，指导综合性指定监管场地集约化建设，11月10日，总署批复同意在成都天府国际机场设立进境水果、冰鲜水产品、食用水生动物指定监管场地。

支持成都铁路场站进境粮食指定监管场地保留资质并增加进口粮食品种。6月22日，总署批复同意暂予保留成都铁路场站进境粮食指定监管场地资质。

10月至11月期间，对10个指定监管场地开展核查，对照指定监管场地设置规范及验收表逐项开展核查，确保各类场地符合设置规范。

【智能审图】 聚焦审像业务改革，开展标图工作，提升智能审图系统准确率，助力完善智能审图系统功能。整理高风险商品查发新品类，拓展丰富“影子商品”库，实现审图时自动提示风险。参与全国海关职能审图算法分类部署首批试点，精准部署加载各类物品识别算法，探索实施“分类部署、分线加载”智能审图作业模式，对不同航线加载不同算法，提升商品识别效能、提高算法部署精细度和现场适用性。自10月开展该试点以来截至2021年年底，使用智能审图系统监管入境旅客行李1.4万件，查发违规进境应税品及禁限物品情事198起，月均查发量较试点前增长1.4倍。

▲2021年11月3日，青白江海关关员开展“智能审图”作业

▲2021年4月15日，泸州海关开展口岸核辐射突发事件应急演练

【海关口岸监管环节反恐】在重点监管现场增配固定式辐射探测设备，做好现有设备的日常维护和定期校准，规范开展常态化核生化监测工作，全年检测出13批货物放射性超标，在排除涉恐及其他公共卫生风险后放行。开展全民国家安全教育日反恐宣传活动，开展反恐实战演练5次，拍摄核辐射突发事件应急处置演练教学视频，举办核生化反恐业务培训1期，培训35人次。

（撰稿人：尹　蒙　申文敏　刘　炯　李霖林　赵　伟　龚　燕）

政策研究与统计

【概况】2021年，成都海关坚持以习近平新时代中国特色社会主义思想为指导，深入贯彻党的十九大和十九届历次全会精神，认真落实总署部署要求，强化数据安全管理，加强统计数据质量管控，多角度分析外贸形势，扎实推进政策研究和课题研究。

【统计制度方法】加强对新冠病毒检测试剂盒、防护手套、口罩等商品的数据审核，审核相关报关单记录1.1万余条，修正各类差错50余条。

完善统计制度方法，完成统计月报地区口径核对，新增相关地区口径并及时删除已作废片区代码。开展全省地区代码赋码1批次，为成都高新西园综合保税区、泸州综合保税区、宜宾综合保税区、成都国际铁路港综合保税区等申请国内地区代码，拓展统计数据覆盖面，确保数据准确性。

【统计调查】组织29家中国外贸出口先导指数样本企业完成调查12次。开展跨境电商统计调查，对37家电商平台、卖家等跨境电商样本企业进行调查。根据全国投入产出调查工作总体部署及总署统一组织安排，完成20家样本企业进口货物使用去向调查。

【贸易统计】在日常数据检控的同时开展专项数据审核，全年审核进出口报关单记录354.8万余条，重点审核7.8万余条。下发现场查询记录876条，其中查实有错378条，核查命中率43.2%。纠正申报错误报关单涉及金额上亿元4条，上千万元12条，累计纠正贸易统计数据23.1亿元。

严格落实党中央、国务院关于防范和惩治统计造假、弄虚作假决策部署，加大数据监控力度，扩大监控范围，提高监控频次，跟踪分析数据异动，开展统计监督核查5期。开展数据质量评估，梳理审核发现典型错误案例，通报统计数据质量控制工作存在的问题。完善数据质量综合管控机制，与外管、商务、税务、公安等部门建立虚假贸易情况沟通机制，相互通报异常情况。

【业务统计】落实《海关业务统计工作管理办法（试行）》要求，采集业务数据，编制业务统计信息。改版工作量表，设置检验检疫指标分关别汇总。开展业务统计分析，结合贸易统计数据，对关区主要业务运行情况、中欧班列、属地化报关等开展深入分析，撰写分析报告31篇，服务决策参考。

【统计数据运用和管理】坚持每日数据比对，对结关标识码、漏联动修改标识码和漏联动删除标识码进行补提，确保关区统计数据完整性。每月按时限报送关区贸易统计数据文件、维护日志文件和更正文件，及时复核统计分析司要求核查数据。每月按时间节点开展人工检控，加大商品归类、数量、重量、币值、国别等易错类型数据检控和审核力度，并及时指导现场海关对报关单数据开展核查反馈。

【统计新闻宣传和服务】及时发布四川货物贸易进出口数据，满足社会各界对海关统计数据的需求。举办新闻发布会，多维度解读四川外贸亮点及发展趋势。

▲2021年1月20日，成都海关举办新闻发布会，解读四川外贸亮点及发展趋势

【政策研究】围绕低碳绿色发展、疫情防控、成渝地区双城经济圈建设、中欧班列高质量发展、稳定产业链供应链等开展专题研究，完成总署、总署研究中心及成都海关各类课题47个，其中牵头承担署级课题1项，参与署级课题4项。在《海关政研》《海关政策研究及统计工作》《海关编译参考》《四川省情》等系统内外刊物发表文章7篇。“海关支持成渝地区双城经济圈建设研究”相关成果被总署采用转化为《海关支持成渝地区双城经济圈重点措施》，《碳关税对我国外贸的影响及应对研究》在《海关政研》刊发。

对关级课题实施分类管理，确立关领导领衔的重点课题，需要攻克的指定课题，以及各部门单位结合自身实际申报的课题，全年确立8个重点课题、5个指定课题、27个申报课题。建立“月统计、月督促、季通报”督导制度，及时掌握课题研究进度。召开课题开题（选题）会2次、研讨及督导会5次。在《蓉关政研》开设“我为群众办实事”调研专栏、《完整、准确、全面贯彻新发展理念》专刊、关级课题等各类专栏，刊发各类研究文章66篇。

联合总署研究中心、呼和浩特海关、银川海关、郑州海关、广州海关、上海海关学院等开展碳关税、区域竞争力、供应链等课题研究。加强与地方政府部门、行业协会、科研院所合作，共同开展研究。

▲2021 年 6 月 23 日，成都海关召开关级课题督导及研讨会

【监测分析】参与总署对重点商品无水四硼酸钠、彩色阴极射线管监视器和其他工业用镍制品的监测分析，对关区重点企业、外省龙头企业开展现场或书面调研，联系科研院校和行业协会，收集整理大量专业文献，形成专题调研报告。发挥成都海关全球贸易监测分析中心小组作用，做好日报监测编辑，向全球贸易监测分析中心（上海）报送分析文章 6 篇、简报 11 篇。

对成都市 107 家专精特新“小巨人”企业开展调研，摸清专精特新企业底数，支持专精特新企业发挥好在产业链中的关键作用。围绕全球产业链供应链开展贸易监测分析，完成各类统计监测预警分析和调研报告 173 篇，9 篇监测预警分析报告被总署采用。

立足四川外贸特点，加强四川对美国、东盟、欧盟等贸易伙伴和集成电路、汽车、笔记本电脑等重点进出口商品分析，多层次、多角度分析四川外贸形势和问题，为四川开放发展建言献策。

（撰稿人：王沣涛　王　鹏
兰　希　钟赫曦）

企业管理和稽查

【概况】2021年，成都海关扎实推进信用制度改革，优化企业信用管理，关区新增AEO高级认证企业8家，全力推进稽查业务改革，稽查精准性有效提升。企业集团加工贸易监管改革、加工贸易集中审核改革、“核查领域采信第三方出具报告制度”改革等系列措施落地见效，在维护国门安全的同时，有力促进地方经济发展。

【企业备案和资质管理】推进总署“证照分离”改革项目，落实“报关企业注册登记备案”和“出口食品生产企业备案”2项审批改备案改革要求，完成海关报关单位备案4,040家、同比增长21.3%，特定资质备案415家、同比减少0.7%。截至2021年年底，备案企业27,386家。清理注销营业执照处于注销、吊销状态的报关单位1,044家。

加大四川特色食品农产品对外推荐力度，组织评审专家组对注册企业开展“一对一”实地辅导，向食品出口企业宣讲相关政策，支持企业扩大注册的国家和地区范围。推荐四川优势特色食品企业对外注册30家次，指导2家企业通过国外官方检查，18家企业获得国外注册资格，涉及蜂产品、肠衣和水产品，其中蜂产品首次获得沙特阿拉伯注册。

【企业信用管理】落实全国海关信用管理制度改革。加强对外宣传引导，组织隶属海关召开6场专题座谈会，开展《中华人民共和国海关注册登记和备案企业信用管理办法》宣传和解读，听取企业意见建议。对211家存量一般认证企业发放调查问卷，了解企业经营现状、业务开展情况和改革带来的影响。抓好信用培育，对有意愿申请AEO高级认证企业的70家原一般认证企业开展重点培育，对具备条件企业优先认证。根据《中华人民共和国海关注册登记和备案企业信用管理办法》，重新认定原失信企业（存量）信用等级，调整150家企业不再适用失信企业管理。

创新优化“信用培育+认证”工作模式。加强企业信用培育和认证，开展摸底调研，重点服务国家和地方政府重点扶持企业、产业链供应链龙头企业、海关特殊监管区域内企业，掌握生产经营实际情况

▲2021 年 6 月 2 日，稽查处组织成都地区重点企业开展年度 AEO 企业信用管理培训交流会

和认证需求。召开认证工作推进会，讨论并协调认证过程中遇到的各类问题。制订《成都海关 2021 年海关企业信用培育和认证工作方案》。采取“联合宣讲 + 一企一育”培育方式，召开综合性政策宣讲会 4 次，解读信用管理制度、内部控制、守法规范、财务指标以及贸易安全等，覆盖企业 100 余家。全年关区新增 AEO 高级认证企业 8 家。截至 2021 年年底，关区共有高级认证企业 43 家，详见表 4－12。成立成都海关认证工作专家组，由具有认证资质并且熟悉海关企业认证业务的 15 名业务骨干组成。专家组通过集中工作、现场观摩、分享经验，以点带面、以老带新，推动关区 AEO 认证工作高质量发展。

表 4－12　成都海关关区 AEO 高级认证企业名单（截至 2021 年年底）

序号	企业名称	注册海关	等级认定时间
1	乐山－菲尼克斯半导体有限公司	乐山海关	2008 年 10 月 14 日
2	四川省宜宾五粮液集团进出口有限公司	宜宾海关	2008 年 10 月 14 日
3	成都兴胜半导体材料有限公司	锦城海关	2008 年 12 月 22 日
4	四川航空股份有限公司	天府新区海关	2009 年 3 月 15 日
5	四川省外贸五金矿产进出口有限责任公司	锦城海关	2009 年 5 月 30 日
6	四川国际航空发动机维修有限公司	锦城海关	2009 年 5 月 31 日
7	成都天齐机械五矿进出口有限责任公司	锦城海关	2009 年 6 月 16 日
8	东方电气集团东方汽轮机有限公司	德阳海关	2009 年 6 月 16 日
9	中外运－敦豪国际航空快件有限公司四川分公司	锦城海关	2009 年 7 月 12 日
10	宜宾海丝特纤维有限责任公司	宜宾海关	2009 年 9 月 22 日
11	东方电气集团东方锅炉股份有限公司	自贡海关	2009 年 11 月 23 日
12	四川轮胎橡胶（集团）股份有限公司	天府新区海关	2010 年 1 月 7 日
13	四川一汽丰田汽车有限公司	天府新区海关	2010 年 3 月 29 日
14	成都京东方光电科技有限公司	锦城海关	2010 年 11 月 29 日
15	深圳市有信达供应链集团股份有限公司成都分公司	天府新区海关	2011 年 1 月 21 日
16	成都银河磁体股份有限公司	锦城海关	2011 年 3 月 9 日
17	嘉里大通物流有限公司成都分公司	天府新区海关	2011 年 4 月 24 日
18	成都国航进出口有限公司	天府新区海关	2011 年 10 月 20 日
19	东方电气集团国际合作有限公司	锦城海关	2012 年 5 月 3 日
20	海程邦达国际物流有限公司成都分公司	天府新区海关	2012 年 9 月 7 日

续表

序号	企业名称	注册海关	等级认定时间
21	英特尔产品（成都）有限公司	锦城海关	2013 年 6 月 8 日
22	成都航空有限公司	天府新区海关	2015 年 6 月 18 日
23	成都天马微电子有限公司	锦城海关	2015 年 12 月 1 日
24	莫仕连接器（成都）有限	锦城海关	2016 年 8 月 9 日
25	成都龙信实业有限责任公司	锦城海关	2016 年 8 月 31 日
26	东方电气股份有限公司	锦城海关	2018 年 11 月 7 日
27	中嘉汽车制造（成都）有限公司	天府新区海关	2020 年 7 月 3 日
28	神龙汽车有限公司成都分公司	天府新区海关	2020 年 8 月 14 日
29	全球物流（成都）有限公司	锦城海关	2020 年 8 月 21 日
30	火凤凰（北京）国际艺术品物流有限公司成都分公司	天府新区海关	2020 年 9 月 8 日
31	优比速包裹运送（广东）有限公司成都分公司	锦城海关	2020 年 9 月 9 日
32	四川博立通国际货运代理有限公司	锦城海关	2020 年 9 月 17 日
33	绵阳京东方光电科技有限公司	绵阳海关	2020 年 10 月 20 日
34	中航成飞民用飞机有限责任公司	锦城海关	2020 年 11 月 17 日
35	伟世博货运（广州）有限公司成都分公司	锦城海关	2021 年 8 月 20 日
36	索尔思光电（成都）有限公司	锦城海关	2021 年 8 月 24 日
37	仁宝电脑（成都）有限公司	锦城海关	2021 年 8 月 26 日
38	四川华法美实业有限责任公司	锦城海关	2021 年 8 月 26 日
39	二重集团德阳进出口有限责任公司	德阳海关	2021 年 8 月 26 日
40	成都嘉航报关服务有限公司	天府新区海关	2021 年 8 月 30 日
41	四川长虹电器股份有限公司	绵阳海关	2021 年 10 月 22 日
42	绵阳惠科光电科技有限公司	绵阳海关	2021 年 10 月 22 日
43	成都海基云锦报关服务有限公司	锦城海关	2021 年 12 月 17 日

【区外加工贸易监管】 区外加工贸易总体情况。2021 年，四川区外加工贸易进出口总值 575.7 亿元，同比增长 18.7%，占四川加工贸易进出口值的 11.3%。其中进口 196.5 亿元，同比增长 31.8%；出口 379.2 亿元，同比增长 12.8%。有进出口实绩加工贸易企业 189 家。设立手册 380 份，核销手册 394 份，外发加工 153 份，余料结转 472 份，手册结案及时率 100%。

开展区外加工贸易安全生产专项检查，督促各业务现场加强对危化品等重点行业企业的加工贸易手（账）册设立审核并对 414 本在执行手（账）册开展自查，发放《安全生产提示单》177 份。强化监督管理，随机调取涉及原油加工、电子产品、飞机汽车、纺织产品等企业在执行手（账）册开展检查。

支持成渝地区双城经济圈建设。联合重庆海关开展集团加工贸易监管改革调研，通过走访企业、集中研讨等方式，收集梳理成渝地区相关企业在开展集团加工贸易监管改革方面业务需求。与重庆海关交流前期工作开展情况，研讨改革合作方向和联系配合模式。

2021年10月15日，企业集团加工贸易监管改革在成都关区顺利实施，首批价值246万元车用锂蓄电池包集团保税结转货物在保税状态下，实现由中嘉沃尔沃（成都）有限公司结转至大庆沃尔沃汽车制造有限公司，保税料件在集团企业间相互调拨不再需要支付内销税款，与传统模式相比节省税款56万元。

【稽查业务】 全年完成稽查作业104起，其中稽查作业98起、主动披露作业有效27起，稽查有效数62起，稽查有效率59.0%，移交缉私12起，涉案货值1.4亿元，涉案税款270.0万元。重点推进涉税重大专项稽查及稽查补税入库。

开展打击“洋垃圾”入境专项稽查。按照总署关于组织实施禁止“洋垃圾”入境系列专项行动部署，开展近三年进口固体废物、进口再生金属行业专项稽查行动。研究制订专项稽查工作方案，对总署下发名单中的6家企业开展专项稽查。对名单外的高风险企业和高风险商品开展自主分析，结合风险提示，梳理排查关区进口玻璃纤维涉固体废物风险。组织开展近三年进口固体废物加工企业专项稽查、进口再生金属行业专项稽查和第二轮进口再生金属专项稽查，对6家企业开展稽查。

开展跨境电商进口走私“断链刨根”专项整治行动，对6家跨境电商企业开展专项稽查，查发走私违规行为3起，其中移交缉私部门刑事立案1起、行政立案2起。

对关区7家租赁进口飞机企业开展专项稽查及追补税款。

开展特许权使用费专项稽查延续性补税工作，对某公司2018年5月至2020年12月期间发生的特许权使用费进行延续性补税。

优化稽查组织形式，创新稽查运作模式，缓解后续监管领域人力资源紧张现状，提升后续监管效能。制发《成都海关创新稽查“一模式，两制度”改革实施方案》，建立以“一模式，两制度”为核心的稽查集约化模式。组建稽查专家团队，负责开展联合研判、实施重大专项稽查、开展集中授课、典型案例交流，提升稽查队伍实战能力水平。

开展涉检专项稽查探索。强化食品和法检商品安全监管，研究检验检疫业务特点和规律，开展涉检领域高风险企业专项稽查实践探索，完成涉检稽查25起，其中移交检验检疫部门处置23起。

【核查业务】 全年完成核查作业734起，同比增长1.0倍，作业查发244项，查发率33.2%，追补税款同比增长98.1%。

开展进境大豆后续监管专项行动。根据总署大豆后续监管专项行动相关要求，分别对2家涉及大豆进口公司下达专项核查指令，暂未发现企业倒卖大豆情事。但核查发现其中1家企业未建立进境粮食生产发运流向管理档案、部分发货记录缺失等情况，已移交相关部门后续处置。

跨境电商进口走私“断链刨根”专项整治行动。根据跨境电商进口走私“断链刨根”专项整治行动相关要求，对4家涉及跨境电商业务公司下达保税盘库核查指令，其中2家公司核查结果为少量盘亏，1家公司因涉嫌重大违规移交缉私部门立案。

参与“核查领域采信第三方出具报告制度”改革试点。参与“自查结果认可模式”制度措施研究专项小组，完成“企业自查结果认可模式”制度措施专题研究报告和企业自查结果认可模式海关核查操作指引（草案修订稿）起草。全年4票核查作业参与该项试点工作，核查范围覆盖出境水果注册果园、包装厂核查和出口备案食品生产企业核查，5票“企业注册信息核查”核查作业参与“核查领域企业自查结果认可模式”改革试点。

▲2021年10月27日，遂宁海关关员对出口备案食品生产企业开展核查

【属地查检】全年完成属地查检人工查检作业6,756单，其中放行6,722单、移后置作业及移综合部门处置323单。

根据总署关于推进进出口货物属地查检工作的相关指导意见，进一步厘清各部门职责。组织属地查检人员学习《海关属地查检作业操作规范》，要求做到应查必查，应检必检，确保查检执法规范、公正。加强属地查检作业的时效管理，明确属地查检作业完成时限。开展危化品检验资质培训，扩充有资质的查检人员队伍。

（撰稿人：王　丹　王瑞英　刘　翔　朱　丹　宋秉羲　张　林　张耀升　陈　红　陈筱璐　谢　兰）

查缉走私

【概况】2021 年，成都海关缉私局以习近平新时代中国特色社会主义思想为指导，深入贯彻落实习近平总书记关于打击走私工作的重要指示批示精神，统筹缉私主业、政法队伍教育整顿和新冠肺炎疫情防控，突出打击“洋垃圾”、象牙等濒危物种及其制品、“水客”、涉毒涉枪等重点领域走私，深入开展“国门利剑 2021”联合行动，始终保持打击走私高压态势。全年刑事立案 46 起，案值 4,292.4 万元、涉税 629.0 万元，同比分别上升 46.9%、下降 79.2%、下降 88.6%；结案移诉 23 起，移送起诉 38 人，同比分别下降 17.8%、上升 8.6%；1 起案件被公安部列为部督案件、1 起案件被总署缉私局列为一级挂牌督办案件。行政立案 298 起（含“两简”案件 178 起），案值同比分别下降 15.3%、上升 45.0%；结案 265 起，案值同比分别下降 45.1%、下降 80.0%。

【打击涉税走私】突出风险联合研判和立体查缉开展打击跨境电商进口走私“断链刨根”专项整治行动，突出沿海沿边地区与内陆省份联动打击“水客”走私，突出“市场 + 口岸”两头入手打击农产品走私，参加打击长江航道走私。立案侦查涉税走私刑事案件 10 起，案值 3,916.0 万元、涉税 629.0 万元。立案调查涉税走私违规行政案件 32 起，案值 4,036.2 万元、涉税 283.0 万元。落实国家税务总局、公安部、总署、中国人民银行四部委打击骗取出口退税和虚开增值税专用发票专项工作要求，严打骗取出口退税违法活动，立案调查申报不实影响出口退税行政案件 19 起。

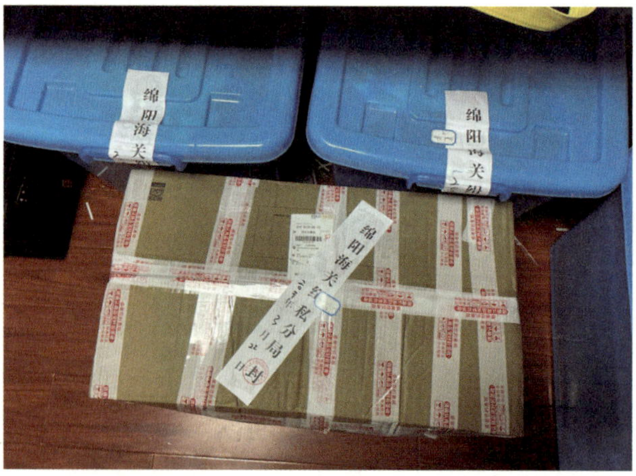

▲2021 年 3 月 23 日，绵阳海关缉私分局“3・23”案中查获内装涉嫌走私品牌女装邮包

【打击非涉税走私】突出重点国家、

重点地区、重点人群，立足海关监管主阵地，联系口岸联检单位和地方公安，堵源截流、破网除链，深入打击行邮寄递渠道“洋垃圾”、象牙等濒危物种及其制品、枪、毒走私。立案侦查非涉税走私刑事案件36起，其中走私濒危物种及其制品案2起，走私毒品案31起（其中走私精神类药品案件16起），走私禁止进出口物品案、走私制毒物品案、走私武器弹药案各1起；查获象牙等濒危物种及其制品25.0千克，冰毒、大麻、摇头丸等毒品16.8千克，枪支3支及部分枪支配件，查证向特定国家走私的易制毒物品1,620.0吨、国家禁止进境的旧医疗设备1批。立案调查非涉税走私违规行政案件266起，其中走私和违规携带象牙等濒危物种及其制品行政案件138起，走私武器弹药行为案11起，违规携带固体废物行为案8起。

【刑事科学技术】 制定管制刀具认定办法，明确《管制刀具认定书》《管制刀具认定委托书》等文书格式，培训鉴定人员，实现管制刀具自主鉴定。争取四川省禁毒委员会支持，自11月起，国家毒品实验室四川分中心正式接受成都海关缉私局各类涉毒案件毒品检验鉴定工作。获得成都市公安局对走私武器弹药案涉案枪支及零部件鉴定支持，自3月起，走私武器弹药案涉案枪支及零部件可在成都市鉴定。进一步规范走私淫秽物品罪涉案物审查鉴定工作渠道和程序，密切联系成都市公安局，确保审查鉴定准确性。制定刑事执法视音频记录管理实施细则，明确管理事项22个，解决执法视音频管理难点。开展嫌疑人信息采集实操培训，培训67人次。

【智慧缉私】 开展重点线索经营核查，经营侦办公安部部督“10·4”系列毒品案、总署缉私局一级挂牌督办案件“6·7”走私制毒物品案、走私水果案、跨境电商走私案等重点案件。46起刑事案件中，情报自查5起，占全部刑事案件的10.9%、占全部缉私自查案件的31.3%。

完善合成作战模式，局内按照“情报部门+办案部门”最简环节完成“接收—分派—办理”全流程，并为案件侦查/调查全程提供伴随保障。全年按照合成作战模式接收处置线索104条，侦办刑事案件46起；对101起线索在情报分析基础上作出行动部署，刑事立案40起、行政立案33起。

开展战区作战、多警种合成作战、全员打私，与海关业务现场、战区各海关缉私局、地方公安等相关部门协作，推进数据共享、线索共享、查缉共享、系统共享、技术共享，开展联合经营和联合查缉。关警联合查获走私进境奢侈品案和走私进境旧医疗设备案各1起。与成都市公安局联合破获公安部部督毒品系列案1起。

推进总署（成都）打击走私专项情报中心常态化运行，加强情报分析工作，形成分析专报8期上报总署缉私局情报中心。参加四川省级情报研判专班，配合地方公安国保部门开展联合落地核查1次，移交其他海关缉私局情报线索2起、刑事立案1起，移交地方公安情报线索11起、刑事立案8起。

发挥案件管理中心“线上巡查+线下检查”全天候、数字化、动态式监控作用和跟踪督办效果，通过定期通报、实时催办，化解风险。

【国际地区执法合作】 10月1至31日，参加中国海关在世界海关组织（WCO）框架下发起的“大地女神”第七期全球打击固体废物及消耗臭氧层物质走私国际联合行动、国际刑警组织（INTERPOL）和WCO发起的“雷电2021”打击濒危物种及其制品走私国际联合行动，在总署缉私局统一领导下开展对外执法合作。深入贯彻落实习近平主席在中国—中东欧国家领导人峰会上的重要讲话精神，重点收集跨境毒品、枪支、濒危物种及其制品、“洋垃圾”走私和商业瞒骗活动等情报线索，加大涉枪、涉爆、涉危险品等方面的风险分析力度。

【刑事法治建设】 3月19日，召开成都海关缉私局执法规范化建设推进会，总结2018—2020执法规范化建设情况，部署2021—2023执法规范化建设工作，全年培育成都海关缉私局“执法示范单位”2个。

结合新冠肺炎疫情防控要求，开展线上法治培训4次，线下培训2次，培训345人次。开展普法活动，到出国培训机构宣传禁毒知识；针对电信诈骗，联合银行机构到敬老院开展反诈宣传。相关缉私分局分别到空港和水运港口为企业普法。

【行政处罚】 建成“成都海关缉私局公证电子送达支付平台”，实现包括在线送达法律文书、在线缴纳罚金等在内的行政案件处罚全部在线办理，12月在成都双流机场海关及缉私分局投入试用。

【综合治理】 发挥四川省打击走私综合治理办公室职能作用，牵头召开省打私办成员单位联席协调会，组织月度工作会商会。参与公安部、四川省公安厅相关专项行动，向四川省禁毒委报送风险提示稿件1篇。联合四川省公安厅、四川省市场监督管理局开展新形势下“市场+口岸”两头入手打击冻品走私、堵源截流新方法研究，形成《总体国家安全观下内陆地区冷链冻品反走私综合治理高质量发展的思考——以四川打击冻品为例》调研报告。推动走私冻品统一归口地方处置。

5月28日，与重庆海关缉私局签订《成都海关缉私局　重庆海关缉私局共同支持成渝地区双城经济圈建设合作备忘录》，双方在成都海关、重庆海关的支持下，从有利于刑事案件经营、查缉、破案、追赃的角度，从战略、战役、战术层面建立全天候、深层次的务实合作，以深入贯彻落实习近平总书记在中央财经委员会第六次会议上的重要讲话精神和中央决策部署，全力支持成渝地区双城经济圈建设，规范成渝两地开放型营商环境，确保成渝两地进出口贸易秩序安全、稳定，进一步深化两地缉私合作，强化信息资源共享，提升合成作战能力。联合成都市公安局，对2020年10月成都海关缉私局立案侦查的1起走私毒品案开展情报经营和集中收网行动，连续破获走私毒品案6起，查获毒品5千克，抓获犯罪嫌疑人8名，该系列毒品案被公安部列为部督案件。

▲2021年12月28日，成都海关缉私局牵头召开成都海关关企座谈会

（撰稿人：程　民　谢文燕）

风险管理

【概况】2021年，成都海关持续加强风险防控，强化风险信息监测，根据查获信息、稽核查信息、缉私信息、外部信息等相关信息来源，创刊并发布《风险信息周报》43期，整合收集全国内外部风险信息1,500余条，发布专题信息6期。建立成都海关风险防控信息大数据库，下达规则20余条，各类查获10余条，涉及空运渠道首次查获。通过风险预警查获携带象牙制品入境情事53起；在货物贸易方面，人工分析布控查获率15.7%，同比提高1.9个百分点，高于全国14.6%的平均水平。在非货物贸易方面，快件人工分析布控查获率16.3%，同比提高7.46个百分点，高于全国12.4%的平均水平；邮递渠道人工分析布控查获率13.5%。在风险处置方面，解控2,952票，核查指令5,120票，修改、下发指令347票。

【风险分析处置】非贸易渠道。查发濒危动植物及其制品16起，其中查获象牙制品10起；查获毒品（管制类精神药品）92起。开展邮递渠道“清邮”行动，查获疑似象牙制画轴1起、精神类药品1起、淫秽书籍2起、涉检疫物品1起。

▲2021年6月11日，成都海关召开“清邮”行动部署推进会

▲2021年9月7日，风控布控在快件渠道查获一批旧飞机娱乐系统乘客控制组件，疑似禁止进境固体废物

货物贸易渠道。针对濒危动植物、固体废物、知识产权、危化品包装、疫区宠物食品动物源性成分、食品中文标签、涂料标签等方面进行了风险防控。

（撰稿人：雷馥菱）

第五篇

综合保障

政务管理

【概况】2021 年，成都海关认真落实全国海关工作会议和全面从严治党工作会议精神及全国海关办公室工作会议精神，补短板、强弱项、建机制，不断提升政务管理水平。发挥督查“利器”作用，推动习近平总书记重要指示批示精神落地落实。严格落实中央八项规定及其实施细则精神，加强机关作风建设，坚决整治形式主义，持续为基层减负。从严从紧抓好疫情内部防控，保障人员安全和秩序稳定。强化新闻宣传，讲好蓉关故事，传播蓉关声音，展示蓉关形象。巩固优化信息工作机制，进一步提升信息采编质量。优化值班应急管理，强化值班队伍建设，抓实抓细值班应急工作。强化保密密码业务培训，做好保密宣传教育，筑牢保密安全防线。优化档案归档流程，提升档案服务质量。优化门户网站栏目设置，加强 12360 热线业务能力建设，提升政务公开工作水平。严格信访事项办理时限、流程要求，妥善防范化解矛盾纠纷。加强与代表委员沟通联系，提升建议提案办理质量和效率。

【督查督办】坚持将学习贯彻习近平总书记重要讲话精神和重要指示批示精神作为党委班子碰头会、每月形势分析及工作督查例会的“第一议题”，会后根据研究部署要求，建立任务目标台账，逐项督办落实。加强与督审、巡察、纪检监察等工作的联动配合，形成工作合力。强化日常督办，做到及时督、经常查、落地早，推动职能部门强化监督检查和指导。2021 年，立项督办疫情防控 58 项，其他重要事项 120 项。

【落实中央八项规定精神持续为基层减负】制发《成都海关办公室关于印发贯彻落实〈中共海关总署委员会关于印发深入治理违反中央八项规定精神突出问题　进一步推进清廉海关建设的若干措施的通知〉任务分解表的通知》，开展落实情况督办，全力推动中央八项规定及其实施细则精神落到实处、见到实效。制发《成都海关贯彻落实中央八项规定精神持续解决形式主义问题为基层减负细化措施》，开展落实情况督办。印发《办公室关于落实中央八项规定精神持续解决形式主义问题为基层减负细化措施任务相关工作的通知》，对各部门单位工作群管理、扩展意见收集渠道、强化工作合力等作出安排。按照科学统筹、从严从紧、事项总量只减不增原则，制定《成都海关 2021 年监督检查考核计划》，严格计划外管控。

【新冠肺炎疫情内部防控】持续完善工作机制，根据疫情形势和总署要求适时制定调整内部防控工作措施，确保内部防控措施到位、责任到位、工作到位。制订内部工作人员感染新冠肺炎的应急处置工作方案，开展应急桌面演练，切实为员工提供防护保障，全力维护正常工作秩序。坚持干部职工健康监测“日报告、零报告”制度，实时掌握干部职工健康信息。督促并跟踪出现发热、干咳、乏力等新冠肺炎相关症状的人员及时就医并开展核酸检测，凭阴性结果方能返岗，切实做到早发现、早报告、早隔离、早治疗。严格落实出差出行审批及台账管理各项要求，要求各部门单位指派专人建立并管理台账，坚决做到格式规范、审批严格、记录完整。严格落实“应检尽检”要求，动态管理“七类人员”名单。紧盯国内本土疫情发展态势，及时开展风险排查。妥善应对本土疫情，全面摸清干部职工轨迹重叠情况，每日跟踪排查，主动配合落实好属地防控要求。全力推进疫苗接种，做到“到期即种”“应接尽接”。制订新冠肺炎疫情内部防控工作检查方案，每月开展抽查，督促抓好问题整改。

【公文处理】强化公文处理培训，严控发文数量、严格公文审核，确保公文质量，2021 年成都海关印发文件数量较上一年度大幅压缩。开展“送教上门”9 场，印发错情通报 3 期，进一步提升公文写作水平和质效。建立急件“先办后批”机制，常态化开展文件催办，提升文件办理效率。加快文件传阅，确保文件“应阅尽阅”。

【会议管理】修订《成都海关会议管理办法》，强化会议保障，严控会议规模，精简会议数量，全年未出现召开计划外管控会议的情况，计划和实际召开数量较上一年均有减少。

【信息工作】巩固优化工作机制，加大信息组稿报送力度，全年编发《每日信息》250 期、《工作通报》49 篇、《海关简报》40 篇。向四川省委省政府报送《成都海关专报》（纸本件）22 篇，通过系统报送简讯 24 条。总署《署内信息快报》采用 91 条。

【新闻宣传】制发《成都海关关于进一步加强新闻宣传管理的通知》，在直属海关、隶属海关两个层面与地方宣传部门建立新闻宣传联动机制，实现资源共享、优势互补。中央、总署、省市主流媒体报道成都海关新闻稿件 1432 条次，其中中央广播电视总台《新闻联播》《朝闻天下》等栏目播出 15 条，《人民日报》《新华每日电讯》《经济日报》《中国国门时报》《四川日报》《成都日报》等刊登 44 条，四川卫视《四川新闻》播出15条，各类网站、新媒体转发3万余条次。

【应急值守】 按照总署统一部署，做好成都海关权限范围内应急管理与值班工作系统维护。成都海关机关和各隶属海关单位严格落实值班工作要求，成都海关机关执行三级值带班制度，各隶属海关执行二级值带班制度。做好值班安排，开展应急值班培训，抓好政务值班排班、管理和服务保障，及时接听、记录来电内容，稳妥完成全国两会等重要时期值班工作。保持值班工作上下联络畅通常态化，准时参加总署办公厅值班视频点名。定期或不定期对各隶属海关值班电话进行抽查，节假日或重大特殊敏感时期实行全覆盖抽查，及时对抽查出的问题进行通报并要求及时整改。提高值班信息报送时效相关工作，统一值班信息报送规范，明确重大突发事件电话报告、书面报告、核实反馈、值班信息编报时限要求，全年向总署报送值班信息341期。

【安全生产】 压紧压实内部安全生产责任，加大安全生产和防灾减灾宣传，深入开展内部安全生产风险隐患排查及治理。组织观看安全生产事故警示教育片，开展消防演练培训2次，防洪防汛培训学习2次、演练1次，高低压配电培训2次，电梯救援培训1次，防震减灾应急疏散演练1次。开展大型安全排查整治6次，对发现的问题坚决立行立改，实现源头防范和长效管理，全年成都海关未发生安全事故。全力保障汛期安全，加强对沿江等洪水易发区域隶属单位提醒指导，开展防汛演练桌面推演。成立成都海关防震减灾工作领导小组，梳理四川省关于做好防震减灾工作要求，加强应急物资储备，做好应对突发地震准备。

▲2021年7月29日，成都海关开展消防安全暨防震减灾应急疏散演练

【保密管理】 推进保密制度建设，梳理历年保密制度116个，动态建立中央保密办、总署保密办和四川省委保密办、成都海关三级保密文件指导目录。

开展保密检查，结合2021年度保密自查自评工作情况，采取各部门（单位）自查、后台检查和现场抽查相结合的方式组织全关进行保密检查，其中，安装保密检查管理系统点位1,573个，实地抽查2个隶属海关、1个内设机构、1个事业单位。开展全关使用社交媒体安全保密检查，开展全关普通密码设备全面核查工作，开展涉密网络第三次安全保密风险评估。

规范涉密岗位和涉密人员管理，开展全关涉密岗位和涉密人员摸底工作，统计汇总全关涉密岗位和涉密人员情况。按照最新涉密人员管理要求，做好涉密人员“岗前、在岗、离岗”各项管理工作。2人获评“全国海关机要保密劳动模范”荣誉称号。

开展保密业务知识培训，各部门单位主要负责人及保密办全体成员28人参训。组织各部门单位赴四川省保密教育实训平台开展保密教育实训3期。组织全体干部职工开展保密知识竞赛，各级领导干部带头、全关42个部门单位共计1,189人参加。组织全关积极参加总署保密办和四川省委保密办组织的“庆祝中国共产党成立100周年保密宣传教育活动”，组织开展保密密码宣传“五个一”活动，1人在四川省保密委保密警示语征集活动中荣获1等奖，2幅书画作品入选“庆祝建党100周年海关保密宣传教育作品展”。

【档案管理】 修订《成都海关档案工作管理办法》《成都海关文件材料归档范围和文书档案保管期限规定》。完成2020年度归档文件2,439件，其中永久534件，30年1,197件，10年708件，整理资料171盒。按照总署办公厅和四川省应对新冠肺炎疫情应急指挥部关于做好新冠肺炎疫情防控档案工作的要求，收集汇总形成成都海关新冠肺炎疫情防控专项档案，共收集疫情防控文书档案39件、照片（电子）39张、视频16条。开展“奋斗百年路　启航新征程——讲好海关红色档案故事”征文活动，1篇征文入选《追寻红色记忆　传承红色基因——海关档案故事100篇》。利用成都海关室藏档案编辑3期成都海关档案故事微视频，在国际档案宣传日期间运用新媒体“成都海关发布”微信公众号开展宣传，用档案讲好成都海关故事。2021年，成都海关办公室被评为“四川省档案工作先进集体”。

▲2021年8月2日，成都海关办公室关员整理在库档案

【政务公开】 开展基层现场政务公开书面调研，开展业务现场政务公开专项自查整改，持续推进各部门单位政务公开要素标准化、规范化。发挥“成都海关发布”新媒体在增强宣传实效、引导新闻舆论、促进政务公开、提升服务水平等方面的作用，发布稿件318篇、累计阅读量17万余人次，分享转发1.3万余次，关注人数1万余人。紧扣法定公开和重点领域公开，持续推进落实应公开尽公开要求，通过成都海关门户网站共主动公开行政执法、行政处罚、财政信息等法定主动公开内容909条，信息公开质量稳步提高。着力应对依申请公开涉诉风险，制发《政府信息依申请公开咨询答复模板》《政府信息公开办理流程图》，指导隶属海关提高政府信息公开业务能力。

按照总署统一部署，按时完成12360海关热线与四川省12345热线归并工作，实现与四川省12345热线话务转接、工单转办、知识库共享。坚持实行“7×24小时”人工服务，强化12360热线知识库建设，着力提升热线咨询答复质量，以“接得住”“答得准”为考核管理要求，切实为企业、群众提供优质服务，树立海关良好形象。全年人工接听咨询电话16,808个，接听四川省12345热线话务转接118个，办结工单111个，按时办结率100%。

▲2021年2月25日，成都海关办公室调研12360热线工作

【信访工作】在成都海关门户网站开设“我为群众办实事”互动专栏，受理企业群众诉求，全年办理信访诉求237件，发布4期信访工作情况通报，开展“关长接待日”活动。按照总署统一部署，开展“治理重复信访、化解信访积案”专项工作，重点梳理排查2020年以来的重复信访事项，建立台账，采取措施，化解矛盾纠纷。

【国际合作】认真贯彻习近平外交思想，落实党中央关于高质量推进“一带一路”建设的决策部署。制订《成都海关贯彻落实习近平主席在中国—中东欧国家领导人峰会上重要讲话精神的工作方案》，深化与中东欧国家海关贸易安全和通关便利化合作。持续推进与波兰罗兹海关关际合作，双方关领导（时任）往来信函作为抗击疫情见证物入选中国国家博物馆永久收藏。2021年，成都海关办公室被评为“四川省外事工作先进集体”。

【人大代表建议、政协提案办理】制定《成都海关办理人大代表建议和政协提案工作暂行办法》，进一步明确部门职责、办理要求、流程和时限规定。2021年，成都海关承办建议、提案19件，同比增加46.2%，按时办结率100%，满意率100%。

（撰稿人：刘　森　林语婕　杨　磊　郭中恺　曹　力　曹　昱　葛　佳）

财务管理

【概况】2021年，成都海关按照党政机关过“紧日子”要求，统筹财力资源，优化支出结构，坚持统筹兼顾、突出重点、分类保障、提质增效，进一步健全财务保障和管理机制，完善制度标准体系建设，更好地为改革发展提供有力的财务保障。

▲2021年11月17日，成都海关召开财务年终工作布置暨财务管理培训视频会议

【税费财务管理】关税、进口环节税净入库189.0亿元，同比增长5.8%，其中征收关税16.7亿元，征收进口环节税款172.3亿元。罚没收入入库584.3万元，其他收入入库348.0万元。深入推进财关库银横向联网改革，办理电子支付入库26.8万份，占全年税票总数的95.6%，完成行邮税纳入财关库银横向联网系统相关工作。

【预算管理】落实过“紧日子”要求，严控“三公”经费和会议费、培训费支出。在预算分配中突出保障民生及重点、刚性支出，对上年度预算工作质量不佳的单位在预算分配中予以体现。制定《成都海关预算绩效管理实施细则（试行）》及工作指引，结合实际修订4个项目、25个指标，将绩效评价结果纳入处级领导班子年度考核客观指标，进一步完善符合成都海关实际的预算绩效指标体系，开展全覆盖绩效自评，2021年当年整体预算执行率98.8%，较上年提升3.56个百分点。推进事前绩效评估，引入第三方中介机构协助提高绩效指标编制质量，2021年部门预算138个二级项目事前绩效评价优良率96.4%。

【国库集中支付管理】做好用款计划编报、银行账户管理、公务卡管理等工作，确保资金足额到账、及时支付、安全高效。强化财政资金支付监管，推进实有资金账户动态监控试点工作，对监控发现的疑点信息和违规问题及时督促纠正处理，提高资金使用的安全性、规范性和有效性。

【部门决算管理】在部门决算编制前，组织清理核对收支账目、往来款项、银行存款等，开展财务、人事、资产管理部门、政府采购管理部门间决算数据核对，确保各项基本数据准确无误。统一部门决算审核规范和标准，提高部门决算数据质量。

【涉案财物管理】推进“双无”固体废物和海关查获走私冻品归口地方统一处置工作，与四川省市场监督管理局、四川省生态环境厅、四川省财政厅联合印发《成都海关　四川省市场监督管理局　四川省生态环境厅　四川省财政厅关于做好海关查获走私冻品和非法入境固体废物处置工作的通知》，与省市相关部门建立移交处置工作机制。推进涉案财物处置工作，与四川省林业和草原局、四川省水产局、四川省文物局、财政部四川监管局等部门联系配合，完成象牙及其制品4,350件211千克，红珊瑚、海马等水生濒危动物及其制品1,429件63千克，文物1,410件等物品向主管部门移交工作。组织实施涉案物品、放弃货物公开拍卖11场次，拍卖收入308.6万元；销毁处置保健品、化妆品、医疗器械等物品6批次；向四川省博物院捐赠银行不予兑换外币。

▲2021年8月31日，成都海关向四川博物院移交象牙制品

【企事业财务管理】推动事业单位优化所属企业资源配置和业务整合，对所属企业进行细致、全面评估，综合考虑效益、功能定位等因素进行优化整合。开展违规“乱收费”自查自纠，梳理各条线“要求企业接受第三方服务事项”。对事业单位财务管理现状、现行财务制度执行情况及对执行过程中存在的有关问题开展实地检查，重点检查“口岸疫情防控收费”“口岸通关环节收费”。

【基建管理】按照“管建分离”模式进一步理顺基建工作管理体系，提升基建管理工作水平，实现对基建项目全流程动态跟踪监督管理。稳步推进5个在建项目，做好3个项目申报及2个已完成施工项目后续工作。

【资产管理】完成22个海关预算单位和缉私局资产清查工作，全面摸清家底，对资产分配、调拨、报废处置实施动态管理，向四川中再生资源开发有限公司移交7批次、605项报废实物资产进行无偿环保回收。制订机关办公大楼使用优化调整方案，完成缉私局、机关内设各处室调整搬迁，实现布局合理、功能齐全、使用规范。遵循“以我为主，为我所用”原则，采取单位内部功能调整和房地产综合处置利用的方式，有效整合利用闲置房地产资源。

（撰稿人：王亚梅　卢　冬　刘　萍
金杏清　钟　璐　彭科源）

科技发展

【概况】2021 年，成都海关以习近平新时代中国特色社会主义思想为指导，坚持创新驱动，加快业务科技一体化，深入推进智慧海关建设，不断加强科技队伍建设，持续提升科技创新水平和科技管理效能。

【应用系统服务】优化成都空港口岸卫生检疫信息化管理系统，做好新旅通卫生处置模块上线软硬件保障，测试应用远程流调和远程审卡系统，确保新冠肺炎疫情防控工作全覆盖、留痕迹、可追溯，减少一线工作人员职业暴露风险。推动 H2018 等总署信息系统保障和推广，部署和推广智能审图信息化平台，实现与总署图像数据无障碍传输，确保查验图像数据安全。推进物流监控综合管理平台申报互联网化，为企业提供更便捷申报服务，保障网络和数据安全。构建多服务数据交换平台，实现服务调用、内网数据抓取、界面化操作等功能。

【网络安全运行管理】开展网络安全检查，梳理网络安全架构，推动构建由内向外纵深防御的网络安全新体系。开展域账号、信息系统授权账号、关级信息系统授权账号清理。组织开展实战化应急演练，模拟网络设备出现严重故障等突发事件场景，提高网络安全保障能力。

▲2021 年 9 月 19 日，科技处关员检查中心机房业务系统运行情况

【基础设施配置】升级改造核心网络，以业务影响最小化为原则，割接线路 29 条，线路一次性调通率 100%。优化高升桥办公区网络，实施业务网核心交换机“双机热备份”，通过设备利旧配置楼层备份交换机，加强故障响应及处置能力。完成隶属海关视频监控专网和业务网剥离，通过构建网络安全域、细化数据安全管理

颗粒度、增加业务现场三层网关及安全控制设备等手段，降低整体网络故障率。

【实验室安全管理】 健全实验室安全管理机制，制定《成都海关实验室管理办法》等制度，建立实验室安全动态管理指标库。强化实验室安全隐患排查，25 次组织专家组对实验室开展安全隐患排查，做到全覆盖、零遗漏、无死角。明确实验室安全管理责任，建立实验室安全管理台账和“安全检查员每日巡查”制度，实验室全员签订安全管理责任书，4 次开展“回头看”，督促问题隐患整改。保障新冠病毒检测实验室急需设备迅速配备到位，及时跟踪运行情况，针对业务量突增、设施设备损坏等问题做好应急预案。针对核酸提取等重点环节细化措施提高检测质量，成立专家组负责新冠病毒阳性检测结果研判，组织实验室参加新冠病毒核酸检测室间质量评价 5 次，均获“满意”结果。强化新冠病毒样本管理，规范新冠病毒阴性样本处置工作，明确新冠病毒阴性样本保藏、处置时间和流程，制定《成都海关新冠病毒检测实验室阳性样本移交工作规程》，严格管理科研用途的阳性样本。

【实验室能力建设】 实验室新增资质认定和实验室认可的项目 369 项，累计达到 11, 391 项，新增毒品检测等领域。总署进口固体废物属性鉴定常规实验室（成都）正式建成，成都海关濒危物种鉴定实验室已有 10 余种濒危物种及其制品鉴定项目通过资质认定。支持实验室参加权威机构组织的能力验证项目，全年共参加能力验证项目 112 项。组织参加实验室联盟，新加入进出境濒危物种鉴定、进出境商品涉税化验实验室联盟，共加入检测联盟 9 个。

【实验室与仪器设备管理】 制定 2022—2024 年实验室仪器设备需求规划。加快推进实验室仪器设备资源整合，组织开展仪器设备清查，统筹调配设备 358 台，完成 114 台（套）实验室仪器设备报废技术鉴定。开展 2020 年度仪器设备使用、科研指标和执法把关等方面评价。

【科研项目申报及立项】 通过形式审查及专家评审，严格项目申报管理。完成总署科研项目推荐，获批立项 3 项。获批 6 项四川省科技厅 2021 年度科研项目。《国境口岸水果检疫及质量安全监控关键技术研究》《基于深度学习的新型冠状病毒 CT 大数据智能分析关键技术研究》2 个项目首次获批成都市市级财政科技项目立项。推荐《口岸输入性病媒生物图谱及数据库研究》等 4 个项目参加 2021 年度总署“揭榜挂帅”科研项目申报工作。

【科研项目过程管理】 通过项目开题会、中期汇报会、结题预验收会等形式，加强项目质量管理，5 项科研项目顺利完成总署科研项目集中验收，其中 2 项研究成果质量获评“优秀”，其余 3 项研究成果质量获评“良好”，《四川对外贸易数据分析与风险防控》等 5 个 2021 年到期项目通过四川省科学技术厅验收。组织专家

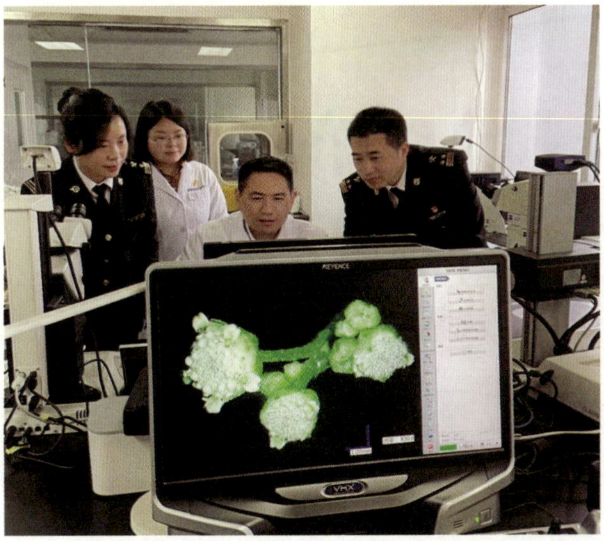

▲2021 年 4 月 18 日，科技处开展科研攻关情况调研

对 2021—2022 年度应执行完成的 16 个科研项目进行中期检查，项目涉及动植物、食品安全、信息化、缉私、口岸监管、卫生检疫等领域。

【科技成果奖励推荐】完成 2021 年度海关科技成果评定申报工作，推荐"成都空港口岸卫生检疫信息化管理系统"等 5 个项目参加 2021 年度海关科技成果评定。推荐申报科技奖励，《国境口岸水果检疫及质量安全管控关键技术与标准》获得四川省科技进步三等奖；《跨境农产品安全危害因子识别及控制关键技术与标准》《绿色优质蚕丝品质管控关键技术与装备创新及应用》分别获评全国商业科技进步二等奖、三等奖；合作项目《新型轻纺阻燃材料的开发及其标准化评价技术的构建》《新疆跨境重要农产品质量安全控制关键技术研究》获得省部级科技奖励二等奖，合作项目《四川楠竹苦竹硬头黄竹精准培育及竹材加工技术提升与质控体系研究》《新疆农业技术标准体系和有机果蔬关键技术标准的研究及应用》获得省部级科技奖励三等奖。

【科技制度建设】推进科技制度建设，制（修）订《成都海关信息化应用项目管理实施细则》等 4 项信息化应用制度、《成都海关网络安全管理规定》等 3 项网络安全管理制度、《成都海关实验室管理办法》等 2 项实验室管理制度，加强制度体系建设，规范科技管理。开展科技培训和政研，通过线上和线下相结合，组织开展技术联络员、科研项目、实验室安全检查员、新冠病毒核酸检测等培训，参训人员 300 余人次。发布《蓉关科技》电子期刊 4 期，采编发表各类文章 49 篇计 20 余万字。开展"努力实现科技业务一体化、为维护国门安全提供高质量科技供给"主题征文活动，接收征文 42 篇，评选优秀论文 7 篇。完成四川省科技厅"四川对外贸易数据分析与风险防控"软科学研究项目结题。

【科普工作】开展科技周活动，首次参加省市科技周集中展示活动，发放科普宣传资料 10 种、2,000 余份，吸引超过 4,000 名干部职工、社会公众现场参与，科技处荣获"2021 年全国海关科技活动周荣誉证书"。派员参加四川省科普讲解比赛，2 名选手获得一等奖，1 名选手获得三等奖，成都海关荣获"优秀组织奖"，1 名选手荣获"最具人气奖"，1 名选手进入全国总决赛，2 名选手进入全国海关前 20 强。依托国家检测重点实验室等资源打造检测、科研、科普“一体化”平台，国门安全科普教育基地被评为“四川省科技创新工作先进园区（平台）”，成都海关技术中心被评为“‘十三五’期间全民科学素质工作先进集体”。

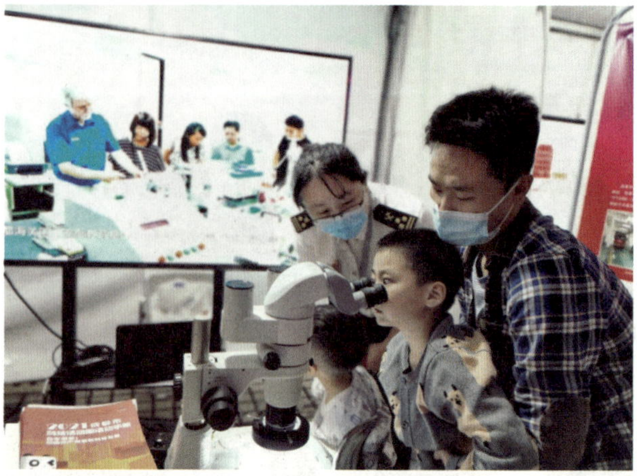

▲2021 年 5 月 22 日，科技处关员在科技活动周期间为社会公众普及国门安全知识

（撰稿人：张　汉　刘彦希　陈　晖　赵　霞　杨　鹏　黎　锐　傅智勇）

督察内审

【概况】2021 年，成都海关坚持以习近平新时代中国特色社会主义思想为指导，加大督审工作力度，发挥督审监督职能作用，做好重大决策部署落实情况跟踪督察审计。对新冠肺炎疫情防控、业务执法、内部管理等领域实施专项督察监督，推动党中央重大决策部署及总署党委工作要求落地落实，切实履行督察监督职责。深化海关内部审计，以领导干部经济责任审计和专项审计为抓手，坚持问题导向，揭示典型性、普遍性、苗头性问题或风险，促进审计监督与其他监督贯通融合，提升权力运行监督制约效能，充分发挥内部审计监督保障作用。加强内控机制建设，构筑执行控制、职能监控、专门监督三道防线。聚焦重点业务领域和关键环节开展执法评估。

▲2021 年 8 月 5 日，成都海关关员开展督察、审计、内控管理相关业务能力学习交流

【督察监督】开展署级项目“进境高风险货物风险监测、进口冷链食品预防性消毒措施、进口高风险非冷链集装箱货物预防性消毒措施、预防性消毒监督管理、进境空集装器新冠病毒监测和预防性消毒及保障措施落实情况”和“进出口危险化学品监管措施落实情况跟踪督察”督察。开展关级项目“加强数据管理和网络安全管理措施落实情况”“加强口岸监管管理措施落实情况”“加强特殊通道报关单管理”督察。

【重大决策部署落实情况跟踪督察审计】组成专项审计组，对照总署要求 55 个核查方面 135 个重点内容，开展重大决策部署贯彻落实、强化监管优化服务、贯彻执行中央八项规定及其实施细则精神自查。开展实验室建设专项审计调研自查，对实验室规划布局、能力建设、协作合作、业务发展等 5 个方面运行状况和内部管理情况开展调研。在总署实验室建设专项审计调研工作基础上，开展实验室建设内部管理情况审计。继续探索联网审计与现场审计结合，采用联网审计方式，对列入年度审计计划隶属海关开展执法领域审计。

【经济责任审计】 按照年度审计工作计划推进内部审计工作，完成德阳海关、成都邮局海关、宜宾海关、达州海关、成都海关技术中心领导干部经济责任审计项目。推进问题整改清单式管理，建立审计发现问题台账，压实整改责任，督促对账整改销号。

▲2021 年 5 月 8 日，成都海关审计组开展内部经济责任审计工作

【内控建设】 开展内控培训 12 次，培训人员 312 人次，提升内控管理及海关内部控制与监督子系统应用率。加强内控节点指标体系建设，以总署督察内审司下发的部分业务领域内控节点岗位落实清单为基础，组织开展自查。开展内控节点岗位责任清单建设，结合总署指定的 50 个内控节点和成都海关自选的 50 个内控节点开展测评，做到全领域全覆盖。围绕改革重点开展内控前置审核，完成内控前置审核 23 项，其中改革措施 2 项、制度规范 21 项。构建内控评价体系，推进总署内控节点应用，开展内部控制机制建设组织推动、内部控制要求落实、运用信息系统推进科技控权等效果评价，对 3 个隶属海关开展内控工作现场评价。

▲2021 年 8 月 13 日，督查内审处开展内控培训送教上门

【执法评估】 参与署级专题执法评估项目“全国海关技术性贸易措施工作成效专题评估”，完成相关工作任务。组织开展专题执法评估工作，完成“成都海关跨境电商贸易业态运作情况”专题评估、“成都海关技术性贸易措施应对情况”专题评估、“成都海关出口食品‘生产企业备案核准’实施‘审批改为备案’”专题评估。配合总署督察内审司完成稀土进出口企业调研、稀土进出口情况调研、海关稳外贸稳外资措施情况问卷调查、全国海关技术性贸易措施问卷调查及书面调研、海关进出口食品安全监管情况问卷调查、

综合保税区落实优化保税监管措施专题评估调研、全国进口粮食监管措施落实情况书面调研等调研工作。

（撰稿人：孙茂坤　钟　敏）

离退休干部工作

【概况】2021 年，成都海关深入贯彻落实习近平总书记关于老干部工作重要指示精神，用心用情用力、精细精准务实做好离退休干部服务管理工作。截至 2021 年年底，共有离退休人员 370 人（其中离休干部 2 名、厅局级干部 46 名）。

【离退休干部党支部工作】将成都海关机关本级 71 名退休群众分别编入 5 个离退休干部党支部，吸引群众参加支部学习和活动。6 月 8 日，在高升桥办公区设立成都海关老干部活动中心，组织离退休干部参加各类活动。组织离退休干部学习习近平新时代中国特色社会主义思想、党的十九届六中全会精神，重点研读习近平总书记在党史学习教育动员会上、在庆祝中国共产党成立 100 周年大会上的重要讲话和《中共中央关于党的百年奋斗重大成就和历史经验的决议》。全年组织 1,200 余人次收看党史学习教育专题报告会、庆祝中国共产党成立 100 周年大会等，开展“每日学习”活动，向离退休干部推送文章 1,000 余篇；组织开展各类理论学习 30 次，1,500 余人次参加；组织召开座谈会、情况通报会及参观考察等 20 次，300 余人次参加；开展警示教育 2 次，通报典型案例，组织学习党纪党规、法律法规，引导离退休干部规范言行，严守政治纪律和政治规矩。

▲2021 年 4 月 27 日，成都海关离退休干部党总支开展“学党史感党恩　听党话跟党走”主题党日活动，参观朱德、张思德故里

【离退休干部服务管理】8 月 26 日，召开成都海关离退休干部工作领导小组会议，专题研究离退休干部工作，研究审议《成都海关 2021 年度离退休干部活动计划安排》。

运用总署研发的“智慧银海”服务管理平台和“中国海关离退休干部信息管理

系统”等，建立成都海关离退休干部基本台账，实行全关370名离退休人员电子信息库动态管理，确保各项信息实时更新、翔实齐全、准确无误。执行党中央关于离休干部各种优抚优待政策，坚持分类施策，做好离休干部“一人一策”精细化服务，指定专人“一对一”服务，关心了解离休干部生活、身体和精神等方面状况，提供便利服务。在重要纪念日、重大庆典和重阳节、元旦春节期间组织开展集中走访慰问，对空巢、独居、高龄、重病、家庭困难等特殊离退休干部开展专门慰问，在离退休干部生病住院、家庭发生重大变故时及时开展关心看望，提供帮助。全年开展上门走访慰问94人次（关党委委员走访慰问17人次），看望慰问生病住院离退休干部40人次，实施困难帮扶33人次，开展去世慰问2人次并协调善后相关事宜，医药费报销等服务110人次，开展集体慰问2,200人次。完成136名退休“中人”待遇兑现及补发、188名“中人”退休费一次性加发工作。组织开展离退休人员体检，并邀请医院专家为其开展健康讲座和义诊活动。协调邮政部门上门集中为离退休人员办理2022年度报纸杂志征订事宜。通过电话、微信等及时为离退休人员提供咨询、答疑解惑、排忧解难。科学引导离退休人员做好新冠肺炎疫情个人防护，落实“日平安”报告制度，建立工作台账，实行动态更新管理，了解离退休人员及家人健康情况。

▲2021年6月28日，成都海关关领导带队走访慰问离休干部

【老年文化教育】成都海关老干部活动中心建设。6月8日，老干部活动中心场地改造完成并正式投入使用。活动中心设有会议室、阅览室、书画摄影室、舞蹈健身室、棋牌活动室等。

组织文化活动。依托老干部活动中心，组织开展适合老年人特点的文化、娱乐、健身等活动。组织离退休人员参加省、市举办的摄影、书法、绘画、知识讲座等，支持离退休人员参加各类文艺演出和书画作品展。

6月，参加总署离退休干部局组织开展的庆祝中国共产党成立100周年系列活动。开展“学悟百年风雨史　颂赞海关新篇章”和“百年风雨　铸就辉煌”征文活动，共25人投稿，其中《清除贫困是中国共产党百年重大成就》被《全国海关离退休干部庆祝建党百年主题征文集》刊载。组织离退休人员参加总署建党百年书画摄影展，以“翰墨颂党恩　丹青绘百年”

▲2021 年 6 月 10 日，老干部在活动中心开展活动

为主题，征集书画作品 50 余幅，1 人创作的书法作品入选。组织离退休人员参加省市书画展，其中《满园春》《高风亮节》《远望》《欣欣向荣》《虚心劲竹》《壮志林云》等 7 幅作品分别入选南充市脱贫攻坚书画展、“光荣历程·百年伟业”川东北六市第十三届老年书画联展和南充市委、市政府举办的“红星向党·银耀嘉陵”庆祝建党一百年画展。组织离退休人员参加总署离退休干部局组织的“百年风华　同心同唱”主题红歌活动。

▲2021 年 8 月 8 日，成都海关离退休干部在老干部活动中心交流书法作品

（撰稿人：邝毅君　黄宛舒）

第六篇

隶属海关

成都双流机场海关

【概况】成都双流机场海关前身为1993年6月经总署批复成立的成都海关驻机场办事处，2004年10月调整为成都双流机场海关，功能化类型为偏口岸综合型，负责成都双流国际机场口岸及成都空港保税物流中心（B型）范围内海关各类管理工作。下设办公室、人事政工科、财装科、物流监控科、综合业务科、监管一科、监管二科、监管三科、旅检总控科、旅检一科、旅检二科、旅检三科、旅检四科、值机科、食品卫生监督科、公共卫生监督科共16个科级机构。截至2021年年底，共有在编人员184人（含占编工人1人），其中处级领导干部5人、科长15人、副科长21人；共有中共党员142人（含预备党员6人）。地方派遣协助工作人员189人。

2021年，成都双流机场海关以习近平新时代中国特色社会主义思想为指导，持续推进政治建关、改革强关、依法把关、科技兴关、从严治关，扎实开展党史学习教育，统筹推进口岸新冠肺炎疫情防控和促进外贸稳增长，严格履行国门安全监管职责，不断提高基层治理能力，持续防范化解重大风险，纵深推进全面从严治党。全年税收入库33.3亿元，同比下降2.6%；监管进出口货运吞吐量20.6万吨，同比增长21.6%；监管进出境航班8,459架次，同比减少37.8%；监管进出境人员29.2万人，同比减少69.4%。综合业务科、监管一科获评“全国青年文明号”，团支部获评“全国五四红旗团支部”，余旭升家庭获评“全国五好家庭”，2人分别被评为“四川省巾帼建功标兵”“四川省优秀共青团员”。

【党史学习教育】成立机场海关党史学习教育工作领导小组，坚持高起点谋划、高站位推动、高质量落实，推动党史学习教育走深走实。发挥党委理论学习中心组领学作用，结合4个历史时期研学百年党史，划分5个主题深入研读习近平总书记在庆祝中国共产党成立100周年大会上的重要讲话，系统学习领会党的十九届六中全会精神。党委委员带头讲授专题党课9次。《从百年党史回望中汲取真理力量　全心全意践行“人民海关为人民”》

等4篇论文被成都海关学会评为优秀论文。

打造“班车学堂”等学习品牌，将课堂建在一线阵地，提升一线人员学习效果。举办“学党史、诵经典、悟初心”“家乡红色故事云讲台”“颂歌献给党”等系列活动，赓续红色精神血脉，掀起庆祝中国共产党成立100周年热潮。将“我为群众办实事”实践活动作为学史力行的落脚点，制定9方面87项措施，设立9支党员服务队，打造“为民、便民、亲民”明亮窗口，完成85个实事项目，收到企业群众锦旗（感谢信）39面（封）。政务服务第三方测评列关区第一位。“前店后仓+快速配送”项目入选全国海关“我为群众办实事”百佳项目典型案例。及时办理各类关心关爱事项76件。

▲**2021年5月14日，成都双流机场海关举办党史学习教育主题党日活动**

【新冠肺炎疫情防控】 充分发挥统筹空港口岸疫情防控和促进外贸稳增长工作现场指挥部作用，由党委书记、关长任指挥长，下设9个工作组，协同推动落实口岸疫情防控和促进外贸稳增长各项措施。严格执行“外防输入、内防反弹”总策略和“动态清零”总方针，党委班子成员一线值守、靠前指挥，推动疫情防控措施到位、监督到位、责任到位。现场指挥部坚持每周专题研究、每月专项督查，全年细化完成疫情防控工作任务650余项。建立4个疫情防控大队，加强登临检疫、行李查验等全流程11个岗位人员配置，严格履行海关法定监管职责。实行科学轮换上岗，完成15轮、1,100余人次轮换。成都海关实战轮训队、四川省省级核酸采样支援队共计148人次支援口岸入境人员卫生检疫工作。

坚持“人、物、环境”同防，严格落实“三查三排一转运”检疫要求。加强现场作业视频监督，加强人员技能培训，提高各环节规范作业水平。上线运行新旅通系统卫检模块，强化疫情防控信息化支撑。检疫监管进出境人员29.2万人次。实体化运行“物防”三级指挥中心，强化进口冷链商品及进口高风险非冷链货物采样、预防性消毒、安全防护监督，压实场站经营方、进出口企业等同级防护责任，加强与地方疫情防控信息共享。采集货物样本3.1万个，验放进出口防疫物资1,390批次。

坚持“多病共防”，严防疫情叠加，检出恶性疟疾3例，综合防疫模式在世卫组织消除疟疾认证评估中得到高度评价。严格规范开展卫生处理监管，压实入境航空器终末消毒“四方责任”和海关作业区域卫生处理责任，全力保障口岸疫情防控环境安全。监督相关单位开展预防性消毒货物报关单1,217票，消毒处理286万平方米，处理医疗固体废弃物19万袋。

从严顶格做好个人安全防护，加强防护穿脱环节监督和薄弱环节强化培训，提高一线人员安全防护能力。压实属地责任，协同做好疫情防控大队集中封闭管理。全年15批次、900余人次实行封闭管理，加强人员内部防控，坚持健康监测和“日平安”报告，严格出差出行审批，督促落实个人防护“三件套”，实行核酸检测“应检尽检”，一线人员新冠病毒疫苗100%全程接种。

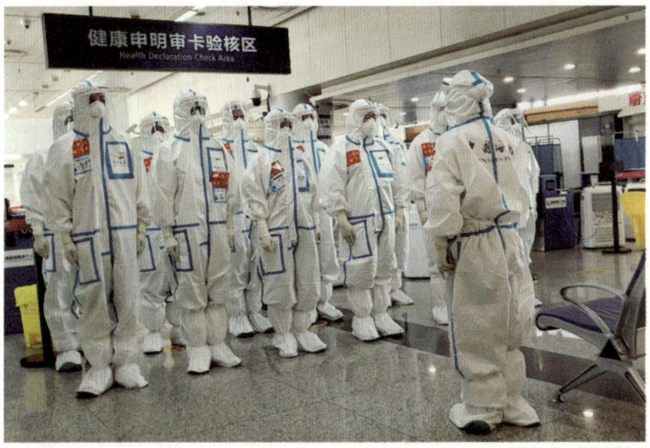

▲2021年5月1日，成都双流机场海关疫情防控二大队开展岗前动员

【口岸监管】发挥查验管理系统、移动查验单兵设备等作用，强化实货监管，成都航空口岸进出口货运吞吐量20.6万吨，同比增长21.6%。加强知识产权海关保护，开展“龙腾行动2021”，查获侵犯知识产权货物414票。密切关注虚拟数字货币设备非法入境风险，快件渠道查获相关硬件设备5件。按照总署智能审图分类算法试点部署，运用先期机检、“互联网+监管”等新技术和CT机等查验设备，行李物品监管效能持续提升。开展“国门绿盾2021”行动，旅检渠道从入境旅客随身携带肉类食品中检出非洲猪瘟病毒核酸阳性1例，查获非法引进外来物种、种子种苗共18批并作监督销毁处理；货运渠道首次检出检疫性有害生物松材线虫，检出非检疫性有害生物20批并依规进行检疫处理。支持猪肉保供稳价，完成4批次、4,100余头种猪口岸验放。强化进出口危险品等重点敏感商品监管，检出危险品标签及包装不合格13批次，均依规处置。

【综合治税】深化税收征管改革，推广汇总征税、企业自报自缴、多元化税收担保改革，汇总征税报关单同比增长23.6%，“两步申报”应用率22.55%。联合关税处开展《区域全面经济伙伴关系协定》（RCEP）原产地规则培训，宣讲RCEP原产地标准申报等，对RCEP原产地证书规范申报进行讲解。开展税政、国外技术贸易措施议题等调研，覆盖企业100余家，帮助企业解决理货、舱单等业务办理相关问题，报送税政调研建议2条。推进助企纾困，按减免税等政策退税462万元，指导企业应用优惠原产地通关2,004批次，进口环节减免税收5,658万。在政策范围内支持免税店消化库存，办理补税转内销和跨关区调拨业务货值903.3万元。

【打击走私】研判新冠肺炎疫情背景下走私风险新趋势，完善风险分析、缉私指导、现场查缉模式，严厉打击走私。开展“国门利剑 2021”等专项行动，查获“洋垃圾”176.03 千克，增加 59.3%，查获象牙等濒危物种及其制品 157 批次、同比增长 30.8%，重 49.6 千克、同比减少 56.7%。首次在寄递渠道查获新型毒品“红 5”2 批次、3.5 千克。

▲2021 年 5 月 11 日，成都双流机场海关关员从入境航班中查获濒危动物制品鲨鱼翅

【优化口岸营商环境】优化“7 × 24 小时”预约通关服务，对重点产业、重点企业、重点货物实行随到、随查、随放。在严密监管前提下，对芯片等紧急通关货物报关单实行“主单拆分单、急货快速放”，实现随验随放，有力保障电子信息、汽车等产业需求。协调推进快件中心“两站直通，一站清关”改革，以专用隧道连通机场空侧、陆侧，打通监管区域内物流堵点 17 个，单票快件通关时间减少 2 小时以上。2021 年进出口整体通关时间较 2017 年分别压缩 62.7%、88.9%，圆满完既定目标。支持顺丰速运、法国邮政旗下欧洲包裹速递公司（DPD）入驻成都航空口岸。推进成都天府国际机场有关海关项目建设，实行口岸卫生许可“马上办、网上办、一次办”，办理周期压缩 50% 以上，办理卫生许可证 118 份，大力支持成都天府国际机场国内航线如期投运。

【服务成渝地区双城经济圈建设】深入贯彻落实总署出台的支持成渝地区双城经济圈建设 12 条措施，及时向成都市双流区委、区政府通报相关内容。2021 年 7 月 14 日，与重庆江北机场海关签署《成都双流机场海关　重庆江北机场海关共同支持成渝地区双城经济圈建设合作备忘录》，在疫情防控、口岸营商环境、新业态监管等领域全面合作，推动成渝地区形成“陆海内外联动、东西双向共济”开放新格局。

【助力国际货运航空枢纽城市建设】开展政策宣讲，加快备案办理，加强业务指导，支持航司增加航线，用好用足运力资源，有力保障新冠肺炎疫情背景下国际货运航空供应链安全畅通。支持成都航空口岸新开客改货和全货机航线 18 条，开通第五航权货运航线 2 条；支持四川航空开通“双城循环进出”航线 8 条，创新开展全货机境内续驶段混载业务。验放货运航班 5,330 架次，同比增长 0.2%。

【支持跨境电商发展】落实“简化申报”改革措施，跨境电商出口 1,420.7 万票，同比增长19.46%；保税备货跨境电商进口33.1万票、同比增长7.8倍；菜鸟仓、中邮保税仓等项目落地运行，空港保税物流中心（B型）整体仓储率提升至80%，监管货运量同比增长6.7倍。

▲2021年6月1日，成都双流机场海关关员清点查获的跨境电商出口侵权商品

【基层党建】加强党委自身建设，严格执行民主集中制，落实“三重一大”决策制度，完善“督查、督办、督导”机制，党委把方向、管大局、保落实作用充分发挥。对照危化品进出口监管专项巡察反馈意见，研究制定整改措施29项，于年内全部完成整改。落实党委意识形态责任制，在总署及省级平台发布稿件40余篇，信息、宣传考核保持关区隶属海关第一名。巩固党建“强基提质工程”成果。坚持党委委员基层支部联系点制度，党总支指导各支部“三会一课”实现全覆盖。细化“四强”党支部“十强”考核标准，开展支部季度考评和年度述职评议。办公室等6个支部获评成都海关“四强”党支部。锤炼准军事化纪律部队作风，开展内务规范强化月等活动，从严加强日常管理。

【党风廉政建设】坚决扛起党委全面从严治党主体责任，始终坚持严的主基调，每月开展全面从严治党主体责任分析，压紧压实全面从严治党主体责任，落实对“一把手”和领导班子监督各项要求，带头严格落实中央八项规定精神和廉洁从政纪律，自觉主动接受监督。扎实开展“现场监管与外勤执法权力寻租”专项整治，建立“领导小组、工作专班、科室”责任和压力传导架构，坚持周督办、月分析、季评估，形成“部署—落实—反馈”闭环链条。开展廉政风险自查和谈心谈话，排查重点岗位9个、廉政风险19条，纳入重大风险清单管理，统筹整改销号。形成纪法教育、警示教育、重大风险防控、思想动态分析4个常态化机制。健全与第一派驻纪检组专题会商、工作沟通、联络员机制，加强执法全过程监督。坚持挺纪在前、抓早抓小，使用第一种形态处理1人次，开展批评教育6人次。强化廉政文化教育，依托文化长廊打造廉政教育阵地，筑牢队伍廉政思想防线。

（撰稿人：罗淞文　吴　昊　周彦杰）

成都邮局海关

【概况】成都邮局海关于2018年12月经总署批复成立，2019年1月31日开关，功能化类型为口岸型，负责成都国际邮件互换局与双流国际快件中心范围内海关各类管理工作。内设办公室、综合业务科、监管一科、监管二科、总控处置科5个科级机构。截至2021年年底，共有干部职工32人，其中处级领导干部3人，科长3人，副科长4人，高级主办4人（不含处级领导干部）；共有中共党员25人。

2021年，成都邮局海关以习近平新时代中国特色社会主义思想为指导，深入贯彻落实习近平总书记重要指示批示精神及总署、成都海关各项工作要求，推进邮递物品监管改革、优化口岸营商环境，严厉查缉毒品、枪支、濒危物种及其制品走私，监管进出境邮递物品、非邮政快件307.1万件，同比减少58.3%。其中进出境邮递普包20.9万件，同比减少57.8%；邮递快件129.0万件，同比减少72.9%；非邮政快件17.4万件，同比减少22.2%；印刷品和音像制品139.8万件，同比减少19.3%。关税和进口环节税入库2,622.5万元，同比增长41.8%，其中征收邮递物品进口税1,804.1万元，同比增长57.7%。查获毒品类案件69起，同比增长9倍；查获濒危物种及其制品13起，同比增长85.7%；查获扫黄打非类违禁物品2.2万件，同比增长29.0%。成都邮局海关被评为“全国扫黄打非先进集体”“四川省禁毒人民战争成绩突出集体”“四川省扫黄打非先进集体”。

【党史学习教育】开展党史学习教育，引导党员干部用好线上线下学习平台开展自学，撰写心得体会18篇。开设“党史天天学”学习载体，定期推送党史系列学习内容。制定43项党史学习教育工作台账。班子成员、支部书记、先进典型代表讲专题党课12次，开展主题党日活动41次，其中到红色教育资源参观学习2次。召开党史学习教育专题组织生活会，严肃开展批评和自我批评。开展“我为群众办实事”活动，走访调研四川省外国机构服务处、邮政速递物流公司成都市国际业务分公司等单位、企业4家，收集诉求4项。制定项目清单8项、重点民生项目清单10

项，高效回应企业群众诉求。

▲2021 年 6 月 2 日，成都邮局海关开展庆祝建党 100 周年“颂歌献给党”歌咏活动

【新冠肺炎疫情防控】探索三级指挥中心疫情防控实体化运作模式，党委委员轮值带班，实时和回放视频监督检查监管现场及办事大厅疫情防控情况。完善驻区单位新冠肺炎疫情联防联控机制，每月召开驻区单位联席会，通报疫情防控工作情况及问题，督促邮政企业落实疫情防控主体责任。对接双流区政府相关部门、成都市邮政管理局和驻地所在街道办，通报问题和需要协调解决事项，形成防控合力。

调整监管查验模式，在开箱查验高风险环节，采取非接触式隔窗查验方式，避免一线人员与进境邮件直接接触。通过巡场检查、视频回放等方式，检查邮政企业直航邮、快件 48 小时静置及 6 面消杀工作和医疗废弃物消杀清运处置情况。

开展防护服穿脱、职业暴露、医疗废弃物处置等培训 4 次，参训人员 50 余人次。针对寄递物品监管现场可能存在的突发疫情风险开展意外暴露、邮件外包装检测为阳性事件应急演练 2 次，完善应急处置措施，提升处突应对能力。完善规范防护装备脱卸区设施设备，实现防护脱卸区与其他区域隔离，优化脱卸防护服后人员通行路线，简化流向，增设海关反非反违禁疫情防控作业区，优化医疗废弃物收储点设置，增设玻璃透明隔板，加贴脱卸区标识标牌，明确操作流程，做到脱卸规范化、标准化。

坚持“日报告、零报告”，所有人员绿码，扫码、体温监测无异常方可上岗。第一时间开展风险排查，确保全面、准确、及时完成排查上报。加强出差出行审批，严格落实“非必要不出行”要求，建立出差出行管理台账，严格登记管理。严格落实“应检尽检”及新冠病毒疫苗接种。加强公共区域管理，督促邮政企业每日严格做好办事大厅、食堂、电梯等公共区域消杀工作，强化来访人员风险排查及登记。

【口岸查缉和打击走私】强化正面监管，强化口岸监管，开展“国门利剑 2021”联合专项行动。采用“人、机、犬”三位一体查验模式全方位甄判，打击“洋垃圾”、象牙等濒危物种及其制品走私，查获象牙 12 起、37 件、15.5 千克。保持查缉涉毒、涉枪等高压态势，查获毒品类 69 起，同比增长 9 倍；查获管制类精神药品 60 起、3,462 粒、610 袋、80 支；查获毒品 9 起、9.82 千克；查获枪支零配件 5 起、17 件。

▲2021 年 7 月 15 日，成都邮局海关关员开展邮快件机检审图工作

【动植物检验检疫】严密防控非洲猪瘟疫情，对非洲猪瘟疫区的猪肉进行采样、送检 6 批次，均未检出非洲猪瘟病毒。检出有害生物 25 种 65 次，截获外来物种 66 批次。扎实开展“国门绿盾 2021”专项行动，邮快件渠道截获动植物及其他检疫物 279 批次、532.85 千克（其中：邮件渠道截获 276 批次、527.128 千克；快件渠道截获 3 批次、5.275 千克）。

【安全生产】深入学习宣传贯彻习近平总书记关于安全生产的重要论述，组织观看《生命重于泰山——习近平总书记关于安全生产重要论述》，开展“安全生产月”“新修改安全生产法集中宣传月”主题宣传活动，观看“安全生产警示教育月”

▲2021 年 6 月 16 日，成都邮局海关关员开展植物线虫分离

宣传片，强化安全生产责任，提升现场安全作业水平。按照成都海关安全生产专项整治三年行动突出问题隐患和制度措施“两个清单”要求，分别于 6 月 3 日、6 月 10 日联合邮政企业开展防震救灾演练，6 月 23 日联合邮政企业开展防火应急演练。加强监管作业场所（场地）安全生产隐患排查，对照 7 个方面排查项目开展安全巡查 40 余次。督促四川外交人员免税商店完成视频监控改造，监控点位全部接入总署。

【服务成渝地区双城经济圈建设】复制推广重庆海关对铁路运邮启运地一次施封、后续经转节点全程通关经验，推广实施铁路快速通关模式，支持开展邮件、跨境电商进出口运输业务。成立中欧班列（成都）运邮专项保障工作专班，形成《成都海关铁路运邮出境邮件监管测试方案》，明确监管原则、流程及与口岸海关的联系配合机制等。开展成渝地区错发地址进境邮件跨关区就近办理通关业务，实现两地邮件互认、处置互认、纠错互认，配合处理成渝地区异地通关邮件48件，平均投递时间较邮件转运模式缩短近3个工作日。

【支持邮政企业发展】优化国际快件和邮件行邮税征管服务，推进“互联网+关邮通”项目，实现邮件税款缴纳“线上一次登录、全程网上通办，线下进一扇门，最多只跑一次”。指派专人跟进每票报关单通关时间，巩固压缩整体通关时间成效。支持四川邮政融入“一带一路”、西部陆海新通道发展，以双流国际快件中心改造为契机，针对企业快件规范申报问题，指导邮政企业按照规范申报要求逐一梳理申报数据，帮助快件企业就前期身份验核、申报数据进行全面自查，为企业建章立制、规范流程提供指导，帮助企业提升业务能力，促进邮政快件产业健康发展。

▲2021年8月4日，成都邮局海关关员监卸进境快件

【基层党建】深化“强基提质工程”，拓展“四强”党支部建设成效，优化支部阵地建设，推进党建品牌提档升级，增强基层党组织政治功能和组织力。打造“午间10分钟——党史小故事100讲”“老何有话说”等学习品牌。推进党支部共建工作，联合德阳海关党总支到黄继光纪念馆参观学习，了解红色历史，传承红色基因。推进准军事化纪律部队建设，每周开展内务规范督查，不定期开展实地巡查和视频监控回放抽查，督促抓好问题整改。

【党风廉政建设】加强党风廉政建设，抓好谈心谈话和思想动态分析，认真落实“五必谈”；开展警示教育月活动。利用好监督执纪“四种形态”特别是第一种形态运用，延伸关员的监督时长，坚持节假日与全体关员签订“个人安全责任书”，防止“节日病”，加强八小时之外监督。开展“现场监管与外勤执法权力寻租”专项整治，成立领导小组，制订工作方案，做好个人违规事项申报，以清单化方式推动整改落实。畅通举报途径，接受服务对象监督。扎实开展以案说法，撰写心得体会。坚持问题导向，对整改方案中涉及的问题一一对照，形成邮局海关专项整治整改清单。

（撰稿人：王周欢　孔庆鹏）

青白江海关

【概况】青白江海关前身为成都海关现场业务处，2016 年 4 月调整为成都海关驻青白江办事处，2019 年 1 月调整为青白江海关，功能化类型为偏口岸综合型，负责青白江海关辖区内海关监管、出入境卫生检疫、出入境动植物及其产品检验检疫、风险管理、统计、打击走私综合治理等。内设办公室、综合业务一科、综合业务二科、监管一科、监管二科 5 个科级机构。截至 2021 年年底，共有干部职工 39 人，其中处级领导干部 3 人、科长 5 人、副科长 7 人，高级主办 2 人（不含处级领导干部）；共有中共党员 34 名。

2021 年，青白江海关坚持以习近平新时代中国特色社会主义思想为指导，统筹推进口岸疫情防控和促进外贸稳增长，服务中欧班列稳定开行，助力共建“一带一路”高质量发展，监管进出口货物 226.7 万吨，同比增长 25.6%；货值 1,000.2 亿元，同比增长 28.9 %；进出口报关单申报 20.3 万票，同比增长 13.6%。关税和进口环节税入库 13.7 亿元，同比增长 3.0%。2021 年青白江海关党总支被中共中央评为“全国先进党组织”。

【党史学习教育】强化组织领导，成立青白江海关党史学习教育工作领导小组，制定党史学习教育方案，明确工作职责。将党史学习教育纳入青白江海关党总支及各党支部党建重点工作，组织党员干部通过“青述党史”“悦读党史”等活动分享学习感悟，撰写学习心得 35 篇，并严肃开展党史学习教育专题组织生活会。邀请专家围绕党史学习教育和党的十九届六中全会精神开展专题辅导授课 2 次。开展党史知识竞赛等活动，检验学习成效。党支部书记带头讲党课，组织开展“支委讲堂”8 期，开展“青述党史”党员讲党课 14 次，开展学习贯彻习近平总书记在庆祝中国共产党成立 100 周年大会上的重要讲话精神专题研讨 4 次。以承诺促贯彻，组织开展青白江海关党总支“青关承诺”主题党日活动，各党支部以党的十九届六中全会精神为主题，结合分管工作写下支部承诺，党总支全体党员在宣传板上签名表态。党总支书记和支部委员围绕“钢铁驼队护航人”的先进事迹，开展专题宣讲

5次。

将党史学习教育同总结经验、观照现实、推动工作相结合，开展调研28次，走访企业30家，建立青白江海关党委“我为群众办实事”实践活动重点民生项目清单。协调职能部门和地方政府，解决企业提出的“关于总担保延期时效和减免担保审批单证”等企业群众最忧最急最盼问题。发挥属地管理和口岸监管联动效应，密切联系农业农村部门，通过“线上+线下”宣讲政策助力四川优势特色农产品“川茶”、水果走出国门。深入铁路口岸重点企业、单位开展调研和政策宣讲7次，收集企业困难和中欧班列有关意见建议79条，迅速研究落实并做好反馈，及时回应企业期盼等实事，建立项目21个并全部办结，收到企业锦旗6面。

▲2021年3月6日，青白江海关党总支开展“铭记初心，不忘来路”主题党日活动

【新冠肺炎疫情防控】制定《青白江海关推行三级监控指挥中心实体化运行工作方案（试行）》，统筹人力资源安排，成立采样组、支援组、应急组。完成249票报关单货物采样工作，采集样品7,509个，完成预防性消毒361次，涉及集装箱重箱243个，涉及外包装19.5万件。保障防疫物资通关，成立防疫物资快速通关专项工作组，定期发布政策解读与常见疑难问题解析，制作防疫物资审核和查验处置手册，有效保障防疫物资出口。疫情发生以来至2021年年底，受理中欧班列出口防疫物资3,667批次。开展个人防护培训6次，强化专班人员岗前业务培训及技能考核，确保人员熟练掌握并严格执行最新版操作指南、技术方案、作业指导书等有关规定。

【法治建设】起草《两简案件办理参考建议》，汇总梳理常见违规行为，明确海关行政处罚适用依据与处罚幅度建议，推动两简案件办理规范化、标准化。探索案件审查集体商议机制，成立青白江海关案件审理委员会，就疑难复杂案情共同研判，解决重大复杂违法违规案件。办理两简案件32起，同比增长28.0%。

【口岸监管】加大对重点线路、风险商品、源头国家审单查验力度，严厉打击濒危物种物及其制品走私。查发1批自印度进口的旧灯具，鉴定为国家禁止进口固体废物。加强保护知识产权海关保护，查发侵权POKEMON牌游戏纸牌、NIKE牌鞋子、DIOR牌手提包、Apple牌耳机。查发疑似古代瓷器2件，鉴定为国家禁止出境的宋代文物。每季度对综合保税区跨境电商临期、过期商品开展专项检查，查发区内企业近10万件过期商品，按规范作销毁处置。

【检验检疫】严格进境木质包装检疫查验，重点关注IPPC标识，密切关注松材线虫、红火蚁、沙漠蝗等有害生物入侵，严防疫情传出与传入及外来物种入侵。落实监测计划，严格按照《国门生物安全监测计划实施方案》开展工作，提高风险识别能力，严防有害生物通过货运渠道入侵，及时报送监测结果，严格做好应急处置。组织学习《中华人民共和国禁止携带、寄递进境的动植物及其产品和其他检疫物名录》，参加口岸疫情风险监测专题培训，解读监测计划实施方案，及时跟进各国家区域最新疫情情况，做好疫情风险预警工作，截获有害生物5批次。

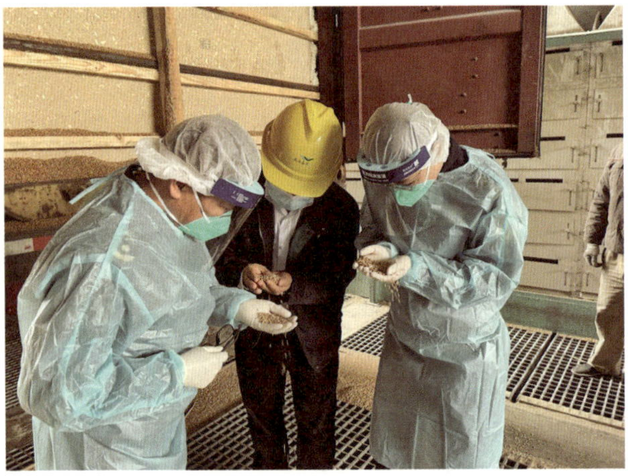

▲2021年11月2日，青白江海关关员到辖区某企业开展进境粮食卸粮监管工作

【优化口岸营商环境】全面推广“提前申报”“两步申报”等模式，梳理操作流程，开展政策培训，为企业提供通关建议。出口“提前申报”应用率68.82%、进口“提前申报”应用率5.72%，“两步申报”应用率6.97%。巩固压缩整体通关时间成效，提前介入主动对接班列公司，每日掌握班列开行动态，制订专项保障方案。2021年进、出口整体通关时间119.03小时、0.88小时，较2017年分别压缩72.15%、64.37%。

【支持中欧班列发展】支持成都中欧班列开辟俄罗斯圣彼得堡、荷兰阿姆斯特丹、波兰热平等10个全新境外站点，连接68个境外城市。其中针对对俄贸易主通道，对接班列公司，每日掌握俄线中欧班列开行动态，制订专项保障方案，实现出口货物“提前申报+运抵自动放行”。落实“7×24小时”预约通关服务，分类响应企业诉求，确保出口货物“应发尽发”，实现出口班列100%重载率，落实查验“当日事当日结”，保障班列开行“零延时”。结合对俄贸易货物特点开展专题调研，宣传应用保税政策，密切配合地方部门拓展班列回程货源，吸引俄罗斯聚乙烯、锌精矿、木浆等适铁大宗货物通过中欧班列进口，全年保障成都始发中欧班列对俄开行1,200列，同比增长7.8%。四川对俄货物贸易进出口98.5亿元，同比增长7.3%，其中70%货物通过中欧班列运输，出口商品主要为电脑、纺织品、汽车及零部件等，进口商品主要为矿产品、木材、纸浆等资源类产品。

【支持综合保税区发展】支持综合保税区错位发展，配合地方政府做好综合保

▲2021 年 1 月 1 日，重庆、成都两地同时发出 2021 年中欧班列（成渝）第一趟列车

税区发展规划及产业布局，突出本地优势特点，形成错位发展、协同发展、共同发展的良好局面。支持综合保税区优势发展，依托中欧班列（成渝）及多式联运海关监管中心，重点发展国际贸易、保税仓储、国际中转业务，“以通道带平台，以平台促产业”，推动综合保税区与成都国际铁路港融合发展，深度融入“一带一路”“西部陆海新通道”建设，打造西部地区陆港型物流枢纽。支持综合保税区特色发展，指导用好整车、肉类、粮食指定监管场地功能，支持扩大进口。进一步优化矿产品进出区流程。支持在综合保税区内建设整车检测线，助力宝马进口车项目落地综合保税区。支持打造跨境电商、平行进口车保税展示中心 4 家。成都国际铁路港综合保税区进出口货值 243.44 亿元，同比增长 15.1%，进出口值在全国 144 个有进出口实绩的综合保税区中排名第 51 位。区内有进出口实绩企业 57 家，较去年同期增加 1.8%。

【支持农产品出口】根据生鲜农产品特点，提前介入了解企业需求，指导企业完善食品安全控制体系，帮助企业提升农产品的竞争力。设立出口鲜活农产品属地检验绿色通道，实施优先查验和“5 + 2”预约查验，安排专人进行证书拟制与签发，提升通关速度，为16 家企业实现特定资质企业备案，对出口农产品实行“即报即检即放”，降低企业通关成本，助力关区鲜蘑菇首次走出国门。

【支持新能源产品出口】结合地方产业规划开展综合调研，收集新能源产业欧盟最新技术性贸易措施，提供实验室技术检测、产品标识参考等服务，辅导和支持企业开展低碳认证，确保符合出口国技术标准。发挥蓉欧枢纽作用，依托铁路港综合保税区帮助企业加快出口退税，稳定产线产能输出，帮助企业开辟“中欧班列”“东盟国际班列”等多式联运物流通道，通过指导企业提前申报，就近开展出口危险货物包装使用鉴定等工作，进一步提高

▲2021 年 3 月 24 日，青白江海关关员对出口镍钴锰锂氧化物开展属地检验

监管效率，推动华鼎国联、通威太阳能、巴莫科技等重点企业项目落地及业务快速起步，监管新能源产品出口超过20亿元。

【基层党建】突出党建引领，在新冠肺炎疫情防控工作中发挥党员先锋模范作用，积极引导全体党员大力发扬“特别能吃苦、特别能战斗、特别能奉献”的“三个特别”精神，努力造就一支在口岸疫情防控工作关键时刻拉得出、用得上、顶得住的党员先锋队伍。

严格落实“三会一课”、组织生活会等党内政治生活制度，每月定期组织召开支委会研究部署各项党建工作，并按要求规范填写《党支部工作手册》和“智慧党建”信息录入，做好支部“三会一课”相关记录。每月按时收缴党费，规范填写党费相关收缴记录。严格执行重大事项请示报告制度，充分利用学习强国、钉钉平台及远程在线学习平台等，方便党员利用工作间隙开展理论学习，全关处以上党员领导干部严格按照双重组织生活要求以普通党员身份参加支部活动。

深挖支部党建品牌内涵，持续开展各类内容丰富、形式多样的党建活动，4个基层党支部全部与兄弟海关开展结对共建，互学共进。其中办公室、综合业务一科、监管一科党支部成功创建为成都海关“四强”党支部，并获评“成都海关先进基层党组织”称号。

【党风廉政建设】深化运用监督执纪“四种形态”，关注关员思想动态，坚持“第一种形态”月报告，对苗头性、倾向性问题做好源头防范。开展“现场监管与外勤执法权力寻租”专项整治，80人完成专项整治个人谈话工作，82人撰写专项整治心得体会和完成个人申报，排查重点岗位。加强执法风险防控，每月针对执法领域高风险环节开展内控检查。开展廉政大讲堂13期，组织关员结合自身岗位谈风险和心得。主动接受群众监督，召开关企座谈会4次，收集企业对海关工作意见建议20条，全部督导解决。

（撰稿人：吴金颖　张阳洁　梁　磊）

锦城海关

【概况】锦城海关于2019年1月25日成立，功能化类型为偏属地综合型，驻地位于成都市高新区益州大道中段1800号天府软件园G2栋，在成都高新综合保税区及双流园区、成都西园综合保税区设办公区，在四川省政务中心设办事窗口。负责办理高新区（含成都高新综合保税区、成都高新西园综合保税区）、锦江区、青羊区、金牛区、武侯区、成华区、新都区、温江区、郫都区、都江堰市、彭州市、邛崃市、崇州市、大邑县、蒲江县除海关特殊监管区域外加工贸易及核查业务以外的各类海关业务，包括企业管理（含一般资质管理、特定资质管理和信用管理）、进出口货物属地查检、企业核查业务（不含区外加工贸易核查）、出入境特殊物品单位备案现场核查、高风险入境特殊物品后续监管、海关特殊监管区域和保税监管场所监管等业务，负责成都市区域内的企业稽查、出境尸体棺柩卫生检疫两项集约化管理业务。内设13个科室，共有关员122人，其中党委委员7人（含综合保税区缉私分局局长、第二派驻纪检组组长）。设机关党委1个、党支部13个，共有党员102人。

2021年，锦城海关坚持以习近平新时代中国特色社会主义思想为指导，坚决贯彻落实习近平总书记重要讲话和重要指示批示精神，认真落实总署党委工作部署及成都海关党委工作安排，以“五关”建设为引领，统筹推进疫情防控和促进外贸稳增长，强化责任担当，奋力开拓进取，持续优化监管服务，全力推动关区各项工作任务，受理报关单61.1万票、同比增长7.2%；监管进出口货物18.8万吨、同比增长13.3%，货值5727.4亿元、同比增长7.1%；计征税款74.8亿元、同比增长14.4%；办结稽查作业24起；办结核查作业166起。

【党史学习教育】党委班子带头加强政治理论学习，在学懂弄通做实上下功夫，以党的创新理论武装头脑。制定《锦城海关党总支党史学习教育指引》，明确时间节点、重点学习内容，确保各项工作有序推进。开展“党史入翰墨　书香越百年”悦读党史系列活动，以抄写红色诗歌、诵读红色文章、唱响红色歌曲等方式推动党史学习教育落地见效。牵头组织开展党史知识竞赛第六参赛组选拔工作，组织全体党员参加“党在我心中”全国海关党史知识竞赛。组织学习习近平总书记在庆祝中国共产党成立100周年大会上重要讲话精神，持续开展“百年党史天天学”“每日一题线上接龙”活动，编印党史学习教育“口袋书”，讲党史学习教育主题党课12次，开展专题研讨30余次，充实线上、线下学习平台，推动关员持续深入学理论、用理论，努力做到学史明理、学史增信、学史崇德、学史力行。

开展“党旗在基层一线高高飘扬”“我为群众办实事”实践活动，确定“我为群众办实事”事项44项，制定措施77条。制定“我为群众办实事”重点民生项目清单10大项，推广一般纳税人资格试点、助力彭州市鲜川芎出口等难题办实事典型案例被总署政工办采用。

▲2021年5月8日，锦城海关组织开展“悦读党史”系列之“党史入翰墨　书香越百年”主题党日活动

【巡察整改】学习领会成都海关党委巡察工作要求，主动接受、配合成都海关党委第一巡察组巡察。成立巡察整改领导小组，党委书记担任领导小组组长，第一时间专题研究制定整改方案，对照巡察反馈意见逐条制定65条整改措施并明确责任领导、责任科室和整改时限；党委委员主动认领整改任务，抓紧抓细抓实整改措施落实。对党委书记点人点事的问题深入开展责任分析，举一反三、查漏补缺，夯实工作基础，确保巡察整改取得实效。

【新冠肺炎疫情防控】毫不动摇坚持“外防输入、内防反弹”总策略和“动态清零”总方针，坚持严的主基调不动摇，保持定力、毫不放松抓实抓细内部疫情防控工作。坚持出差出行审批制度，实时完善登记台账。坚持“日报告、零报告”制度，每日开展海关工作人员健康监测，加强共同居住人情况风险排查。坚持核酸检测和疫苗接种督办制度，严格落实一线查验岗位人员核酸检测“应检尽检”要求，及时督促全体人员做好疫苗“应接尽接”，工作人员接种率达到95.2%，一线监管查验岗位和重点人员接种率100%。坚持办公场所每日按时消杀，进出人员严格扫码、亮码、检测体温。加强防疫物资保障和使用管理，认真开展监督检查，确保工作人员安全防护措施落实到位。

【检验检疫】落实食品安全“四个最严”要求，开展食品安全周宣传活动，普及食品安全知识。严格履行监管职责，加强进口食品属地查检工作，完成食品农产品抽送样98个，对1批进口霉变香草豆荚产品实施监督销毁，保障国门食品安全。参与成都市全国食品安全城市创建工作，获评“2021年四川省食品安全先进集体”。落实进口粮食监管要求，强化与地方政府相关部门沟通协调，构建齐抓共管机制，严控进口粮食疫情风险及非法转基因风险，开展进口粮食指定加工监管32.1万吨。开展实蝇、杂草、出口种子、出境水生动物等有害生物监测工作，掌握外来有害生物入侵情况及辖区有害生物本底情况，保障农林生态安全。严格进出境特殊物品检验检疫和进境特殊物品后续监管，检疫监管出口特殊物品1,181批次，货值11.7亿元，开展后续监管30批次。开辟新冠病毒疫苗、检测试剂盒等重点产品出口“绿色通道”，提供“提前预约+即到即检”服务，监管出口新冠病毒核酸检测试剂盒370批次、出口新冠病毒疫苗2批次。加强辖区进出口危险品及其包装和重点敏感商品检验监管，检出化矿产品不合格4批。

▲2021年9月24日锦城海关关员对实施虎皮兰出口前检疫作业

【稽核查工作】推进“多查合一”改革，对重大、疑难稽查、核查案件开展集中审核，提升作业质效，开办核查作业174起，办结145起，涉及食品安全、商品抽检、加工贸易等。向企业宣贯“主动披露”制度，引导企业加强自律管理，接受企业主动披露11起。通过风险分析和执法联动，开展专项稽查行动，办结稽查作业数15起，查发问题作业数9起。

【打击走私】加大反走私形势研判，深刻把握“中央关注、社会关切、群众关心”的突出走私问题，结合实际情况和各业务领域进行深入分析和准确研判，重点关注“洋垃圾”“防疫物资”“重点涉税商品”等相关风险，强化跨境电商监管，严厉打击“洋垃圾”、象牙等濒危物种及其制品、假冒伪劣防疫物资走私。开展“国门利剑2021”专项行动，关长作为第一责任人，加强对打私工作的组织领导，明确分管领导、科室负责人作为各自职责领域反走私工作责任，层层压实责任。坚决贯彻落实海关缉私管理体制调整重大决策部署，强化缉私分局综合保障。与缉私分局建立联系配合机制，畅通案件移交反馈渠道，形成打私合力。邀请缉私分局开展业务培训，提升现场查发和“两简”案件办理水平，办理“两简”案件9起，移交缉私部门立案4起。

【优化口岸营商环境】深化“放管服”改革，开展跨境贸易便利化行动，利用国际贸易“单一窗口”、“互联网+海关”等线上平台，办理报关、缴税、原产地证申领及打印等业务，推广《入境货物检验检疫证明》电子化。推广原产地证书“智能审核＋自助打印”便利化审签模式，证书自助打印率达99%，签发四川首份自助打印输泰国“中国—东盟自由贸易区优惠原产地证书”和新版“中国—瑞士自贸协定原产地证书”。走访辖区重点企业，梳理申请AEO认证意向企业名单，筛选培育企业集中开展培训，开展培育专项跟踪指导，辖区高级认证企业累计达到5家。推广“两步申报”“提前申报”等通关模式，巩固压缩整体通关时间成效，2021年锦城海关进、出口整体通关时间分别为29.56小时和1.15小时，较2017年同比压缩49.48%和15.8%。

▲2021年7月1日，锦城海关签发四川首份自助打印输泰国“中国—东盟自由贸易区优惠原产地证书”

【支持综合保税区发展】 认真贯彻落实《国务院关于促进综合保税区高水平开放高质量发展的若干意见》，推进成都高新综合保税区“五大中心”建设，区内企业有需求地释放产能、促进研发创新、创新监管模式、发展租赁业务等14项改革措施已全部落地生效，2021年成都高新综合保税区进出口货值5,819.03亿元，同比增长6.0%，进出口规模位居全国综合保税区第一，进出口货值占四川省外贸进出口总值的60.0%，占成都市外贸进出口总值的70.7%。推动区内增值税一般纳税人资格试点，新增试点企业2家，累计达到7家，内销金额5.56亿元，同比增长32.0%。优化进出口货物属地查检流程，利用成都高新综合保税区A区现有场所，企业自行将进口货物运送至查验平台进行目的地查验，区内企业属地查检时间缩短50%。开展综合保税区“同企跨片”业务，依托“数智综保”建设，开发海关特殊监管区域辅助系统3.0版本，企业只需在辅助系统中绑定对应的核放单即可实现系统布控、卡口自动识别和抬杆放行，对运输车辆加施电子锁，进行GPS实时监控，保障货物在途监管的实时性和有效性，满足企业货物在成都高新综合保税区各园区之间便捷流转，试点企业全年可节省费用900万元。针对健进制药自研生产药品内销困难问题，积极协商食药监部门解决产品内销时“进口药品通关单”验核问题，打通内循环堵点助力企业自研生产药品实现内销。

【基层党建】 巩固深化“强基提质工程”，提升党建标准化规范化水平，着力破解“两张皮”问题，深化“灯下黑”问

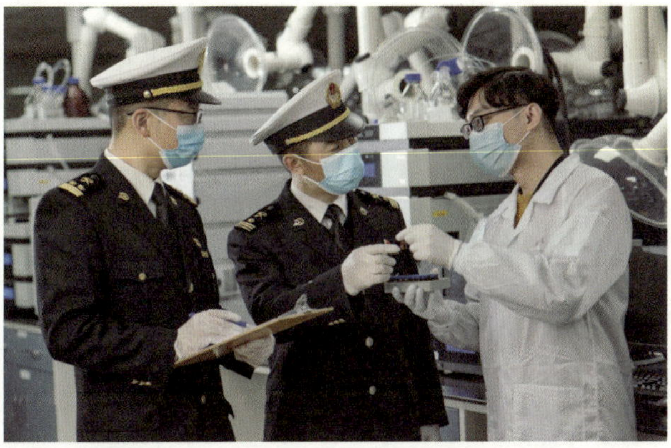

▲2021 年 12 月 2 日，锦城海关关员在综合保税区内企业调研

题整治。规范组织生活，严格落实“三会一课”、主题党日、专题组织生活会等组织活动。运用信息化平台辅助党建工作开展，做好“智慧党建”平台管理使用，利用党建量化考核强化结果运用。积极推进“四强”党支部建设，擦亮支部党建品牌，总结提炼支部工作法 12 个，综合业务一科、综合业务二科、稽查科 3 个支部获评成都海关“四强”党支部，“青春心向党服务新高地”“‘稽’浊扬清　‘核’衷共济”2 个支部品牌通过成都海关党建示范品牌复核。

【党风廉政建设】严格落实成都海关加强对“一把手”和领导班子监督的工作任务措施，贯彻执行民主集中制，严格执行党委工作规则，营造风清气正的政治生态。认真履行管党治党责任，落实全面从严治党“清单式”管理，明确 8 个方面、23 项任务、60 条措施，推进全面从严治党在全领域全覆盖。加强与派驻纪检组协同配合，定期会商研究全面从严治党情况，推动“两个责任”同向发力。落实主体责任，党委书记靠前指挥，有力有序推进“现场监管与外勤执法权力寻租”专项整治工作，谈心谈话 260 人次，撰写心得体会 262 篇，开展“10＋3＋3”警示教育学习，参加纪法教育考试 280 人次，组织 123 人签订廉洁自律承诺书。

（撰稿人：马　强　陈　雷）

天府新区海关

【概况】天府新区海关于2014年10月经批准设立，2016年12月正式开关，功能化类型为偏属地综合型海关，负责四川天府新区成都直管区、龙泉驿区（含成都经济技术开发区）、双流区（不含成都高新综合保税区双流园区）、新津区、简阳市、成都东部新区除海关稽查业务以外的各类海关业务，集中办理成都市区域内海关特殊监管区域外加工贸易及核查业务，是成都市国际展会驻场监管业务的执行机构。位于四川省成都市天府新区广州路东段1号，并设龙泉驿办公区、天府新区成都片区保税物流中心（B型）办公区。内设办公室、综合业务一科、综合业务二科、监管一科、监管二科、稽查科6个科室。截至2021年年底，共有在编人员43人。设党总支1个、党支部7个，共有中共党员39名。

2021年，天府新区海关以习近平新时代中国特色社会主义思想为指导，立足新发展阶段、贯彻新发展理念、构建新发展格局，以更高站位推进政治建关、以更高效能推进改革强关、以更高标准推进依法把关、以更高水平推进科技兴关、以更高要求推进从严治关，全力建设社会主义现代化海关。接受进出口报关单申报3万份，同比增长55.0%，监管进出口货物14.1万吨，货值255.2亿元，其中进口9.5万吨、同比减少35.2%，货值115.5亿元、同比下降1.6%；出口4.6万吨、同比增长13%，货值139.7亿元、同比增长40.5%。关税和进口环节税入库20.8亿元。

【党史学习教育】构建“线上+线下”相结合的学习体系，开展集中学习研讨18次，举办特色主题党日活动51次，撰写学习心得42篇，到红色教育基地参观学习9次，讲专题党课64次。围绕为民服务开展调研，收集意见建议，建立并及时完成“我为群众办实事”实践活动重点民生项目清单32项。开展庆祝中国共产党成立100周年系列活动，举办庆祝党的百年华诞征文比赛，党员撰写理论文章8篇，其中5篇论文分别被成都海关学会主题征文采用（及入选）。开展党史知识竞赛，牵头组织5个部门单位竞技。开展颂歌献给党红色旋律歌咏比赛，以支部为单位的6个参赛队共演唱红色歌曲23首。拍摄颂歌献给党MV《追寻》。

▲2021年4月14日，天府新区海关在成都战役纪念馆开展现场教学

【巡察整改】4月20日至8月5日，接受成都海关党委第三巡察组常规巡察和巡察“回头看”。持续深化巡察整改，强化管党治党政治责任，通过“两坚持、一注重”确保整改工作的科学性、合理性，全面对照自查，从严从实从细制定整改方案，逐条细化整改措施和责任清单，将整改责任传导到“神经末梢”，制定落实具体整改措施36项，完善制度13项。

【基层党建】发挥跟踪督办作用，督促各支部高质量开展“三会一课”，严格落实各项“规定动作”，将争创“四强”党支部同全面抓好党支部标准化建设、基层党建品牌建设、推动中心工作相结合。深化“强基提质工程”，高质量开展“三会一课”，推进支部品牌建设，监管一科党支部获评2020年度“成都海关优秀基层党组织”，监管一科“四好科室、五心支部”品牌通过总署基层党建培育品牌复审，1名党员获评成都海关优秀共产党员，4名党员获评成都海关党员先锋岗。

【新冠肺炎疫情防控】制定完善《天府新区海关秋冬季新冠肺炎疫情内部防控工作指引》等8项方案指引和24项细化措施。巩固属地联防联控机制，持续加强与场站经营方、办公区物业的沟通联系配合，严格落实内部防控措施，形成防控合力，有效强化一线执法工作人员安全和监管现场作业防护。严格落实“应检尽检”“应接尽接”要求，组织开展核酸检测800余次。落实“应接尽接”要求，一线监管人员新冠病毒疫苗接种率100%。强化办公区域、监管现场防控管理，定期联合物业开展安全检查巡视，消除安全隐患。严格按需发放防疫物资，建立登记、领用、消耗台账，形成闭环的物资发放管理制度。选派3名关员参与成都航空口岸疫情防控工作。

【法治建设】制定《天府新区海关2021年法治宣传教育工作计划》，完成天府新区成都片区两法衔接工作考评办法征求意见工作，明确普法责任清单涵盖28条具体工作举措，向辖区内企业开展“执法普法”38次。支持天府中央法务区建设，建立起与天府新区法院、国安局、税务局、行政审批局、市场监督管理局等司法和行政执法单位常态化联系配合机制。

【检验检疫】加强各类资质培训，6人次新增动植检现场查验、危险化学品检验员资质。整理检验检疫业务各项规章制度、技术标准及规范性文件，建立业务档案及企业档案。制定实施进口查验工作规范、属地查验发现问题处置流程、属地查验定期复审复查机制，提出在进口目的地查验中开展远程查验创新方案。完成出口产品检验1,349批、同比增长2.3倍。完成进口目的地查验1,015批、同比增长1.8倍。检出不合格商品28批次，主要为进口服装、器械设备及其配件等，均已按规定完成退运或技术性整改。完成出口危险货物包装检验及出证185批，同比增长1.3倍。完成4批出口新冠病毒疫苗出口监管及2批出口宠物出证工作。完成67.4万吨进口粮食初审和44.3万吨进口粮食核销。

▲2021年6月15日，天府新区海关关员查验出口兰花幼苗

【税收征管】加大报关单事中、事后监控复核力度，关税和进口环节税入库20.8亿元。大力推动汇总征税、自报自缴、关税保证保险改革，5,641票进口报关单适用汇总征税模式，涉及税款5.7亿元，占2021年税收总量的27.8%，主要整车制造企业及液晶面板生产企业均适用税款自报自缴模式。推进解决税收征管历史遗留问题，某新能源公司经法院裁定执行款192万元顺利入库，成都某鞋业涉税问题得到妥善处置。

【统计分析】强化统计数据安全管理，严格按照规定向地方政府提供统计服务，与四川天府新区、成都市经开区等6家地方政府单位建立数据信息共享合作备忘机制，累计提供统计数据服务40次，撰写区域贸易分析文章9篇。加强统计监督，强化不实贸易管控工作，严格异常数据审核，通过统计监督开展数据核查40条。围绕宏观经济、产业链形势、重点工作等深入开展调查研究，发挥以智辅政作用，牵头完成《新形势下加工贸易供应链安全研究》《依托南向通道优化营商环境助力四川加快建设内陆开放战略高地》《风险布控机制中属地查验作业的企业风险与货物风险研究》《“两轮驱动”改革下内陆海关提升风险防控效能探索》4个成都海关关级课题研究，获特别稿件奖1篇，优秀奖1篇。

【企业管理和稽核查】深化“多查合一”改革，引入第三方中介机构辅助作业，探索开展远程核查作业，与地方市场监管部门开展联合抽查，受理33票核查业务。加强企业信用管理，支持辖区内企业开展海关信用认证，完成1家高级认证企业重新认证工作，开展1家高级认证企业信用培育工作，动态调整企业信用等级1家。

▲2021年7月16日，天府新区海关对企业开展AEO认证培育

【区外加工贸易监管】监管成都市区外加工贸易实际进口金额163.4亿元、同比增长43.3%，出口333.2亿元、同比增长12.3%；设立手账册167份，核销结案手账册154份次；监管区外加工贸易企业99家、在执行手账册219份；报核及时率、结案及时率均为100%。配合开展区外加工贸易审核中心改革试点，审核德阳、遂宁海关辖区企业申办各类加工贸易业务74份次，备案进出口金额24.7亿元，初步理顺中心、现场联系配合机制。企业集团加工贸易监管模式落地见效，指导中嘉汽车试点企业集团加工贸易监管模式，完成集团内料件调拨3批次。

【打击走私】开展“国门利剑2021”专项行动，加强进口废物原料监管，加强对加工贸易领域企业监管，规范备案商品“新、旧”情况申报，严防不法企业通过加工贸易渠道走私“洋垃圾”入境，加强现场单证审核力度，未发现“洋垃圾”、象牙等濒危物种及其制品走私情事。开展打击跨境电商进口走私“断链刨根”专项整治行动，建立跨境电商企业管理台账，对3家跨境电商企业开展盘库核查，向缉私部门移交案件线索1起。

【安全生产】成立安全生产工作领导小组，加强对安全生产工作的组织推动。强化与安全主管部门沟通协调，通过签订《海关监管作业场所（场地）安全生产管理责任承诺书》，进一步落实场所经营方安全生产管理主体责任。规范跨境电商渠道零售进口食品单证审核、一般贸易渠道进出口危化品申报管理，加强随附单证及规范申报要素审核，确保进口食品及进出口危化品申报准确规范。严格进口危险化学品企业物流、仓储等相关资质验核，要求企业遵守危险化学品仓储场所有关规定，引导企业做好个人防护，严防安全事故发生。组织开展安全生产专项工作，通过实地检查、视频监控抽查等方式强化辖区监管场所管理监督，重点对跨境电商等货物可能涉及进出境动植物检疫、食品安全风险加强实货监管。向85家加工贸易企业发放安全生产提示单，组织签订自律承诺书，加强日常监控，对重点企业、重点商品开展针对性巡查抽查，监管场所未发生安全事故。

【优化口岸营商环境】深化“放管服”改革，实现“证照分离”改革全覆盖，完善整体通关时效监控机制，及时掌握通关时效异动情况。稳步推进“两步申报”“提前申报”通关模式，“两步申报”应用率45.7%，“提前申报”应用率55.0%。优化内部作业流程，设立专人实时监控报关单申报状态，并与口岸单位密切联系配合，提升一体化查验报关单处置效率。2021年天府新区海关进、出口整体通关时间分别为38.18小时、1.97小时，较2017年分别压缩79.24%、79.80%。

【服务成渝地区双城经济圈建设】深化与重庆海关所属两路寸滩海关合作，推进落实《两路寸滩海关 天府新区海关共同推动成渝经济区开放发展合作备忘录》。畅通交流沟通渠道，构建“科对科”“岗对岗”联系平台，互相派员14人次进行跟班作业，实现区域业务快捷协同办理。协助两路寸滩海关、重庆江北机场海关对企业开展暂时进口货物申请延期核查4次。

【支持特色产业发展】支持天府新区获批国家级进口贸易促进创新示范区，支持科学城多家科研机构设备进口。助力打造西部国际展会名片，采用关税保证保险模式办理展览品通关担保手续，缩短在线展会备案办理时间至半天以内，办理展览会备案5份，监管展览品货值12.5亿元。支持汽车进出海关业务全流程属地办理，指导神龙汽车首次开展区外加贸业务、支持新车型出口东盟开拓市场，支持一汽丰田新车型下线及氢能源汽车保供北京冬奥会，支持中嘉汽车实现企业集团加工贸易监管模式首次在川落地。

支持跨境电商发展，支持菜鸟中心仓、天猫国际仓等头部电商入驻天府新区成都片区保税物流中心（B型）。助力生物医药等新兴产业健康发展，支持跨国医药企业保税进口项目落地成都天府国际生物城（保税仓）。推进出口原产地证书签证智能审核改革，全年通过智能审核系统签发原产地证书3,056份。保障四川省首票跨境公路货物运输（TIR）业务启运，支持首批氢能源汽车保供北京冬奥会，保障全国制药机械博览会首次在成都举办，支持四川首批入境维修再制造隧道掘进设备进口，促进智能手表项目首次集中量产，推动四川首单生物制品保税物流模式通关。

▲2021年11月2日，天府新区海关派员参加第61届（2021年秋季）全国制药机械博览会暨2021（秋季）中国国际制药机械博览会

【内控建设】运用“制度+科技”，推进新海廉系统应用，将内控体系建设与管辖范围调整有机结合，对标新科室、新职责梳理完善内控节点指标体系，做到“指标到科、责任到岗”，梳理内控节点729

个，其中高风险节点 8 个。建立“日清、月报”内控工作模式，用好新海廉系统、企管可视化系统等系统，做到风险预警“日清”，开展复核 62 次，整改问题 23 项。

【基层党建】扎实开展党建基础工作，新设党支部 1 个，发展党员 1 名，党务工作者在全关党员比重达到 45%。全力推动“支部强在科上”，党总支充分发挥跟踪督办作用，督促各支部高质量开展“三会一课”，严格落实各项“规定动作”，把争创“四强”党支部同抓好党支部标准化建设结合起来，同基层党建品牌建设结合起来、同推动中心工作结合起来，运用“智慧党建”激发组织活力。继续做好支部品牌建设，切实发挥监管一科党支部和办公室党支部的示范引领作用，激发各支部书记抓好支部工作的内生动力，积极展现各支部党建品牌的政治功能和服务功能。监管一科党支部获评 2020 年度成都海关优秀基层党组织。

【党风廉政建设】严格落实主体责任制，召开全面从严治党暨党风廉政建设工作例会 4 次，与成都海关党委第四派驻纪检组召开会商通报会 1 次。切实履行管党治党政治责任，持续深化巡察整改，有效传导责任压力。坚持严的主基调，开展“现场监管与外勤执法权力寻租”专项整治，深入纠治“四风”，持续正风肃纪。坚持惩治防一体推进，完善权力运行监督制约机制。

（撰稿人：陈依弦）

绵阳海关

【概况】绵阳海关于1995年5月经国务院批准设立，功能化类型为偏属地综合型，负责党的基层组织建设和干部队伍建设、办理具体海关业务，反馈执法作业结果，管辖范围主要为绵阳市和阿坝州，辖区主要有“一城（绵阳科技城）一场（九寨黄龙机场）两区（绵阳综合保税区、绵阳跨境电商综合试验区）”等开放平台，主要承担监管、征税、统计、进出境动植物检疫、进出口食品安全监督管理、进出口商品检验等海关业务。内设办公室、综合业务一科、综合业务二科、监管一科、监管二科、稽查科6个科室。截至2021年年底，共有在编干部职工48人，其中公务员45人，占编工勤3人，平均年龄44.5岁。

2021年，绵阳海关以习近平新时代中国特色社会主义思想为指导，深入贯彻党的十九大和十九届历次全会精神，全面落实总署及成都海关各项工作要求。办理货物报关单1.9万份，同比减少6.0%；监管进出口货物4.2万吨，同比减少4.0%，监管进出口货值147.3亿元，同比增长16.8%。关税和进口环节税入库26.7亿元，同比增长17.1%。办理减免税手续50批次，减免“两税”1,253万元。签发各类检验检疫证书1,811份。

【党史学习教育】邀请专家授课，深刻领悟“七一”重要讲话精神。抓好关键环节，突出重点任务，学好4本指定学习书籍和4本重要参考资料。党委书记带头紧扣红色精神，讲授专题党课。深入企业开展调研，收集企业群众意见建议5条。研究确定“我为群众办实事”项目7个，制定工作措施24条。

▲2021年7月1日，绵阳海关组织全体党员重温入党誓词

【新冠肺炎疫情防控】严格按照总署、

成都海关和属地关于新冠疫情防控的要求开展相关工作，坚持100%依规行事、坚持属地管理要求、坚持科学防控需要。坚持“日平安报告制度”和“日工作报告制度”，推进接种疫苗和加强针进度，落实“三不”和戴口罩要求，做好返绵人员清理排查处置，加强对办公区域和防疫物资的管理，强化通风消毒和值班值守，实施“分餐制”“配餐制”。开展疫情防控专题培训，派出5名关员、协管员支持口岸防疫。协助市场监管部门核查进口冷链食品海关单证、检验检疫证明，及时移交高风险非冷链集装箱货物的信息。

【进境种猪隔离检疫】 支持绵阳明兴农业科技开发有限公司隔离场建设，3次为企业办理《中华人民共和国进境动物隔离检疫场使用证》，集中7名动物检疫专家分批驻场，通过24小时驻场监管，开展临床观察、抽样送检，督促企业严格落实各项生物安全责任。与口岸海关、地方农业农村、公安等部门对接沟通，形成周边检疫、交通运输、卸运交接、疫病监测等工作合力。指导企业制定接机、转运、隔离检疫相关工作应急方案，对隔离场方工作人员开展隔离检疫相关法律、技术规范培训。开展国门生物安全风险监测，完成1批进境种猪10种检疫性疫病监测，按照相关规定对结果确认阳性猪只予以处置，完成1,122头进境种猪隔离检疫工作。

【商品检验】 制定《绵阳海关进出口危险化学品检验合格评定工作方案（试行）》，对进出口危险化学品合格评定方式进行规定。组织开展进出口危化品培训1次，参训企业12家。通过日常监管、实地检查等方式开展辖区危化品生产企业安全风险隐患排查12家次。检验监管出口危险货物及其包装799批，货值10.26亿元，其中检出不合格5批。实施危险货物包装使用鉴定799批、30.4万件，检出使用鉴定不合格5批、2,166件。实施危险货物包装性能检验21批、6万件，性能检验不合格1批、2,016件。

【税收征管】 多渠道开展政策宣传，通过与减免税企业面对面沟通、线上推送减免税管理相关规定等方式，引导和帮助企业享受关税减免红利。在“十四五”新型显示器税收优惠政策未明确情况下，发挥减免税担保作用，服务重点项目实施，出具减免税货物税款担保证明2,773份，货物总值20.5亿美元。开展《区域全面经济伙伴关系协定》（RCEP）专题培训，帮助企业理解与掌握协定内容。

【企业信用管理】 成立AEO高级认证企业培育专班，深入调研宣传，精选培育对象。以“认证培育+小组”模式，实施“一企一策”个性化培育方案。以“认证培育+专家”模式，为企业提供“7×24小时”咨询协调服务。以“认证培育+分析”模式，指导2家重点培育企业提交认证资料，并通过验收。截至2021年年底，绵阳市共有AEO高级认证企业3家。

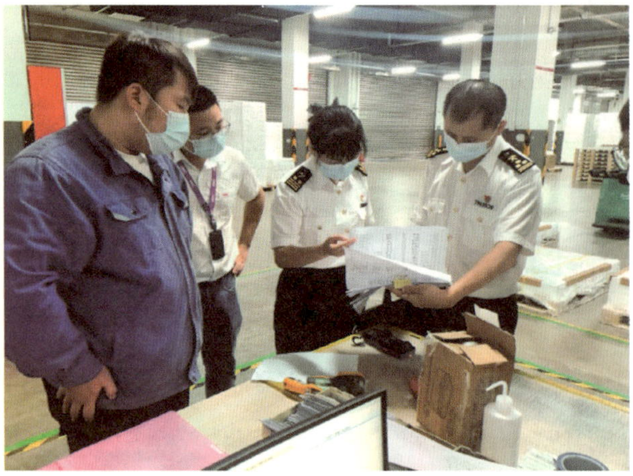

▲2021 年 9 月 14 日，绵阳海关认证工作小组到企业开展 AEO 高级认证培育工作

【稽查工作】落实各项稽查改革要求，开展稽查作业 8 起，作业完成率为 100%，稽查有效作业 6 起，涉及追补征税款作业 3 起，移交相关部门处理作业 3 起，常规稽查和专项稽查综合有效率 75%。其中，根据辖区某企业主动披露情况，依法对其追征税款，并适用企业主动披露相关措施，对其依法减免相应的滞纳金。

【优化口岸营商环境】落实改革举措提升通关便利度，推广应用“单一窗口”“两步申报”，落实“提前申报”容错机制，推进原产地证书签证及产品预审工作无纸化、智能审核及自助打印，实现通关全流程无纸化，进出口环节监管证件网上申报、网上办理。对重大项目进口成套设备实行“一站式”“随到随检”服务。2021 年绵阳海关进、出口整体通关时间为 32.69 小时、0.87 小时，分别较 2017 年压缩 56.19%、53.66%。

【支持综合保税区发展】推动绵阳综合保税区持续健康发展，制定区内企业注册编码切换、新账册设立、旧账册核销及注销等业务切换过渡方案，增设综合业务一科，从科室设置、人力资源、岗位设置及运行制度等方面给予保障。帮助和指导企业完成新企业代码注册和区内企业账册切换，稳步推进增值税一般纳税人资格试点，试点企业国内非保税货物进出区 2,923 票，货值 9,100 万元。推进“一次备案、多次使用”“四自一简”“先放行、后改单”等 9 项改革举措落地，深入推进加贸及保税监管改革，实行电子账册“自主备案自动审核”。绵阳综合保税区新增有进出口实绩企业 6 家（累计 10 家），进出口值 23.5 亿元，同比增长 94.4%，占绵阳市外贸进出口总值的 9.4%。

▲2021 年 3 月 19 日，绵阳海关关员服务绵阳综合保税区首票报关单通关

【支持跨境电商发展】配合地方商务部门制定《中国（绵阳）跨境电子商务综合试验区实施方案》，发挥绵阳四川区域性中心城市区位优势，打造西部跨境电商

发展新高地。对接中国电子口岸数据中心成都分中心，共同推进绵阳跨境电子商务综合试验区硬件完善工作。开通首次“9610”（跨境电商零售出口）、“9710”（跨境电商 B2B 直接出口）等模式。支持跨境电商保税零售进口模式建设，12 月首票“1210”模式货物入区。

【精神文明建设】持续巩固全国文明单位建设成果，成立以党委书记为组长的精神文明建设工作小组，制定年度文明建设工作方案，明确强化思想政治建设、深入推进党建工作、认真开展党史学习教育、加强班子队伍建设、深化机关文化建设、精准服务地方发展、积极履行社会责任等重点任务。组织 6 批 30 余人次开展志愿服务活动，支持绵阳文明典范城市建设。发挥工青妇等团体作用，丰富干部职工文化生活，组织开展“主题读书日”活动，深化“我们的节日”主题活动，积极参与群众性理论研究，开展文明有礼培育、文明风尚传播活动，开展交流谈心活动和职工思想动态问卷调查，切实解决关员关心的热点难点问题，筑牢精神文明建设根基。组织干部职工参加省直机关第五届职工运动会及绵阳市第七届运动会，在象棋比赛中获得绵阳市第四名。开展“光盘行动”，大力建设绿色节约型机关。

【基层党建】严格履行党建工作责任制，推动党建工作与业务工作同部署、同推动、同落实。注重压力传导，敦促党委班子成员和各支部书记履行管党治党责任，

▲2021 年 12 月 22 日，绵阳海关开展志愿服务活动助力绵阳文明城市建设

党委班子成员到支部开展调研 36 次，参加各支部会议 48 次，讲专题党课 8 次。严格落实“三会一课”、主题党日活动制度，严肃召开组织生活会，开展民主评议党员。深化“四强”党支部建设，强化办公室党支部“红色领航，服务先锋”、综合业务一科党支部“保税先锋”、综合业务二科“业务大都会，服务有专家”、监管一科党支部“转型升级，保税先锋”、稽查科党支部“稽查先锋”、监管二科及技术中心绵阳分部联合党支部“绵关监管排头兵”支部品牌建设，实施党建品牌创建长效管理，营造创先争优氛围。深化合格党员建设，培养高素质党员队伍，6 人获评成都海关“党员先锋岗”。

【党风廉政建设】持续抓好巡察整改，建立定期收集、定期听取、定期通报、定期报送机制，主动接受派驻纪检组监督。严格执行中央八项规定及实施细则精神，毫不松懈纠治“四风”，重点纠治“重会议、重文件，不重落实”“脱离一线，不

接地气”等问题。开展“现场监管与外勤执法权力寻租”专项整治工作，组织填报违规事项个人申报表47人次，填报廉政风险清单29项，开展纪法、警示教育各7次。推进准军事化纪律部队建设，强化“日打卡、周督察、月训练、季评比”常态化管理措施，不定期进行内务规范、考勤检查和准军队列训练。

（撰稿人：任　静　陈　飞　赵璐君）

自贡海关

【概况】自贡海关前身为成都海关驻自贡办事处，成都海关驻自贡办事处于1997年3月18日经总署批准对外办理业务，2000年3月20日正式揭牌，关区范围为自贡市、内江市。2019年1月23日，自贡海关挂牌成立，关区范围调整为自贡市，主要承担自贡市全境进出口货物通关管理、目的地查验、产地检验检疫、税收征管、加工贸易监管、原产地管理、减免税管理、国门生物安全监测、企业稽查、AEO认证管理等海关业务工作，内设办公室、综合业务科、监管科、稽查科4个科室。截至2021年年底，共有在编人员16人，其中中共党员15人。

2021年，自贡海关深入学习贯彻习近平新时代中国特色社会主义思想和党的十九大和十九届历次全会精神，在成都海关党委的领导下，围绕成都海关工作会议、成都海关全面从严治党工作会议部署，确定“党建统领，守好国门；服务经济，防好风险；注重质量，狠抓落实”工作主线，严格新冠肺炎疫情防控，做好“六稳”工作，落实“六保”任务，服务地方开放型经济发展。2021年，自贡货物贸易进出口总值42.2亿元人民币，同比增长32.8%，其中出口30.6亿元，同比增长31.4%；进口11.6亿元，同比增长36.4%。进出口值在全省21个地市州中居第11位。其中出口值列第11位，进口值列全省第10位。监管进出口货物24.2万吨，货值14.88亿元。接受进出口报关单申报1167份，受理进出境检验检疫330批次，关税和进口环节税入库1.97亿元，同比增长1.4%。2021年，自贡海关被自贡市精神文明办公室评为市级最佳文明单位。

【党史学习教育】扎实开展党史学习教育，党委会专题研究，制订学习计划和实施方案，突出“党委+支部+党员”三级学习教育体系，组织集中学习27次、专题研讨12次，党员干部撰写学习心得体会44篇。利用“党史学习教育专栏”“学习强国”等平台，组织党员干部开展自学。党史学习教育信息被成都海关党史学习教育平台、“蓉关人”微信公众号选用110篇次。

组织召开关企座谈会，通过“线上+线下”相结合方式，多渠道收集企业重点关注问题30个，建立“我为群众办实事”工作台账，明确实事清单和完成时限。组织党员干部走进企业宣讲海关新政策30次，解决企业急难愁盼问题12个，与共建社区开展双进双服务活动12次。

▲2021年3月30日，自贡海关党支部开展“观故居忆革命先驱　学党史践初心使命”主题党日活动

【新冠肺炎疫情防控】制定《自贡海关应对新冠肺炎疫情极端情况应急处置工作方案》等4个疫情防控文件，更新完善6个工作方案。克服麻痹思想、厌战情绪、侥幸心理、松劲心态，加强进入办公区人员登记管理、体温检测、健康码验核，做好办公场所、食堂等公共场所的消毒卫生清理，建立防疫物资库房，加强防疫物资管理。每月组织开展全方位检查，印发通报12期，开展“回头看”11次。

【检验检疫】开展动植物检疫监管，制定《自贡海关2021年国门生物安全监测计划》，按照《检疫性实蝇监测技术指南》和《外来杂草监测技术指南》要求开展检疫性实蝇监测和外来杂草监测。强化进境粮食后续监管，及时办理进境粮食检疫初审联系单和进口粮食生产加工及防疫核销。严格按照查验指令，开展进出口商品属地查检217批次，其中出口产地查检165批次，同比增长1.1倍；进口商品属地查验54批次，同比增长17.4%，发现异常2批次，均移交后续处置。

▲2021年8月4日，自贡海关关员开展属地查验作业

【稽核查工作】加强风险研判拓展案源，继续深化“多查合一”，从涉检、涉税、伪报、瞒报等环节多渠道扩大稽核查范围，完成稽查作业5家，稽查有效3家。推动核查领域高级认证企业“自查结果认可模式”改革试点，指导试点企业规范化开展自查工作，9月顺利完成改革试点。完成核查作业23起，向相关部门通报4家企业海关备案信息不实情况。

【知识产权海关保护】开展知识产权

保护“龙腾行动2021”，到企业宣讲海关政策30次，为四川轻化工大学举办“十四五”科技创新专题减免税政策培训，为东方锅炉股份有限公司举办海关政策宣讲，帮助45家企业完善知识产权保护机制。继续将四川大西洋焊接材料股份有限公司作为“龙腾行动2021”重点培塑企业，指导其建立知识产权保护部门，完善知识产权保护工作机制。

▲2021年4月26日，自贡海关开展知识产权海关保护宣传活动

【优化口岸营商环境】多渠道向企业宣讲“两步申报”通关模式，“两步申报”应用率78.07%。以北港油脂公司进口大豆为突破口，与防城海关紧密协作配合，支持北港油脂采取“两段准入”模式申报进口大豆23批次，进口整体通关时间压缩至30余小时。自贡海关进、出口整体通关时间为19.52小时、2.37小时，分别较2017年压缩75.38%和88.39%。推广关税保证保险，指派专人“一对一”服务指导企业办理关税保证保险担保备案，3家企业使用关税保证保险，保障进口设备顺利通关，缓解企业资金压力。按照总署统一部署要求，首次采取“容缺方式”完成进境粮食储备库考核、荣县茶叶基地现场评审等工作。

【服务开放发展】支持自贡保税物流中心申建，开展政策宣讲辅导3次。支持和促进西部陆海新通道建设，围绕青白江—自贡—北部湾铁海联运班列运行，疏通钦州、防城港进出口货物渠道，支持北部湾油脂公司、自贡彩灯有限公司、四川威鹏线缆有限公司、大西洋焊接材料有限公司通过西部陆海新通道实现货物进出口。加强与地方商务、宣传、财政等部门沟通联系，参与省级协调推进机制，主动参与基地规划和彩灯标准制订，组织12家企业开展文化产品出口原产地签证专题培训。

▲2021年5月28日，自贡海关联合相关市级部门开展“优服务、解难题、促发展”政策宣讲会

【基层党建】认真落实《关于新形势下党内政治生活的若干准则》，严格执行

“三会一课”、组织生活会、民主评议党员、谈心谈话等党内政治生活制度。及时完成支部委员增补工作，以规范化提升带动组织力提升。组织党务工作者参加专题培训，提升党务工作能力。自贡海关党支部被成都海关直属机关党委评为“成都海关先进基层党组织”，“共产党员・志愿者服务队”党建品牌被评为成都海关2021年基层党建示范品牌。

【党风廉政建设】开展“现场监管与外勤执法权力寻租”专项整治，成立专项整治工作领导小组，专题研究专项整治工作25次。全面梳理岗位职责及岗位人员名单，自查形成《2021年专项整治廉政风险清单》。组织开展“现场监管与外勤执法”领域违规事项个人申报工作，填报《个人申报表》11份。组织关员结合自身岗位职责撰写心得体会11篇。

落实中央八项规定及其实施细则精神，严格公务用车等管理，严禁酒驾醉驾，严防赌博敛财。强化警示教育，坚持每月廉政教育、每周廉政提醒、节前廉政要求，引导关员知敬畏、存戒惧、守底线，树立廉洁自律意识。运用监督执纪“四种形态”，对队伍中存在的苗头性、倾向性问题早发现、早打招呼、早提醒、早处置，促进海关工作人员廉洁从政。

深入推进准军事化纪律部队建设，开展视频回放抽查和现场督察52次，第四季度被成都海关准军事化纪律部队建设工作领导小组办公室评为内务规范先进单位。开展技能培训和岗位练兵，组织参加“万人争先”线上练兵，2人通过危险货物及其包装检验监管资质考核。认真贯彻落实《政府信息公开条例》，切实做好政府信息公开工作。优化报关大厅公开载体设置，用好“好差评”系统，加强窗口作风建设，提升政务服务质效。

（撰稿人：程从容）

攀枝花海关

【概况】攀枝花海关于1996年11月18日经批准成立，功能化类型为属地型，负责攀枝花市、凉山彝族自治州行政区划范围内海关各类监管工作，监管的企业主要涉及工业品企业、食品农产品企业、服务类企业。内设办公室、综合业务科、监管一科、监管二科、稽查科5个科级机构和攀枝花海关国际旅行卫生保健中心（攀枝花海关口岸门诊部）。截至2021年年底，共有在编人员25名，退休干部职工10名。设党总支1个、党支部3个，中共党员21人（含预备党员2人）。

2021年，攀枝花海关以政治建设为统领，重点做好监管和服务两个方面工作，夯实党建、队伍、制度建设三个基础，勠力同心、马上就办、真抓实干、砥砺奋进，高质量完成全年各项工作目标。关税和进口环节税入库2亿元，同比增长5.5%；监管进出口货运量208万吨，同比增长24.4%，其中进口200万吨、同比增长23.9%，出口8万吨、同比增长38.2%；进出口货值31.0亿元，同比增长3.4%，其中进口16亿元、同比增长25.3%，出口15.0亿元、同比下降13.3%。接受进出口报关单申报2,231份，同比增长21.7%，其中进口66份、同比减少10.8%，出口2,165份、同比增长23.1%。

【党史学习教育】以专题读书班集中学习研讨、原文阅读指定资料、观看红色经典电影、收听收看重要讲话精神、参观红色教育资源等多种形式统筹推进党史学习教育，引导党员干部做到“学史明理、学史增信、学史崇德、学史力行”。以纾企忧、解难题、办实事、暖民心为出发点，深入企业调研、广泛征求意见建议，确立“我为群众办实事”实践活动项目15

▲2021年6月24日，攀枝花海关党总支开展重温入党誓词主题党日活动

个，用心用情用力解决企业、群众的“急难愁盼”问题，受到地方党委政府肯定性批示 3 次，鞍钢国贸攀枝花有限公司送锦旗 1 面。

【巡察整改】2020 年 10 月 26 日至 11 月 13 日成都海关党委第二轮第一巡察组对攀枝花海关党委开展政治巡察。针对巡察反馈问题，攀枝花海关党委研究制定《攀枝花海关党委对成都海关党委第二轮第一巡察组反馈巡察意见的整改方案》，明确 40 项具体整改措施，从指导思想、整改目标、组织领导、整改情况、整改步骤、工作要求 6 个方面对巡察整改工作进行具体安排，推动巡察反馈问题整改落实。

【新冠肺炎疫情防控】落实四川省、攀枝花市冷链疫情防控各项工作，推动进口冷链和进口高风险非冷链集装箱货物全链条全环节防控，配合攀枝花市公安局、市交通运输局开展冷链疫情防控督导检查 22 次。落实成都海关、攀枝花市疫情内部防控工作要求，严格落实出差出行审批，做到非必要不出行，坚持“日报告、零报告”，保持办公楼的日常消毒，持续做好防疫物资储备、发放。

▲2021 年 3 月 26 日，攀枝花海关开展新冠肺炎疫情防控应急演练

【检验检疫】强化进出口危险品及其包装检验，加强对攀枝花主要进口的铁矿砂、煤、医疗设备，出口的钢轨、钛白粉、五氧化二钒、工业萘等大宗资源性商品、重点敏感商品检验监管。其中五氧化二钒、工业萘等危险化学品，做到每批出口到场查验抽样，年送检量 37 批次。克服新冠肺炎疫情影响，简化合格评定程序，实行进口医疗设备“一站式”检验和“随到随检”，保障医疗机构开展抗疫工作。

落实粮食安全党政同责要求，加强对进口粮食安全风险防控，按节点准时完成进口粮食各项监管任务，在保障进口粮食及时入库的同时，进一步加强进境粮食质量安全管理工作，确保辖区国门生物安全。完成指定粮食加工企业备案 4 家，监管进境粮食 4 批次。

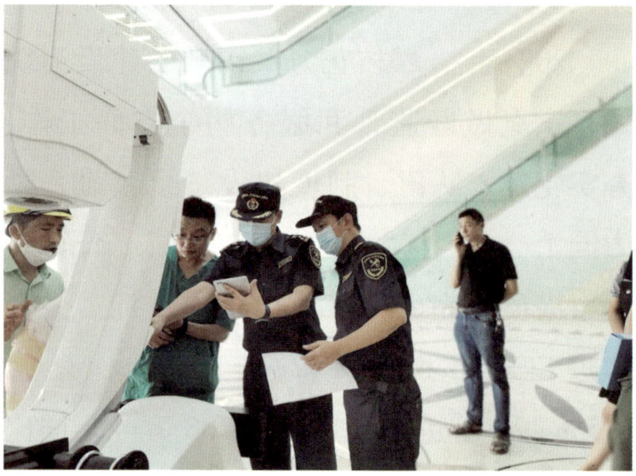

▲2021 年 7 月 12 日，攀枝花海关关员查验进口医疗设备

【企业管理和稽核查】按照诚信守法

便利、失信违法惩戒、依法依规、公正公开原则，对企业实施信用管理。配合攀枝花市发展和改革委员会参与社会信用体系建设，开展联合激励与联合惩戒。对进出口企业实行动态管理，新增备案进出口收发货人49家，注销进出口收发货人14家，新增1个出口蔬菜种植基地和8个出口食品企业备案。提升后续监管能力，稽查企业6家，其中常规稽查2家、专项稽查4家，3家企业整改后合格；核查出口食品企业、出口食品原料种植场、供港澳蔬菜基地、企业注册信息核对和出口果园31家。

【优化口岸营商环境】加强新一代海关信息系统综合业务功能应用，进一步优化通关作业流程，实施“7×24小时”预约通关制度，持续巩固压缩整体通关时间成效。2021年进、出口整体通关时间为78.77小时、5.35小时，较2017年分别压缩64.96%、74.28%，圆满完成国务院确定的“到2021年年底整体通关时间比2017年压缩一半”的目标任务。深化“放管服”改革，推广“提前申报”“两步申报”通关模式。加强涉企政策措施宣传和政策解读，联合攀枝花市商务局、攀枝花市财政局召开攀枝花市《区域全面经济伙伴关系协定》（RCEP）宣讲会，通过实地走访、电话及网络调研等方式了解企业诉求和实际困难，引导企业用足用好各项优惠政策，享受政策红利和贸易便利化服务。

【支持“攀果”等特色农产品走向国际市场】推进建立攀枝花海关与满洲里机场海关联系机制，加强出境农产品检验检疫监管工作，保障输俄农产品质量安全。探索输俄农产品“属地查验+口岸分流”模式，优化监管流程，鼓励属地企业在攀枝花海关申报出口，对输俄农产品进行属地监管，缩短货物在满洲里口岸停留时间，提升通关效率。

指导果园开展出口资质申请，完成出口果园备案20家，加工厂备案6家，新增备案果园及包装厂中13家实际开展出口业务。以芒果出口为切入点，与口岸海关对接，畅通出口通道，拓宽国际市场，重点围绕水果出口检验检疫要求、企业注册管理、水果果园、包装厂备案管理等问题开展“一对一”政策宣讲，保障出口芒果质量安全。助力凉山州石榴实现首次自营出口至泰国、攀枝花桑椹首次出口至日本、攀枝花枇杷首次出口至加拿大，凉山州实现鲜果出口2,912万元，占该州全年出口总值3.4%。

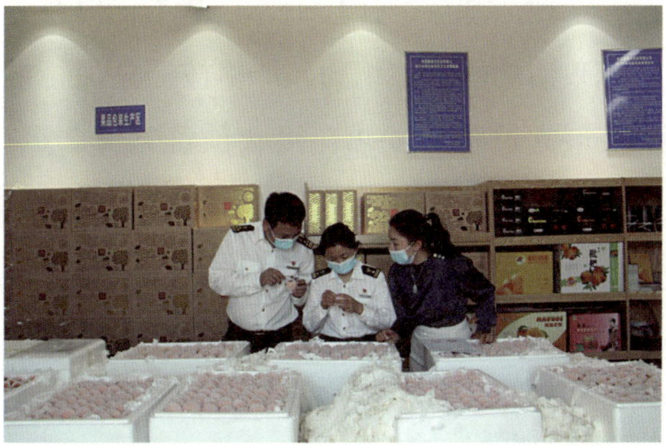

▲2021年3月17日，攀枝花海关关员查验首次自营出口枇杷

【服务重点产业发展】创新服务举措，精准施策为企业进出口解难题，指导攀钢

集团办理进口煤办理属地报关手续，确保按时执行印度尼西亚雅加达至万隆高速铁路钢轨供货合同；帮助鞍钢国贸攀枝花有限公司以公式定价货物备案方式首次从莫桑比克进口1批货值1,305万元人民币的铬铁；帮助攀钢集团攀枝花钛材有限公司解决高端钛及钛合金生产线项目电子束熔化炉设备进口问题，为企业压缩通关时间，节约运输成本；帮助攀枝花能缘化工有限公司首次出口危险化学品“工业萘”至埃及；指导鞍钢国贸攀枝花有限公司以公式定价货物报关方式进口矿产品17亿元，同比增长21.17%，为中老铁路所需钢轨提供原材料交付保障。

【基层党建】落实“三会一课”等党内政治生活制度，开展支部共建交流活动，推动党建和业务互促共进。推进“四强”党支部建设，组织开展支部交叉检查评比，补齐党支部工作短板，推进支部标准化规范化建设，实现强基层、强基础、强基本，提升党组织政治功能和组织力。严格按照党员标准和发展党员程序要求，接收预备党员2名。强化准军事化纪律部队训练，把“马上就办、真抓实干”作为内在文化，为年轻干部提供各类学习培训机会，加强业务交流和跨岗位锻炼，实现一岗多能、一专多用，不断激发干部队伍干事创业的热情。

【党风廉政建设】召开专题党委会3次、全面从严治党工作会议1次，深入学习习近平总书记关于全面从严治党的重要论述，贯彻落实全国海关全面从严治党工作会议、成都海关全面从严治党工作会议精神，明确年度工作目标，推动重点任务落实。履行党风廉政建设责任，将全面从严治党工作和业务工作同研究、同部署、同检查，自觉接受党委第三派驻纪检组监督。开展经常性谈心谈话，每月至少深入各支部和科室1次，每半年开展一次干部职工思想动态分析，全年开展谈心谈话30余人次。

坚持“严”的主基调，压紧压实全面从严治党主体责任，统筹推进“现场监管与外勤执法权力寻租”专项整治和警示教育月活动。坚持问题导向，紧密结合攀枝花海关业务特点，聚焦利用海关一线执法权力寻租问题，深挖制度机制管理存在漏洞，梳理风险岗位，切实解决突出问题和风险隐患，持续净化攀枝花海关政治生态。根据《攀枝花海关“现场监管与外勤执法权力寻租”专项整治问题整改清单》梳理出的问题，针对性确定7条整改措施并明确责任领导、责任部门、完成时限，全面完成整改。

持之以恒正风肃纪，运用监督执纪“四种形态”，紧盯“四风”纠治不放松，加强作风建设不懈怠。坚持抓业务从抓思想、抓作风开始，及时修订管理制度，开展“以案为鉴”“以案示警”专题警示教育活动，注重纪律日常养成、抓早抓小，引导党员干部筑牢思想防线。

（撰稿人：刘书伶　汪　荣　张铭宇
张　琪　徐　洁　龚繁强）

泸州海关

【概况】 泸州海关前身为成都海关驻泸州办事处，于2003年9月17日挂牌成立。机构改革后，2019年1月22日，泸州海关挂牌成立。泸州海关是受成都海关直接领导，按授权负责泸州市行政区划范围内海关各类管理工作的执行机构，主要负责党的基层组织建设和干部队伍建设，办理具体海关业务，反馈执法作业结果，完成成都海关交办的其他工作，功能化类型为偏口岸综合型。内设办公室、综合业务科、监管一科、监管二科、监管三科、稽查科6个科室，工作场所5处（海关大楼、江阳办公区、泸州港集装箱码头、综合保税区、自贸区政务服务大厅）。截至2021年年底，共有在编人员39人。设党总支1个、党支部6个，中共党员31人。

2021年，泸州海关坚持以习近平新时代中国特色社会主义思想为指导，深入贯彻党中央重大决策部署，认真落实总署党委及成都海关党委各项工作要求，统筹发展和安全，统筹推进口岸新冠肺炎疫情防控和促进外贸稳增长。泸州外贸进出口总值129.5亿元，全省排名第5位，同比增长44.3%。监管进出口货物99.0万吨、同比增长32.7%，货值78.0亿元、同比下降34.9%；关税和进口环节税入库7.2亿元、同比增长2.1%；接受申报报关单（备案清单）5,568份，其中进口3,115份、出口2,453份。获省市表彰3人，参加总署巡视、审计、税政调研等专项工作23人次。

【党史学习教育】 制定党委班子党史学习计划，开展集中学习、专题研讨38次，开展党史学习教育19次，党委班子成员撰写理论学习中心组学习发言材料17篇。充分发挥学习平台作用，组织广大党员干部扎实开展自学，组织“悦读党史”活动12次。开展“我为群众办实事”实践活动，走访调研企业12次、撰写调研报告5篇。全关干部职工聚焦企业困难，利用线上线下等方式，多渠道收解决企业问题，组织召开关企座谈会，向37家企业宣讲海关政策。

【巡察整改】 4月19日至5月18日，接受成都海关党委第二巡察组巡察。聚焦巡察反馈的问题，召开党委会，研究制定

▲2021 年 8 月 20 日，泸州海关与企业联合开展“关企共建学党史　携手并进开新局”主题党日活动

整改措施，组织召开民主生活会，深入剖析原因，细化整改措施，定期通报整改进度，巡察发现问题全部整改到位，整改措施转入长期坚持。

【新冠肺炎疫情防控】严格落实安全防护监督制度，指定专人负责安全防护监督工作，配备安全防护监督员，规范设置防护装备穿脱区域，加强防护装备脱卸监督，防范一线人员暴露风险。从严执行总署及成都海关、地方政府关于新冠肺炎疫情防控各项要求，坚持“日报告、零报告”制度，落实干部职工体温监测、人员外出报告制度，建立出差出行人员台账，实行台账管理。强化防护物资台账登记管理，做到采购、库存、使用情况明晰清楚、账实相符。

【口岸监管】落实海关监管作业场所日巡查制度，加强视频监控检查。强化口岸监管，严格执行口岸查验指令，监管进出口集装箱 24,350 标箱次。对接泸州市进

▲2021 年 8 月 25 日，泸州海关开展进口冷链食品采样及预防性消毒演练

口冷链食品需求，制定进境肉类指定监管场地防疫等相关工作方案，开展查验人员培训和查验全流程联合演练。8 月 31 日，泸州港首票进口西班牙冻品顺利通关。

▲2021 年 8 月 29 日，泸州海关关员对泸州港首票进口冷链食品进行监管

【检验检疫】强化进口旧机电、医疗器械等重点敏感商品监管，检出进口旧机电不合格 1 批。紧盯重点出口危化品企业，完善辖区出口危化品“一图五清单”资料和配套安全数据单（SDS）、危险公示标签（GHS）等，强化出口危化品及其包装监

管。强化对进口粮食、动物骨粒等高风险货物的查验，对不合格的进境货物按规定实施处理。加强对港口运营、进口粮食仓储单位的监督检查，督促港口运营单位加快完善相关设施。开展实验室仪器设备使用培训和人员交流，提升实验室人员分类鉴定能力。强化进口粮食检验检疫，严防外来有害生物入侵。

【打击出口骗税、虚假贸易】 与国家外汇管理局四川省分局泸州市中心支局签署合作备忘录，增强联合打击出口骗税、虚假贸易等监管合力。依托外贸数据统计分析和风险布控指令，重点关注出口申报不实、出口贸易异常增长等情况，移交缉私部门涉嫌骗取出口退税线索1起。参与泸州“7·15”打击骗取出口退税专案，联合泸州缉私分局参与专案办理，全力助推案件侦办，获得四川省打击虚开骗税违法两年专项行动成绩突出集体荣誉称号。

【优化口岸营商环境】 推广“单一窗口”应用，开通“防疫物资绿色通道”“海关AEO优先办理窗口”等专用窗口，加强口岸通关时间监控，泸州进出口整体通关时间较2017年压缩60%以上。立足泸州港口优势，推广“两步申报”“提前申报”“船边直提”等便利化措施，制定大宗商品快速通关服务举措，提升泸州港辐射范围，支持泸州港利用长江黄金水道高效连接“一带一路”，助力泸州打造长江上游航运贸易中心。联合中国（四川）自由贸易试验区川南临港片区管理委员会、泸州市商务和会展局举办政策培训会，向辖区内40余家企业宣讲《区域全面经济伙伴关系协定》（RCEP）政策。指导企业用好“互联网+海关”平台，提升企业注册备案效率，新增进出口企业备案108家。落实“零费用”口岸政策，协助企业免除口岸费用130余万元。

▲2021年10月13日，泸州海关联合中国（四川）自贸区川南临港片区管理委员会开展RCEP政策宣讲会

【支持综合保税区发展】 支持地方政府加快泸州综合保税区设施设备和信息化系统建设，推动泸州综合保税区于2021年1月28日封关运作。细化入区企业服务措施，为入区企业提供定制化服务方案，推动150万吨进口粮食深加工项目入区发展。支持区内增值税一般纳税人资格试点，支持开展保税维修业务，助力泸州综合保税区实现进出口额40.1亿元。

【支持特色产业发展】 对接白酒出口企业需求，指导企业应对国外技术性贸易措施影响，支持泸州白酒企业开拓博茨瓦纳、西班牙、印度尼西亚等国际市场，助力泸州白酒出口 36 个国家和地区。聚焦泸州特色农产品，对接荔枝出口企业，指导企业完善质量安全管理体系，扩大出口果园面积 480 亩，助力荔枝出口 100 吨，同比增长 1.5 倍。

【政策理论研究】组织开展政策理论研究，参与署级课题 1 个，牵头成都海关关级课题 2 个，开展泸州海关课题研究 8 个。在“海关在总体国家安全观中的历史使命与责任担当”主题征文中，获得优秀 2 篇、入选 1 篇、采用 6 篇；在“庆祝中国共产党成立 100 周年”理论文章征集中，被采用 5 篇；在“为维护国门安全提供高质量科技供给”主题征文中，入选 1 篇。

【政务管理】设立《今日泸关》信息载体，发布本关内部工作动态 212 期，促进机关内部工作信息交流。发挥内部网站平台作用，建立《疫情防控》《媒体看泸关》等专栏 13 个，丰富工作交流渠道。发挥媒体平台作用，海关促进外贸稳增长等工作获海关发布、《中国国门时报》、《四川日报》、四川电视台、《泸州日报》、泸州电视台等媒体报道 200 余次。

【内控建设】严格落实执法领域和非执法领域内部风险日常自控，对标内控工作要求，分析各科室岗位节点指标体系，设立内控岗位，强化数据分析。落实“现场监管与外勤执法权力寻租”专项整治工作要求，紧盯关键节点，对高风险节点、重要业务领域做到每月复核全覆盖。建立岗位、科长、内控多层级风险防控体系，防范税收风险；梳理分析超期未结关、同品名异归类、完税价格监控、稽核查、许可证监管异常等风险，及时通过海关内部控制与监督子系统处置各类风险提示。

【基层党建】坚持以政治建设为统领，推进“强基提质工程”，推动支部标准化、规范化建设。深入开展支部党建工作，扎实开展“四强”党支部建设，进一步发挥基层党组织战斗堡垒作用，监管一科党支部被成都海关直属机关委员会评为“四强”党支部，5 名党员获授“党员先锋岗”。

【党风廉政建设】深入运用监督执纪“四种形态”特别是第一种形态，让咬耳扯袖、红脸出汗成为常态。坚持节假日等重要节点廉政提醒，对纪律要求进行提醒强调，推动全体关员及协管员切实绷紧弦、不碰红线底线。以支部为单位，组织开展警示教育月活动，全体党员参加廉政主题党日活动，各支部组织观看《省直机关部分领导干部严重违纪违法忏悔录》等廉政专题警示片 8 次，增强党员干部廉洁自律意识，做到警钟长鸣。研究“三重一大”事项、召开重要会议时邀请成都海关第五派驻纪检组参会，不断强化纪律约束和外部监督。扎实开展“现场监管与外勤执法权力寻租”专项整治，召开专题会议，及时分析查找制度机制风险和管理漏洞，建立专项整治措施清单台账，并形成长效机制。

（撰稿人：林南煜）

德阳海关

【概况】德阳海关于2012年4月经批准设立，2014年9月25日开关，2020年12月被授予“四川省（最佳）文明单位”称号，是受成都海关直接领导，按授权负责德阳市行政区划范围内海关各类管理工作的执行机构，主要负责党的基层组织建设和干部队伍建设，办理具体海关业务，反馈执法作业结果，功能化类型为属地型。内设办公室、综合业务科、监管科、稽查科4个科室。截至2021年年底，共有在编人员29人，其中处级领导干部2人、科级领导干部9人。设党总支1个、党支部4个，共有中共党员22名。

2021年，德阳海关以习近平新时代中国特色社会主义思想为指导，深入推进政治建关、改革强关、依法把关、科技兴关、从严治关，统筹推进新冠肺炎疫情防控和促进外贸稳增长。全年接受进出口报关单申报8,096份；监管进出口货物77.4万吨，同比增长10.4%；货值46.7亿元，同比增长86.4%；关税和进口环节税入库2.4亿元，同比增长13.7%；检验检疫进出口产品3,170批，审核并出具检验检疫证书1,168份。德阳实现外贸进出口总值143.7亿元，同比增长23.3%，其中出口113.6亿元，同比增长37.8%；进口30.1亿元，同比下降11.8%，外贸进出口总值居全省第四位。

【党史学习教育】开展党委理论学习中心组学习15次，集中研讨6次，专题读书班4期，开展线上线下答题13次，组织党员讲党课11次，组织参观黄继光纪念馆、唱红歌等特色主题党日活动4次，邀请专家讲课2次，增强学习感悟；组建青年理论学习小组，定期开展理论研究活动，形成理论文章6篇，多篇研究成果获评成都海关学会优秀论文，促进学用结合。深入开展“我为群众办实事”实践活动，组织专题调研18次，开展座谈31次，建立《德阳海关“我为群众办实事”实践活动重点民生项目清单》工作台账，针对13项重点项目细化22项具体措施，印发《德阳海关重点企业服务联络工作机制》，选派业务骨干进企业开展政策指导80余次，为企业解决海外货物滞港、原产地证异地签证难等困难15个。

▲2021 年 9 月 28 日，德阳海关组织党员干部到绵竹汉旺地震遗址开展党史学习教育现场教学

【新冠肺炎疫情防控】利用微信工作群推送防护手册、疫情防控明白卡、口罩使用指南等，引导职工做好个人防护。严格出差出行管理，及时开展疫情风险排查，做好干部职工健康监测，落实“日平安”报告制度。严格执行防疫物资采购管理规定，规范防疫物资储存仓库，督促各科室均建立物资消耗台账，严格控制物资消耗。

【检验检疫】加大重点敏感商品监管力度，完成进出口饲料风险监测 2 批，进出口危险化学品危险特性验证 11 批，出口危险货物包装周期检验符合性验证 13 批。签发出口出口鱼油、氢氧化锂等 2 票不合格通知单，查处 1 批未经目的地查验就擅自使用的进口粗甘油，并将相关违法线索移交后续处置。开展进出口商品现场查验 372 批，抽样检验 296 批，检出不合格产品 5 批，不予出境处理 2 批，全年未发生出口产品境外官方通报情况。

严格落实进境动植物产品检疫，开展出口猪肉制品非洲猪瘟专项安全风险监测工作，抽样送检 25 批次。制定《德阳海关 2021 年国门生物安全监测调查计划》，设置杂草监测点 3 个，开展杂草本底调查和外来杂草疫情监测，所有监测点均未发现检疫性杂草。开展进口粮食专项整治行动，对 9 家进境粮食储备库和进境粮食加工企业实施专项督查，查发并监督整改一般性问题 30 余个。办理进口粮食初审联系单 64 单、42.4 万吨，出库联系单 4 批次、7 万吨。联合发展改革、农业农村、市场监管等部门对 2 家进口粮食加工储存企业开展联合督查，督促企业落实安全风险和疫情防控措施。

▲2021 年 1 月 11 日，德阳海关关员对出口冻干猪肉制品开展查验抽检

【企业管理和稽核查】开展 AEO 认证培育工作，新增 AEO 认证企业 2 家，其中高级认证企业 1 家。开展稽查作业 6 起，并追征税款。引导企业开展自律式监管，

指导3家企业参与核查领域“采信第三方出具报告制度”改革试点，1家企业参与“企业自查结果认可模式”改革试点。

【打击走私】开展“国门利剑2021”联合专项行动，针对固体废物、大豆、猪肉、水产品等重点敏感商品走私风险，组织开展进出口统计分析、监测预警。根据德阳关区实际，重点针对货运渠道，严查酒类、烟类、粮食、冻品等重点涉税商品伪瞒报及夹藏走私行为。严厉打击跨境电商渠道商品等重点涉税商品走私，加强对跨境电商渠道和行业性偷逃税走私风险分析监控。参与德阳市打击走私冻品专项行动以及市级有关部门对冷链食品的专项督查行动。

【优化口岸营商环境】推广“提前申报”“两步申报”通关模式，持续巩固压缩整体通关时间成效，“两步申报”应用率77.2%，进、出口整体通关时间为43.97小时、1.26小时，较2017年分别压缩71.38%、88.52%。参与成都海关首批区外加工贸易集中审核作业试点，指导辖区企业在天府新区海关备案加工贸易手册14本。扩大出口原产地证书“智能审单”和“自助打印”适用范围，可自助打印原产地证书增加至17种；试点推行原产地证书“预约+快递”签证模式，为成都关区首个推行该模式的隶属海关，全年实施“快递签”900余份。助推德阳市在四川省营商环境跨境贸易指标评价中获得优秀等级。

优化减免税备案，减免税担保办理时限由7个工作日缩短为5个工作日。做好“十三五”与“十四五”过渡期间科技创新进口税收优惠政策衔接工作，办理减免税担保297批次，同比增长5.1倍。签发各类原产地证书3,543份，签证金额2.47亿美元，帮助企业享受进口国关税减让约1,235万美元。

加强贸易统计和政策研究，关注德阳外贸情况，加大对德阳进出口重点商品、重点企业的跟踪分析力度，形成监测预警分析信息文章17篇，向德阳市政府及相关部门报送统计分析报告和约稿信息等30余篇次。

▲2021年7月20日，德阳海关关员通过“预约+快递签”模式为企业寄出原产地证

【服务特色产业发展】支持国际先进核电站华龙1号核岛主泵项目，为200余批次、价值1.6亿元的进出口核电项目设备提供便利通关，助力华龙1号核电站完成主泵2个机组装配生产任务。帮扶辖区相关企业加入成都海关飞机船舶行业保税加工监管模式试点，解决企业因国外新冠

肺炎疫情造成的加工贸易手册延期和资金周转困难，免除手册担保金400余万元。帮助鱼油行业应对国外技术性贸易措施影响，组织线上线下企业调研20余家次，翻译核对新旧输英水产品健康证书条款差异30余处，签发新版输英水产品健康证书27份，助力辖区鱼油出口3亿元，同比增长37.7%。支持特色产品发展，助推中江挂面、“凉糕”、早茶等5种特色产品首次出口，推动绵竹年画首次通过跨境电商出口。

▲2021年8月23日，德阳海关关员对进口机电设备开展查验

【基层党建】全面落实新时代党的建设总要求，持续推进“强基提质工程”，通过“强思想、强党员、强支部、强服务”推动基层党建工作。打造德阳海关“微党课”，搭建理论淬炼平台，党员讲党课14次。通过每月形势分析及工作督查例会听取各支部党建工作汇报，形成“书记抓、抓书记”党建格局，1名党支部书记获评成都海关“先进党务工作者”。持续推进支部党建品牌建设，监管科党支部获评成都海关“四强”党支部、“四川省直机关先进党组织”，“追光者”支部品牌获评成都海关基层党建培育品牌。综合业务科党支部、监管科党支部分别与攀枝花海关综合党支部开展支部共建，共办主题党日活动。发挥党员先锋模范作用，4名党员获评“党员先锋岗”，2名党员分别获评“德阳市最美退役军人”和“抗疫先进个人”。

【党风廉政建设】修订贯彻落实“三重一大”决策制度实施办法，加强领导干部监督。压紧压实全面从严治党主体责任，定期研究部署相关工作，与派驻纪检组建立联系机制，主动接受监督指导。开展“现场监管与外勤执法权力寻租”专项整治，畅通信访渠道，召开特约监督员座谈会，向辖区181家重点企业发送专项整治公示信息。开展纪法教育、警示教育，组织撰写心得体会24篇，组织39人次参与纪法测试。全面自查2019年以来外出执法情况，查阅资料537份，开展现场监管与外勤执法现场监督11次。加强重大节日廉政提醒，坚决杜绝酒驾醉驾，密切关注干部8小时外情况，每月研究分析干部思想动态。

（撰稿人：杨天刚　吴绍军　陈燕妮　赵超越　胡宵悦）

广元海关

【概况】广元海关于2018年12月经批准设立，2019年1月24日正式揭牌，是受成都海关直接领导，按授权负责广元市行政区划范围内海关各类管理工作的执行机构，主要负责党的基层组织建设和干部队伍建设，办理具体海关业务，反馈执法作业结果，功能化为属地型。内设办公室、综合业务科、稽查科3个科室，截至2021年年底，在编11人（处科长5人，科以下干部4人，工勤人员2人），其中中共党员8人。

2021年，广元海关始终坚持以习近平新时代中国特色社会主义思想为指导，深入学习贯彻习近平总书记重要讲话和重要指示批示精神，深入学习贯彻党的十九大及十九届历次全会精神，统筹推进新冠肺炎疫情防控和促进外贸稳增长，探索形成与广元外贸发展相适应的监管服务举措。广元市实现外贸进出口总值10.1亿元，同比增长2.8倍，其中出口9.6亿元，同比增长2.9倍；进口4,476万元，同比增长1.2倍。关税和进口环节税入库71,263元。监管进出口货物330吨、同比增长1.7倍，货值1,417万元、同比下降73.5%。其中出口329吨、同比增长1.7倍，货值1,365万元、同比下降74.4%。监管出境集装箱17标箱次，接受申报报关单23份，其中进口2份，出口21份。

【党史学习教育】成立广元海关党史学习教育领导小组，细化工作方案，按照学习教育时间节点，完成“四个专题”学习研讨。组织开展党委理论学习中心组学习8次，开展专题学习7次，举办专题读书班1期，组织青年理论学习小组集中学习5次，开展“学党史 颂党恩”等主题党日活动6次，党委班子成员讲党课4次。组织党员干部利用网络学习平台参与线上党史学习。依托广元红色资源，组织党员干部参观初心广场、红军渡等红色教育基地，开展“心中最亮的广元红”革命史实故事接力活动，引导党员干部牢记初心使命。开展“我为群众办实事”实践活动，收集辖区企业意见、建议，确定“我为群众办实事”项目10个。开展“一对一”帮扶，指导辖区1家企业获得进口粮食加工指定企业备案，2家进口粮食加工指定企业完成扩项换证。组建志愿服务队1支，开展垃圾分类、规划停车位、优化小区绿化等志愿服务3次。

组织全体关员收看收听党的十九届六中全会报道，通过党委会、党委理论学习中心组（扩大）学习会、形势分析及工作督查例会等多种方开展集中学习，引导全关党员干部积极响应党的号召，牢记初心使命，坚定理想信念，不断增强政治自觉、思想自觉和行动自觉。

▲2021年6月3日，广元海关开展“颂歌献给党”活动

【巡察整改】2020年10月26日至11月13日，接受成都海关党委第二巡察组巡察。为确保巡察整改有序推进，成立广元海关巡察整改工作领导小组，制定《广元海关党委对成都海关党委第二巡察组巡察反馈意见的整改方案》，对照巡察反馈意见指出的4个方面15个问题，细化整改措施39项，逐条明确责任领导、主办科室和完成时限。并在此基础上形成《任务分解表》，实行清单销账管理，整改一项销账一项。

【新冠肺炎疫情防控】通过党委会、形势分析及工作督查例会、专题工作会等形式学习部署强调防控防护工作，严格实施办公区域门禁管理，对来访人员实行实名身份证登记、验核场所码、行程卡、佩戴一次性口罩、测量体温等措施。严格落实应急预案拟定，加强实战演练，常态化开展专业培训，做好应急准备。严格落实成都海关及广元市新冠疫情防控指挥部相关要求，成立冷链督查专班和进口高风险非冷链货物疫情防控领导小组，牵头每月对苍溪县开展进口冷链食品和高风险非冷链货物新冠疫情防控督查。强化对外对内监督员职责，坚持一线关员严格按规定进行核酸检测并做好台账。

【检验检疫】严格落实进出口商品属地查检要求，督促企业认真履行出口食品安全主体责任，及时消除出口食品安全隐患，保障进出口食品安全。检验检疫进出口产品139批，货值6,317万元；实施进出口现场查验7批，抽样检验1批，检出不合格产品1批。

制定《广元海关2021年国门生物安全监测计划》，对出口水果果园、基地布置监测地3个，检疫性实蝇监测点9个，杂草监测点2个，未发现检疫性实蝇。开展“国门绿盾2021”行动，加强风险研判和科学布控，建立畅通高效信息渠道，及时响应处置重大风险，严厉打击非法引进外来物种和种子苗木。

▲2021 年 6 月 21 日，广元海关关员到企业开展宣传进出口食品相关法律法规和标准

【原产地管理】开展原产地业务“线上＋线下”宣传培训，加强原产地签证业务效果跟踪，根据不同协定项下的降税清单范围、税率优惠幅度等，指导企业制订最优享惠方案，签发各类原产地证书 16 份，签证金额 94.9 万美元，帮助企业享受进口国关税减让约 4.8 万美元。

▲2021 年 12 月 27 日，广元海关对辖区有进出口实绩的企业开展 RCEP 培训

【企业管理和稽核查】组织、参加关地各类外贸业务培训，及时收集听取企业反馈意见建议，协调解决企业面临实际困难，截至 2021 年年底，广元市共有注册报关单位 264 家，2021 年新增 41 家。其中一般信用企业 263 家，失信企业 1 家；备案出口食品生产企业 23 家（含对外注册企业 2 家）。落实“双随机、一公开”要求，坚持双人执法，落实行政执法要素全过程记录要求，完成专项稽查任务 1 家，常规稽查 1 家，1 家有效。共完成“多查合一”作业 34 次，其中核查 15 次，定期管理作业 19 家，随机选人占比 100%，按时办结率 100%。

【助力乡村振兴】会同广元市白龙湖风景名胜区管理局、青川县白龙湖保护与发展中心成立驻村帮扶工作队，共同支持青川县沙州镇白水关社区推进乡村振兴。制定年度帮扶规划，争取乡村振兴项目资金，协助社区“两委”完成党建文化阵地建设方案申报，与沙州镇项目办共同推进社区雨污分流项目，推进社区油橄榄产业园区提灌改造，组织举办油橄榄采摘节，多渠道组织落实以购代扶任务，稳步推进重点项目完成。开展全覆盖脱贫户入户走访，详细了解脱贫户务工务农情况，算好收入账，2021 年社区脱贫户人均年收入超过国家标准线。

【基层党建】坚持“三会一课”、组织生活会，督促领导干部发挥表率作用，自觉接受党组织和党员监督。开展主题党日活动 12 次，利用钉钉平台、学习强国等积极组织参与线上学习，关领导讲党课 4 次。

▲2021年7月9日，广元海关关员在乡村振兴帮扶社区（白水关社区）调研油橄榄集体产业园区果树长势和病虫害防治工作

【党风廉政建设】制定年度党风廉政建设计划，完善党风廉政工作研判机制，成立广元海关风险防控领导小组，推进风险防控管理工作，完善预防腐败责任体系。明确职能职责、岗位风险、防范措施，常态化抓好干部职工教育引导，压实外出执法审批、提醒教育、监督管理责任，防范化解廉政风险，推动廉洁型政治机关建设。召开党风廉政建设工作会议3次，党委书记与党委委员及科室负责人进行廉政谈话2次，层层签订党风廉政建设责任书。紧盯巡察反馈问题、党风廉政建设分析查找问题，明确完成时限，压实工作责任，逐项整改落实到位，39条整改措施转为长期坚持。开展“现场监管与外勤执法权力寻租”专项整治，制定《广元海关“现场监管与外勤执法权力寻租”专项整治工作实施方案》《广元海关“现场监管与外勤执法权力寻租”专项自查工作实施方案》，成立专项整治工作领导小组，深化纪法教育、警示教育，多渠道收集意见建议，全面开展风险自查，防范化解廉政风险。

（撰稿人：孙　勇　陈　潇　侯壬洁）

遂宁海关

【概况】遂宁海关于2012年经批准设立，2014年6月正式开关，是受成都海关直接领导，按授权负责遂宁市行政区划范围内海关各类管理工作的执行机构，主要负责党的基层组织建设和干部队伍建设，办理具体海关业务，反馈执法作业结果，功能化类型为属地型。内设办公室、综合业务科、监管科、稽查科4个科室，截至2021年年底，共有在编人员20人。设党支部1个，中共党员16名。

2021年，遂宁海关坚持以习近平新时代中国特色社会主义思想为指导，认真贯彻落实习近平总书记重要讲话和重要指示批示精神，落实落细总署党委及成都海关党委工作要求，统筹推进新冠肺炎疫情防控和促进外贸稳增长工作，研究制定年度工作方案，明确11项重点任务，细化落实43条工作措施，逐项抓好推动落实。结合党史学习教育，办好“3+X”为民实事。主动争取地方文明办支持，被纳入遂宁首批城乡文明结对共建试点，与结对村开展7项共建活动，深化文明创建，助推乡村振兴。2021年，累计监管进出口货物6,938吨，同比增长35.2%；货值11.8亿元，同比下降21.6%。接受进出口报关单申报1,960份，同比减少18.4%。关税和进口环节税入库3,897万元，同比增长19.6%。遂宁市外贸进出口总值49.4亿元，同比增长33.9%。

【落实“第一议题”制度】坚持把学习贯彻习近平总书记重要指示批示精神作为形势分析及工作督查例会“第一议题”，强化学习领会、跟踪推动、贯彻落实、督查问效。继续用好自办在线学习载体，制发《学习路上》163期。开展“国门利剑2021”联合专项行动，开展部门间协调会商10次、联合执法4次，严厉打击象牙等濒危动植物及其制品、“洋垃圾”、冻品等走私。在加强业务数据安全管理的基础上做好统计分析，报送统计分析文章12篇。严格落实意识形态工作责任制，联合党委第七派驻纪检组开展专题研究2次，常态抓好14项工作措施落实。

【党史学习教育】明确三个阶段重点学习任务，配发学习资料60余册、参考学习资料80余册，党委带头开展集中学习

10次，提出学习贯彻措施34条。开展现场教学2次，举办党课辅导3次、“悦读党史”活动6期。开展“党史书籍我点赞”荐书活动，党员互荐学习书籍28册。推动“百年党史天天学”，推送《党史今日》334期。坚持学习成效定期测，开展线上测试20期。开展“我为群众办实事”实践活动，从推动产业发展层面，确定服务电子信息产业转型升级、助力“锂业之都”建设、促进罐头扩大出口3件实事，开展入企调研52次，收集意见建议60条，确定并办结“3＋17”件实事，收到企业感谢信1封。加强党史学习教育工作总结梳理，1个典型案例入选总署政工办《支部书记“百问百答”》。

▲2021年5月12日，遂宁海关党支部开展悦读党史活动

【新冠肺炎疫情防控】落实省、市应对新冠肺炎疫情应急指挥部工作要求，履行疫情防控等6个工作组职责，开展协调会商14次，组建专家组参与疫情防控应急处置2次，参与打击非法冻品联合行动2次。采取“门岗＋科室”双测温、双验码，加强人员健康监测，严格出差出行管理，落实“日平安”报告制度。组织开展核酸检测“应检尽检”“愿检尽检”，有序推进新冠病毒疫苗接种。采取“提前预约＋风险排查＋现场核验”，加强来访人员管理。调整办公区门岗管理模式，将健康监测点位前移，设置单一进出通道，实现封闭管理。向办公区其他单位通报疫情防控要求，提请落实“四方责任”，共同防控疫情。加强办事大厅疫情防控，向责任单位制发提示函，督促配合落实疫情防控措施。完善防疫物资入、出库管理台账，将物资采购、管理、配发环节分离，实行全流程管理。建立盘点制度，每周清点、每月盘库，做到储备合理、配发有序、账实相符。

【检验检疫】加强出口产品检验检疫监管，检验检疫出口产品483批、货值6,111.68万美元，同比分别增长9.8%、0.7%，产品主要为动植物产品、食品、化工品等，其中出口危险品159批、4,918.73万美元，同比分别下降11.7%、2.4%，检出不合格4批，1,163.3吨。实施危险货物包装使用鉴定178批、48,637件，同比分别减少4.8%、48.0%，出口危险货物包装性能检验不合格6批。加强进口产品检验监管，检验进口产品17批、货值949.5万美元，同比分别下降10.5%、21.5%。其中进口机电产品16批、同比增长14.3%，货值887.6万美元、同比下降

26.0%；进口棉花1批、货值61.9万美元。

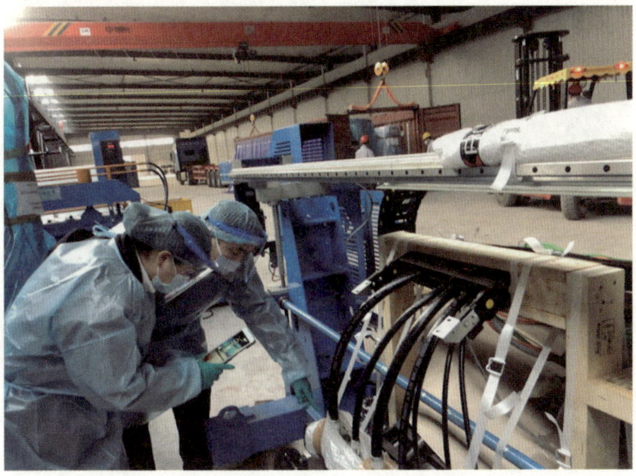

▲2021年11月8日，遂宁海关关员对进口设备开展目的地检验

制定《遂宁海关2021年度国门生物安全监测方案》，设置4个实蝇监测点，定期开展辖区内检疫性实蝇监测，未捕获禁止传入的检疫性实蝇，未发现柑桔大实蝇等检疫性实蝇。设置杂草监测点，开展外来杂草监测调查，未发现外来杂草入侵迹象。严格非洲猪瘟疫情防控，抽样送检128个报检批、231个规格型号出口猪肉罐头及原料肉，其中猪肉罐头111个批次，原料肉17个批次。

【企业管理和稽核查】落实“证照分离”改革项目具体措施，深化“报关企业注册登记备案”和“出口食品生产企业备案”等审批改备案改革，走访重点项目、重点企业，开展进出口法律法规宣贯和海关业务宣讲，完成通用资质备案41家、特定资质备案3家，截至2021年年底，进出口注册登记企业358家。加强外贸企业信用管理，到企业宣讲海关信用政策60余次，线上对60余家企业开展信用政策宣讲2次，推进海关信用管理改革落地。参加遂宁市第九批企业红名单考核，向遂宁市信联办报送行政处罚信息1条。强化风险排查和数据分析，办结稽查作业8起，移交缉私部门1起，稽查有效率50%。办结核查作业28起，按时办结率100%。

▲2021年11月19日，遂宁海关关员在出口食品原料备案种植场开展核查作业

【综合治税】坚持依法征管、科学征管，推进自报自缴、属地纳税人管理改革，提升税收征管效能。主动对接辖区重大项目，对有进口需求的企业，针对性宣讲国家税收优惠政策，做好业务指导。

【打击走私】根据《海关总署关于开展打击走私“国门利剑2021”行动的通知》及《成都海关打击走私“国门利剑2021”行动实施方案》，制定《联系配合方案》，建立联席会议制度，密切与地方市场监管等11个部门协作，构建“信息资源共享、线索移交反馈、联合执法办案”工作机制，提升反走私监管合力。以单证审核、实货查验、稽核查作业为主要手段，加大监管现场排查力度。开展部门间联合执法4次，协助市场监管部门鉴别报关单3份。与税务、公安等部门联合举办“遂宁市打击涉税领域违法犯罪业务培训”1期，与人民银行外汇管理局共享企业服务贸易涉外支出信息，共同排查企业涉税违法犯罪风险。

【优化口岸营商环境】 推广“两步申报”“提前申报”通关模式，应用率分别为27.65%、85.3%。持续巩固压缩整体通关时间成效，进、出口整体通关时间为7.35小时、0.61小时，较2017年分别压缩82.21%、92.27%。实施原产地助力优进优出行动，帮助进口企业享受原产地证书减免关税114万元，帮助出口企业享受进口国关税减让640万元。

【支持特色产业发展】 实施区外加工贸易集约化审核，支持电子信息产业发展，新设立加工贸易手册11本，备案货值15.6亿元，全年机电产品进出口达到32.2亿元、同比增长8.4%。根据企业出口计划制定监管计划，监管出口锂电材料产品货值3.1亿元。帮助食品企业妥善应对国外禁限措施，推动特色食品农产品出口，监管出口罐头7,037.3万元，推动26.1吨柠檬、62.3吨水稻种出口。

【基层党建】 深化支部党建品牌建设，总结提炼“五心”“方向”党建工作法，“五心”党建品牌通过全国海关基层党建培育品牌复审，被授予成都海关基层党建

▲2021年3月26日，遂宁海关关员对申报出口的猪肉罐头开展抽样

示范品牌。巩固“四强”党支部创建成果，落实“三会一课”和主题党日等制度，多形式抓好党员日常教育管理，党支部被成都海关直属机关党委评为“成都海关先进基层党组织”，1名同志被评为“成都海关优秀党务工作者”。与后勤管理中心党支部、2个联系帮扶村党支部开展结对共建，联合开展主题党日活动3期，举办“坝坝党课”4场。

【党风廉政建设】 坚持纪律规矩逢会必讲、逢事必谈，将严的主基调落到日常经常。严格落实《海关工作人员外出执法廉政监督办法》要求，规范外出执法审批程序，严格外出执法审批把关，定期开展廉政回访。严格公务用车、差旅费报销等管理，不定期检查公务用车使用台账、差旅费报销手续，主动接受派驻纪检组、行风政风特约监督员、工作对象监督。扎实开展“现场监管与外勤执法权力寻租”专项整治，深化纪法教育和警示教育，常态

组织学习《中国共产党问责条例》等党纪法规和典型案例通报，深化“以身边事教育身边人”工作，开展以案说法专题讨论，组织撰写心得体会；通过个人自查、科室审核、集中研究，全面排查廉政风险，制定防控措施13条，切实防范廉政风险；主动走访纪检监察、市场监管等部门，通报专项整治工作情况，听取意见建议。

（撰稿人：张　毅　郭　毅）

内江海关

【概况】内江海关于2014年10月11日经批准设立，2019年2月28日正式开关，受成都海关直接领导，负责内江市、资阳市（简阳市除外）行政区划范围内海关各类管理工作，主要负责党的基层组织建设和干部队伍建设，办理具体海关业务，反馈执法作业结果，功能化类型为属地型。内设办公室、综合业务科、监管科、稽查科4个科室。截至2021年年底，共有干部职工25人（行政编制23人、占编工人2人）。设党总支1个、党支部4个，中共党员26人（含退休职工党员6人、预备党员1人）。

2021年，内江海关坚持以习近平新时代中国特色社会主义思想为指导，强化监管优化服务，统筹推进新冠肺炎疫情防控和促进外贸稳增长，着力推动辖区外贸高质量发展。监管进出口货物3,349.0吨，同比增长65.5%；货值14.6亿元，同比增长63.8%。接受报关单申报1,065份，同比增长27.1%。关税和进口环节税入库1.5亿元，签发办理原产地证555份，涉及金额2.5亿元。内江市、资阳市货物贸易进出口值分别为29.7亿元、27.4亿元，同比分别增长49.5%、45.1%，增速分别排名全省第9、第10。

年内，内江海关获评内江市2020年抗疫先进集体和内江市2020年食品安全先进集体，15人次获评内江市2020年产业项目提升年工作先进个人等表彰奖励。

【党史学习教育】推送《党史上的今天》187期，组织全体党员开展集中学习15次，开展主题党日活动12次，开展党委理论学习中心组专题学习10次，组织全体党员到江姐故居、毛主席视察隆昌气矿纪念馆等地开展现场教学，党委班子成员讲党课5次。开展党史知识测试，举办“颂歌献给党”等活动，承办成都海关关区第二参赛组党史知识选拔赛，组织集体收看庆祝中国共产党成立100周年大会直播。确定“我为群众办实事”实践活动项目16个，梳理重点民生项目12项，解决企业问题9个。

【新冠肺炎疫情防控】召开疫情防控工作指挥部会议22次，制定疫情防控应急预案、后勤保障责任清单、疫情防控物资

▲2021 年 4 月 14 日，内江海关党总支组织党员到四川石油会战史馆开展现场教学

▲2021 年 6 月 8 日，内江海关关员开展实蝇监测

管理办法等。派员参与口岸一线疫情防控工作 11 人次，1 人获集体三等功表彰，7 人次受到个人嘉奖，9 人次被通报表扬，内江海关被内江市委市政府评为“内江市疫情防控先进集体”。严格出差出行审批，持续做好疫情风险排查，每日监测干部职工及家属健康情况，严格落实“日平安”报告制度。

【动植物检疫】开展非洲猪瘟防控，对辖区出口猪鬃等生产企业开展排查，督促企业严格落实主体责任，严格做好防疫消毒工作，严防非洲猪瘟疫情传播。开展外来有害生物监测，设置实蝇监测点 34 个，杂草监测点 12 个，未发现检疫性实蝇和外来有害杂草。开展进口粮食后续监管，完成粮食安全省长责任制考核，督促进境粮食储备、加工企业完善安全风险和疫情防控相关制度，完善与内江、资阳两市发展和改革委员会、农业农村部门联防联控机制。

【商品检验】综合运用风险评估、预警、退运调查、通报调查等管理手段，加强进出口产品质量安全管理。检出进口不合格商品 2 批次，1 批因未取得我国特种设备生产许可，不符合我国安全技术规范要求，依法依规进行销毁处理；1 批因工作表面锈蚀，不能使用，依法依规实施退运处理。开展进出口危险化学品和包装风险验证工作，抽取出口包装 6 批，检验结果均为合格。

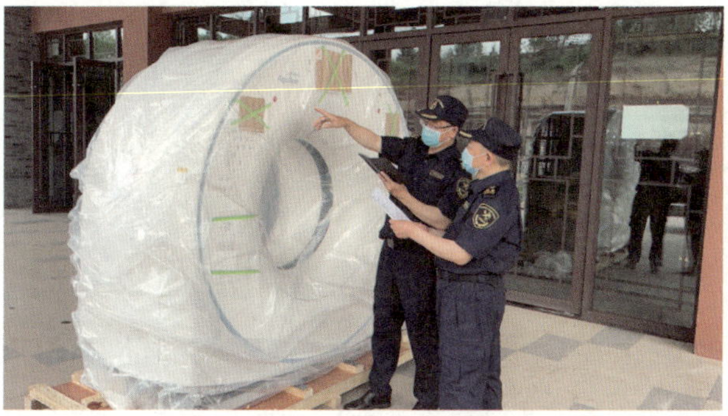

▲2021 年 5 月 18 日，内江海关关员对进口 CT 设备开展现场查验

【打击走私】3 月 18 日，内江市打击走私工作座谈会在内江海关召开，通报

2020 年内江市打击走私工作情况，安排 2021 年工作。会上，内江海关、泸州海关缉私分局，内江市公安局、生态环境局、烟草专卖局、邮政管理局、税务局、市场监督管理局共同签署《打击走私工作合作协议》，建立工作联系、办案协作、业务培训和对外宣传协作等机制，加强信息交换和协作配合。

▲2021 年 3 月 18 日，内江海关与内江市有关部门签署打击走私合作协议

【优化口岸营商环境】与内江市商务局联合出台《优化营商环境　支持内江外贸发展的十四条措施》，从持续推进企业注册便利化、持续压缩整体通关时间等 6 个方面，明确 14 条具体措施，助力内江外贸高质量发展。落实“放管服”改革部署，开展涉企经营许可事项“证照分离”改革全覆盖试点。推广应用“提前申报”“两步申报”通关模式，进、出口“提前申报”应用率分别为 27.3%、46.9%，“两步申报”应用率为 25.1%。建立未放行报关单逐日监控机制，分析超长时间结关原因，及时处理通关异常，进、出口整体通关时间为 35.72 小时、0.08 小时。

【支持开放平台建设】支持内江保税物流中心（B 型）申建，成立工作专班，协调成都海关相关处室对可行性研究报告、信息化建设、申报材料等开展初审。支持保税仓建设，11 月 7 日，内江新区蓉欧公用型保税仓库正式启用，首批保税货物顺利入仓。

【支持特色产业发展】开展水果果园注册咨询指导，完成 4 家果园、3 家水果包装厂出口注册考核，推荐 5 家安岳柠檬出口包装厂和 7 家安岳柠檬出口注册果园向俄罗斯注册。优化出口动植物产品企业注册登记程序，推进企业网上注册审批工作，采取产品申报即检即放、检疫证书即检即出模式，助推茶树精油出口马来西亚，推动汤圆等冷冻食品出口葡萄牙，上述产品均为内江海关关区首次出口。建立口腔产业重点进口商品数据库，叠加“提前申报”、“7 × 24 小时”预约通关措施，通过“采信企业自主申明 + 主管部门出具函告”方式实施检验监管，支持资阳口腔产业发展。

【基层党建】推动支部规范化建设，根据《全面从严治党重点工作提示单》，有针对性确定“三会一课”主题，落实专人认真做好“智慧党建”管理维护工作，实现基层党支部的规范化管理。开展“四强”党支部创建工作，制订《内江海关“四强”党支部创建工作方案》，并对照方案逐一检查差距，补齐基层党建工作短板，提升基层党建工作质量，推动支部从“四个到位”向“四强”转变。加强组织建设和党员培养工作，新发展党员 1 名。

【党风廉政建设】 建立完善《内江海关贯彻落实“三重一大”决策制度实施办法》《内江海关党委议事清单》等制度，保障各项工作“制度化、规范化、标准化”。坚持党风廉政建设例会制度，开展政治生态和廉政风险规律、特点分析，实时掌握重要岗位、敏感环节、重点人员和风险隐患情况。开展“以案为鉴”警示教育 8 次，用身边事教育身边人，引导关员知敬畏、存戒惧、守底线。强化“四种形态”特别是“第一种形态”运用，加强日常管理监督。在元旦、春节等节假日前，均组织召开干部职工大会，学习纪律规定。与海关特约监督员保持密切联系，收集关于加强党风廉政建设等方面意见建议 2 条，多渠道了解关员廉洁自律情况。

扎实开展“现场监管与外勤执法权力寻租”专项整治，成立专项整治工作领导小组，召开专项整治工作领导小组会议 4 次、专项整治工作推进会 11 次。开展专项整治工作应知应会知识学习 5 次，关员结合自身岗位职责撰写心得体会 16 份。全面梳理岗位职责及岗位人员名单，结合内控节点体系建设，汇总形成廉政风险清单，逐项制定整改措施，严格风险岗位监督管理，防范化解廉政风险。

（撰稿人：匡　俊）

乐山海关

【概况】乐山海关于1996年10月18日经批准设立，是成都海关设立的第一个隶属海关，是受成都海关直接领导，按授权负责乐山市、眉山市、雅安市、甘孜藏族自治州行政区划范围内海关各类管理工作的执行机构，主要负责党的基层组织建设和干部队伍建设，办理具体海关业务，反馈执法作业结果，功能化类型为属地型。内设办公室、综合业务一科、综合业务二科、监管科、稽查科5个科室。截至2021年年底，共有在编人员34人（行政编制31人、工勤人员3人）。设党总支1个、党支部5个，共有中共党员30名。

2021年，乐山海关坚持以习近平新时代中国特色社会主义思想为指导，深入学习贯彻习近平总书记重要讲话和重要指示批示精神，认真落实总署党委及成都海关党委工作部署，强化监管优化服务，统筹推进口岸疫情防控和促进外贸稳增长。全年监管进出口货物6万吨，同比增长12.1%；货值44.3亿元，同比增长61.4%。其中进口0.2万吨，同比增长25.7%，货值23.2亿元，同比增长50.4%；出口5.8万吨，同比增长11.6%，货值21.1亿元，同比增长75.6%。接受进出口报关单申报10,512份，同比增长59.4%。关税和进口环节税入库2.2亿元，同比增长51.2%。全面推动“三市一州”开放型经济发展，2021年辖区进出口总值达186.7亿元，同比增长92.8%，其中出口143亿元，同比增长117.3%；进口43.7亿元，同比增长39.2%。

【党史学习教育】坚持以学为脉、以践为本，成立党史学习教育领导小组，结合实际，制定党史学习教育工作方案，确保高质量高标准推进党史学习教育。推动线上、线下理论学习，开展党委会会前学习、党委理论学习中心组专题学习、党委理论学习中心组（扩大）会学习、邀请地方理论专家授课等多种形式开展线下学习，通过集中学习和交流研讨，引导广大党员干部深入学习党史、新中国史、改革开放史、社会主义发展史，深刻学习领会习近平总书记在庆祝中国共产党成立100周年大会上的重要讲话精神，通过微信、钉钉平台线上推送优秀党课和优秀党建个例汇编，采取趣味问答、个别摘抄、金句诵读等形式巩固个人学习成果。组织学习赵一曼、杨开慧等女英雄的光辉事迹，与社区、定点帮扶村共同开展“妇女能顶半边天”主题共建活动，同唱《天之大》《巾帼心向党，建功新时代》等经典歌曲。

扎实开展“我为群众办实事”实践活动，结合巩固“不忘初心、牢记使命”主题教育成果，广泛开展“我为群众办实事”实践活动。由关党委委员带头调研，成立专题小组，对问题研讨提出可行性方案，建立“一对一”机制，开展调研 16 次，列出项目清单 3 项，切实帮助解决企业遇到的实际困难。深化关怀帮扶，走访慰问生活困难党员 2 户，引导党员干部参与志愿服务 20 余次，关党委看望慰问定点帮扶村患癌特困户，协调市中医院、医保局等部门支持贫困户看病就医，并协调解决子女入学问题。

▲2021 年 10 月 20 日，乐山海关党总支组织党员干部到金口河区铁道兵博物馆开展党史学习教育

【动植物检疫】派员进驻眉山生猪养殖企业，全程检疫监管 1,030 头英国进境种猪，首次检出戊肝病毒抗体阳性，捕杀 9 头病猪。开展检疫性实蝇、松材线虫等国门生物安全监测，严格执行风险监测计划，抽取监测样品 9 个，建立外来有害生物监测点 13 个。

▲2021 年 4 月 28 日，乐山海关关员在进境种猪隔离检疫场对进境英国种猪开展目的地现场查验

【商品检验】梳理掌握辖区 14 家出口危化品企业基本情况，完善危险化学品合格评定方式，规范一线人员监管作业流程，完成进出口工业品现场检验 1,080 批次，与去年同期持平，其中现场检验危险化学品 637 批次，货值 6.9 亿元，检出不合格 4 批次，出具危险货物包装使用鉴定 533 批次，实施危险货物包装性能检验 52 批次。

【企业管理和稽核查】新增备案企业 142 家，同比增长 12.26%。加强企业信用管理，支持辖区内企业开展海关信用认证，动态调整企业信用等级 1 家。办结核查 56 起，开展联合执法 1 起，开展不合格

▲2021 年 4 月 29 日，乐山海关关员对出口危化品开展查验

食品境外通报调查 4 起。

【优化口岸营商环境】深化“放管服”改革，推广“两步申报”通关模式，持续巩固压缩整体通关时间成效，“两步申报”应用率 59.57%，进、出口整体通关时间较 2017 年分别压缩 66.92%、79.77%。根据眉山、雅安外贸发展需求，分别在两市政务服务中心设立海关咨询窗口。会同地方贸促会制定“四季连心卡”，协调解决企业在经营成本、出口退税等方面困难 45 个。协助地方政府完成营商环境、质量强市全国测评工作，收到乐山、眉山市政府感谢信 2 封。开展海关业务现场培训会 3 次，参训企业 233 家次。撰写外贸统计分析文章 10 篇、各类调研报告 3 篇、综合信息 8 篇，为外贸发展建言献策。

【支持开放发展】支持乐山、眉山两市做好“保 B”申建工作，宣传解读申建政策，指导地方开展“保 B”申建工作自评打分。修订《乐山海关区外加工贸易管理建议书》，提供“一站式”标准化解答，定期对随机业务环节进行复核，2021 年，共办理加工贸易手册 26 本，加工贸易实际进出口总值 15.6 亿元，同比增长 57.3%。强化对草甘膦、双甘膦等基本有机化学品监管，支持龙头企业对接国际潜在客户，稳增量、扩渠道、拓销路，2021 年，乐山市有机化学品出口额 47.7 亿元，同比增长 167.7%。

【助力乡村振兴】对接乐山市乡村振兴局，共同制定峨边彝族自治县新林镇红椿村 3 年振兴计划。组织村组党员干部考察先进示范村支部建设、产业发展经验。协调金银花种植、生猪养殖等帮扶措施落地落实。及时解决监测户生产生活困难，阻断返贫风险，推动定点帮扶村顺利通过省级巩固脱贫攻坚后评估检查验收。1 人被地方政府评为脱贫攻坚优秀“第一书记”。

▲2021 年 5 月 24 日，乐山海关稽查科党支部同红椿村党支部开展支部共建活动

【基层党建】持续推进“强基提质工程”，加强“四强”党支部建设。通过

"工会大讲堂""青年乐关讲堂"等载体组织学习，各支部讲授专题党课，撰写观后感。实施"走出去，请进来"政策，联合兄弟海关、职能部门、地方政府、外贸企业、定点帮扶村开展支部共建活动7次。深化准军事化纪律部队建设，联合乐山市武警支队定期开展准军训练，借鉴优秀经验，培育5名年轻关员担当领训员，关准军办不定期组织对内务规范内容开展培训和监督，通过检查抽查敦促内务问题有效整改。坚持"三会一课"、民主生活会、组织生活会、谈心谈话、民主评议党员等组织生活制度，认真执行民主集中制，用好批评和自我批评武器，增强党内政治生活的政治性、时代性、原则性、战斗性。

【党风廉政建设】 压紧压实"两个责任"，召开2次党委会议专题研究党风廉政建设工作，分解落实党风廉政建设和反腐败工作重点任务，逐级签订党风廉政责任书和承诺书，推动责任层层落实。配合成都海关党委第四派驻纪检组开展执纪监督，运用"四种形态"特别是"第一种形态"抓早抓小，对一名关员开展提醒谈话。召开特邀监督员座谈会2次，听取党风廉政建设意见建议。开展"现场监管与外勤执法权力寻租"专项整治，成立专项整治工作领导小组，制定实施方案和自查方案。开展纪法教育，多层次反复学习典型案例，组织观看《欲》《禁区》等警示教育片，组织34名关员参加纪法教育测试。组织23名一线关员完成个人事项申报和心得体会撰写。畅通信访举报渠道，向80家企业和17名特邀监督员邮寄专项整治信访举报渠道公告，向103家外贸企业发放成都海关专项整治调查问卷，主动接受社会各界监督。开展风险排查，查找重点岗位6个、廉政风险点8个，制定处置措施8条。接受实地检查组检查，根据反馈意见制定整改措施13条，逐项抓好整改落实。

（撰稿人：朱　凯　刘艳丽　何　欣
徐　竞　章丽忠　雷阳刚）

宜宾海关

【概况】宜宾海关前身为成都海关驻宜宾办事处，于2005年11月5日开办业务，为偏口岸综合型海关，关区范围为宜宾市，有本部业务大厅、宜宾港国际集装箱码头和宜宾综合保税区3个业务办理场所，涵盖企业管理、通关监管、征税统计、属地查检、临时开放口岸监管、特殊区域监管、稽核查7大业务类型。内设办公室、综合业务科、监管一科、监管二科、监管三科、稽查科6个科室。截至2021年年底，共有在编人员24人。设党总支1个、党支部5个，共有中共党员21名。

2021年，宜宾海关以习近平新时代中国特色社会主义思想为指导，深入推进政治建关、改革强关、依法把关、科技兴关、从严治关，严格落实总体国家安全观，全力维护国门安全，支持宜宾开放通道和开放平台建设，推进宜宾经济高质量发展。监管进出口货物16.1万吨；关税和进口环节税入库3.6亿元，同比增长11.7%。获评宜宾市2021年度知识产权工作先进集体、宜宾市2021年度一流营商环境建设工作先进单位、宜宾市2021年度民营经济发展工作先进集体，1人获评“四川省省直机关优秀共产党员”。

【党史学习教育】通过领导带头学、支部集中学、个人自觉学、创新形式学，组织召开处级领导班子集中学习研讨10次，处级领导干部讲党课5次，各党支部围绕党史学习教育工作组织开展主题党日活动31次。在办公区域新设党史学习教育展板25块，党史学习教育信息被总署政工办采用6篇。开展“我为群众办实事”实践活动，到企业调研31次，确定“我为群众办实事”项目30个，逐项办理落实。

▲2021年3月25日，宜宾海关党总支联合涪陵海关党总支到宜宾赵一曼纪念馆开展“学党史、悟思想、办实事、开新局”主题党日活动

【巡视整改】针对总署党委巡视反馈意见中点名宜宾海关的问题和主动认领的成都海关在巡视整改方案中点名“各隶属海关”的问题深入剖析原因，制（修）订进口粮食下脚料处理、公务用车管理、协勤人员管理等管理制度10余项，持续深化问题整改，2021年11月2日，高质量通过总署广东分署监督检查组实地督查。

【新冠肺炎疫情防控】派员18人次参加成都双流国际机场口岸疫情防控工作。配合宜宾市商务、市场监管等部门开展进口冷链产品专项检查1次，督促13家企业落实食品安全主体责任。督促宜宾港（集团）有限公司、宜宾综合保税区管委会落实疫情防控主体责任，在宜宾港进境粮食指定监管场地、宜宾综合保税区查验现场设立穿衣区、查验区、脱卸区等区域，增设穿脱步骤指示地标，张贴穿脱方法演示展板和镜子。组织开展新冠肺炎疫情防控应急演练，开展工作人员安全防护集中培训2次，确保个人安全防护落实到位。坚决落实“应检尽检”“应接尽接”，落实“日报告、零报告”制度、健康信息“日收集”要求和岗前测温制度，强化机关内部管理。强化疫情防控物资管理，建立防控物资出入库管理台账，专人负责出入库领用登记，定期双人盘点库存。

【动植物检疫】强化国门生物安全防控，完成14个监测点、9次检疫性实蝇收集鉴定、统计上报工作；完成1次鼠类、2次蚊类监测上报。在进口澳大利亚高粱中检出假高粱等检疫性有害生物28批次。开展监管区及周边杂草监测，确保进境粮食口岸防疫安全，监督铲除在宜宾港进口粮食中转库周围监测发现的检疫性有害生物假高粱2次。牵头开展进口粮食疫情防控工作检查，联合宜宾市市场监管、税务等部门开展进境粮食国内生产、加工、存放单位监督检查。加强进出口食品、动植物及其制品监管，检验检疫动植物及其产品130批次，货值1.8亿元；检验检疫食品及化妆品283批次，货值4.6亿元。开展1次国外不合格食品通报核查和1次木质包装违规核查，及时向企业通报核查发现问题并督促企业整改。完成2批次2,016头进口种猪隔离检疫监管任务。

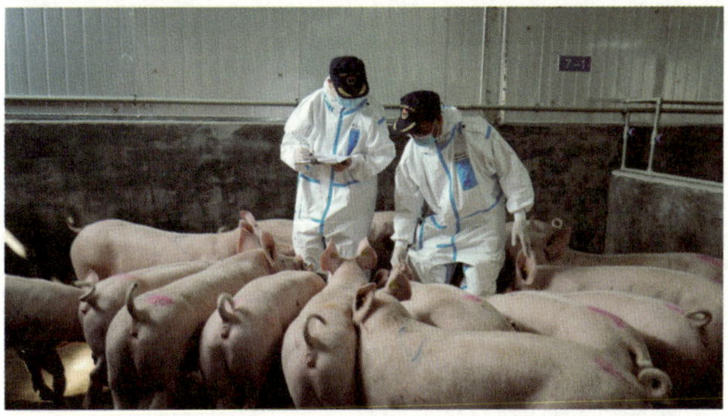

▲2021年5月1日，宜宾海关关员对进口种猪开展隔离检疫

【商品检验】加强危险化学品等重点敏感商品检验监管，检验出口危险化学品310批，检验不合格12批；检验出口危险货物包装497批，检验不合格17批。检验进口工业品19批，检出不合格4批，其中1批为食品接触产品，督促企业严格按照要求进行整改。

▲2021 年 7 月 20 日，宜宾海关关员指导企业使用出口货物木制包装

【知识产权海关保护】开展“知识产权宣传周”活动，组织海关知识产权保护讲座，制作海报、宣传册，对宜宾市外贸部门和重点企业进行政策宣讲。与宜宾市商务、口岸、市场监管等部门建立互助协作机制，参加宜宾市假冒伪劣产品集中销毁活动。对辖区智能终端代工企业开展全面核查，审核企业提供品牌商授权文件 12 个，通过知识产权海关保护备案系统核实企业授权情况。

【技术性贸易措施应对】开展技术性贸易培训和 2020—2021 年度国外技术性贸易措施对宜宾企业出口影响调查工作，收集宜宾主要出口市场的技术法规和贸易政策 26 项，及时向企业通报国外技术性贸易措施，指导企业对标国际先进做法，引进国际先进技术，支持屏山纺织企业天之华进口涡流纺纱机 38 台。

【加工贸易监管】支持宜宾承接东部加工贸易产业转移，在已有“聚合式担保”基础上继续创新推出“宜加保”保函政策，促进产业发展，宜宾加工贸易进出口 42.7 亿元，增长 50.3%。

【稽核查和打击走私】开展并办结稽查作业 8 起，稽查有效率达 62.5%。开展核查作业 44 起。强化与成都海关驻泸州办事处缉私分局以及宜宾市公安、市场监管部门协作，全面梳理分析关区走私违法形势，打击“洋垃圾”、象牙等濒危物种及其制品、防疫物资和疫苗等走私。办理“两简”案件 9 起，罚款 1.68 万元。

【优化口岸营商环境】制定《宜宾海关深入推进外贸稳增长十四条工作措施》，从通关改革、开放通道、开放平台、外贸产业和企业培育等多个方面细化支持措施，增强企业信心。全面推行电子化通关和智能化审核，报关单自动放行率达 96.4%，出口原产地证书自主打印率 77.8%，实现业务办理电子化全覆盖。进一步简化业务手续，精简随附单证，宜宾港海关监管场所、宜宾综合保税区涉及的监管证件全部实现联网审核。推进“提前申报”“两步申报”“船边直提”等改革惠企措施，出口“提前申报”应用率 87.84%，“两步申报”应用率 37.19%。11 月 16 日，四川首票“船边直提”报关单在宜宾港完成放行手续。压缩整体通关时间，进、出口整体通关时间较 2017 年分别压缩 92.35%、87.05%。

【支持开放通道建设】支持顺延外贸船舶临时进出宜宾港部分码头泊位期限，支持进口粮食指定监管场地运营，监管从宜宾港进出口货物 16.1 万吨，货值 9.86 亿元，外贸集装箱 1.17 万标箱次，其中检疫监管直接进口粮食 30 批次共 1.7 万吨。与广西钦州港海关、防城海关保持密切联系，支持宜宾开行南向班列超百列，通过陆海新通道进出口货物 2.46 万吨，集装箱 1,816 标箱次。

【支持综合保税区发展】 推动宜宾综合保税区于 1 月 28 日封关运作，3 月 8 日顺利完成首票货物报关入区，2021 年宜宾综合保税区累计处理报关单 2,383 份，监管进出境货物 36.4 亿元。

【支持特色产业发展】 贯彻落实宜宾市现代工业“5 +1”、现代农业“5 +2”、现代服务业“5 +1”发展部署，制定《宜宾海关支持宜宾现代工业、特色农业和现代服务业发展若干举措》，对新能源汽车、智能终端、贯彻落实宜宾市现代工业“5 +1”、特色农业“5 +2”、现代服务业“5 +1”发展部署，制定《宜宾海关支持宜宾现代工业、特色农业和现代服务业发展若干举措》，对新能源汽车、智能终端、白酒、现代商贸物流等产业给予专业对口帮扶，建立重点企业技术性贸易措施帮扶名单，开展技术性贸易措施培训指导，做好预约检验、通关等服务，推动汽车出口 3.5 亿元、智能终端产品出口 151.8 亿元、白酒出口 4.4 亿元。支持绿色低碳产业发展，为锂电企业量身定制进出口方案，监管锂矿石进口 5.3 亿元，同比增长 1.3 倍。推行预约检验服务，抽调全关人力资源，增加检验频次，满足企业即产即检即出需求，检验监管出口锂电产品 10 亿元。强化对纺织企业帮扶指导，继续支持企业用好进口税收减免政策，减免税收 1,923 万元，帮助企业进口高端设备促进转型升级，宜宾出口纺织产品 18.1 亿元，同比增长 43.6%。

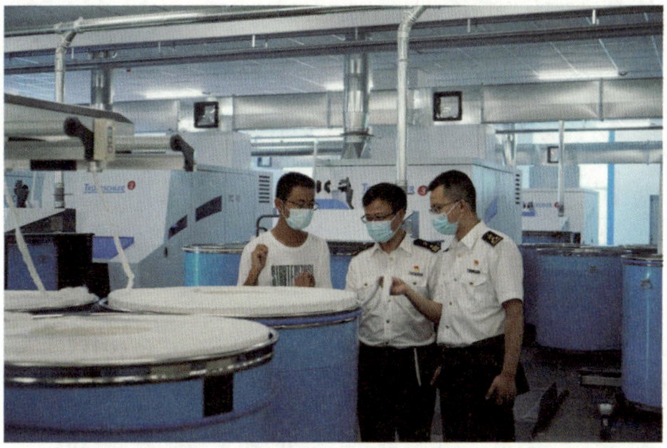

▲2021 年 8 月 18 日，宜宾海关关员对免税进口喷气纺纱机开展实地检查

【基层党建】 定期召开总支委员会和总支扩大会议，加强政治学习，激励党员干部发展创新，以党建工作带动业务工作。强化支部书记队伍建设，选拔政治素质高、道德品质硬、业务能力强的优秀党员为党支部带头人，加强党支部书记培训，将其纳入干部教育培训计划，要求党支部书记发挥榜样带头作用。持续为“长江首关、勇争一流”党总支品牌注入活力。宜宾海关办公室党支部被评为成都海关“四强”党支部、“成都海关先进党组织”，稽查科和技术中心宜宾分部党支部通过成都海关基层党建培育品牌复审，1 名党员获评“四川省省直机关优秀共产党

员”，1 名党员获评“成都海关优秀党员”。

【党风廉政建设】 每季度召开党风廉政建设例会，定期分析研判廉政风险。充分利用警示教育月以及“把好作风弘扬在新时代”主题党日活动，结合成都海关关区近年来发生的系列违纪违法案件，深入开展剖析与检视存在问题 2 条，已通过成都海关第五派驻纪检组组织开展谈心谈话等形式处理完毕。教育引导全体干部职工做到以案为鉴、以案示警、警钟长鸣。发挥海关特约监督员作用，在营商环境、通关时效、查验检验、政务服务等方面开展监督，每年召集特约监督员开展一次全面测评、打分，切实提升外部监督有效性。

扎实开展“现场监管与外勤执法权力寻租”专项整治，向 200 余家企业通报专项整治工作开展情况，并通过邮件、微信等方式详细介绍整治重点和举报途径。邀请成都海关第五派驻纪检组实地走访企业、参与查验和外勤跟班作业，宣传专项整治工作并收集企业意见建议。组织关员和协助执法人员撰写心得体会46 份，组织分管领导和科级领导“一对一”谈心谈话，开展法律法规学习，组织观看警示教育片。组织业务岗位人员开展全面自查，深入剖析问题原因，按期完成问题整改，防范化解廉洁风险。

（撰稿人：陈宏浩　黄　练）

南充海关

【概况】南充海关的前身为成都海关驻南充办事处，2004 年 4 月经批准设立，2006 年 11 月正式开办业务，2019 年 1 月调整为南充海关，辖区范围为南充市，受成都海关直接领导，主要负责党的基层组织建设和干部队伍建设，办理具体海关业务，反馈执法作业结果，功能类型为属地型海关。业务涵盖进出口货物监管、征收关税、打击走私、海关统计、进出口商品检验等内容。内设办公室、综合业务科、监管科、稽查科 4 个科室。截至 2021 年年底，共有在编人员 27 人（行政编制 26 人，占编工人 1 人）。设党总支 1 个，党支部 5 个，共有中共党员 22 人（含预备党员 2 名）。

2021 年，南充海关以习近平新时代中国特色社会主义思想为指导，深入推进党史学习教育，强化监管优化服务，坚决维护国门安全，全力促进地方外贸发展。南充海关共接受进出口报关单申报 1,643 份，其中进口 82 份，出口 1,561 份；监管进出口货物 6,705 吨，同比减少 12.8%，货值 11.8 亿元，同比增长 1.7 倍；关税和进口环节税入库 140 万元，办理各类企业备案 60 家，签发原产地等证单 380 份；送检非洲猪瘟病毒检测样本 187 份，监管进口粮食 22 万吨。南充保税物流中心（B 型）接受进出口申报 3,550 份。1 人被评为四川省“脱贫攻坚先进个人”，1 人被评为南充市“脱贫攻坚先进个人”。

【党史学习教育】认真学习习近平新时代中国特色社会主义思想和党史学习规定书目，坚持读原著、学原文、悟原理，不断提高党性修养，切实做到学史明理、学史增信、学史崇德、学史力行。利用本地红色资源，组织党员干部到罗瑞卿纪念馆、南部县长坪山红军纪念馆、阆中红军烈士纪念园等红色基地开展主题党日活动 4 次。开展“讲红色故事”“诵红色经典”“唱红色歌曲”“看红色电影”“学红色人物”等活动 24 次。开展“我为群众办实事”实践活动，走访企业 23 家，了解企业生产经营情况，征求企业意见建议，收集具体困难和问题，解决具体问题 13 个，收到企业赠送锦旗 2 面、感谢信 2 封。对南充产业园区内重点项目实施“主动跟进、主动服务、按需服务”等措施，指派业务骨干对重点企业开展跟进辅导，指导企业办理通关业务。

▲2021 年 4 月 20 日，南充海关党总支组织党员到南部县长坪山红军纪念馆开展“学党史　敬先烈　革命薪火代代传”主题党日活动

【巡察整改】2020 年 10 月 26 日至 11 月 13 日，成都海关党委第三巡察组对南充海关开展巡察。南充海关党委高度重视巡察整改工作，成立南充海关巡察整改工作领导小组，对照巡察反馈意见指出的 4 个方面 13 个问题及 24 个具体表现，及时印发《南充海关党委对成都海关党委第三巡察组巡察反馈意见的整改方案》及整改任务分解表，制定具体整改措施 62 项，逐项明确责任领导、主办部门和完成时限。整改实行“台账管理”和“销号制度”，强化跟踪督办，确保件件有落实，事事有回音。同时，针对问题，举一反三，查找在制度、责任、执行、监督等方面问题和短板，建立问题整改长效机制，切实把整改落实工作作为加强管理、改进作风、推动工作、促进发展的实际行动。

【新冠肺炎疫情防控】派员参加南充冷链食品疫情防控工作专班，协助开展进口冷链食品的溯源工作。完善《南充海关新冠肺炎疫情内部防控措施细化手册》，明确 28 条具体细化措施。各办公场所监管场所保留一个出入口，强化人员进入登记管理，严格落实扫码、亮码、戴口罩、量体温有关要求。定期开展全面消毒，每天做好日常消毒，确保办公环境安全。严格出差出行管理，坚持“日报告、零报告”制度，落实核酸检测“应检尽检”要求。

【维护国门生物安全】严格落实粮食安全党政同责考核要求，配合市发展和改革委员会、市场监督管理局、农业农村局、林业和草原局等建立健全进口粮食监管体系，对南充市所有进口粮食储备库和进口粮食加工企业开展排查。与成都海关技术中心合作，对辖区内 10 家涉及进口粮储备、加工企业全覆盖开展外来杂草监测及培训指导。设置外来有害生物监测点 12 个。指导企业建成进境粮食湿热高温下脚料无害化处理设施 4 座。做好防疫消毒和产地检疫，送检非洲猪瘟核酸检测样本 175 份。

【法治宣传】利用“4・15”全民国家安全教育日、“8・8”海关法治宣传日、“12・4”宪法宣传周等普法宣传节点，通过微信沟通联系、发放宣传资料、现场答疑解惑等多种方式，开展“送法进企业”活动 16 次，进一步提高辖区企业和群众的法治意识。参与南充市知识产权保护方案编制，解读知识产权海关保护政策，增强相关单位和企业知识产权保护意识。

▲2021 年 4 月 15 日，南充海关开展国家安全教育日宣传活动

【综合治税】 建立属地纳税人联系制度，为纳税人提供征税相关专业服务。加大商品归类、价格、减免税、原产地审核力度，强化实货查验，提高税收征管质量。办理减免税证明担保 30 份，审批货值 2,568 万元，减免关税 51 万元，减免增值税 206 万元。

【稽核查和打击走私】 开展稽查作业 8 起，查发问题 4 起，移交缉私 2 起，核查辖区 38 家企业，查发问题 16 起。开展“国门利剑 2021”联合专项行动，严厉打击“洋垃圾”、冻品、粮食等走私。参与打击虚开骗税违法犯罪专项行动，与市市场监督管理局、公安局、税务局等部门密切配合，做到信息互通、情报共享，形成违法犯罪打击合力。配合南充市有关部门开展打击非法进口冷链食品行动 5 次。

【优化口岸营商环境】 推广“马上办、网上办、一次办”，引导企业开展原产地自助打印，自助打印比例超过 70%。推广“提前申报”“两步申报”通关模式，进、出口“提前申报”应用率 5.26%、46.48%。推动“企业自报、自缴税款”，进一步扩大电子支付范围，辖区企业全部采用电子支付，实现“数据多跑路、群众少跑腿”。设立进出口鲜活易腐农食产品属地查验绿色通道，实行“5 + 2”预约查验制度，对符合条件的鲜活易腐农食产品开展“即报即检、优先送检、即检即放”，保障鲜活农产品及食品优先通关。

▲2021 年 9 月 1 日，南充海关关员对进口大型机械设备开展查验

【支持开放通道建设】 深入企业调研，开展政策宣传，指导企业利用全国通关一体化政策，引导企业搭乘中欧班列实现出口提速，支持开行南充始发中欧班列 6 列。

【支持保税物流中心（B 型）发展】 发挥职能作用，推动南充保税物流中心（B 型）于 1 月 14 日封关运作，支持开展保税备货跨境电子商务零售进口业务。南充保税物流中心（B 型）一线进出口货值 2.5 亿元。支持南充市有关部门做好综合保税区申建前期工作。

▲2021 年 5 月 31 日，南充海关关员在南充保税物流中心（B 型）监管区内查验进口红酒

【基层党建】将党建工作与业务工作同部署、同检查、同落实，党委专题研究党建工作 12 次，与成都海关党委第七派驻纪检组共同研究党建工作 2 次。深化“强基提质工程”，细化日常管理措施，夯实党建工作基础，强化党员干部担当作为，不断突出党建引领作用。深挖基层党建热源，打造支部党建品牌，推进“四强”党支部建设，监管科党支部“国门尖兵”被评为成都海关基层党建培育品牌。

【党风廉政建设】召开党风廉政建设和反腐败工作会议 2 次，分析廉政形势，安排部署廉政工作，常态化开展廉政学习和节前廉政提醒 12 次，组织观看廉政教育警示片 3 次，筑牢拒腐防变思想防线。严格落实中央八项规定及其实施细则精神，坚持厉行节约、勤俭建关，加强公车管理，严禁公车私用、私车公养。加强窗口作风建设，召开海关特约监督员座谈会 2 次，“好差评”好评率 100%。开展内部管理层级和条线梳理，进一步完善岗位职责，理顺内部管理，以政府采购工作为模板，初步建立“采管用审”四分离的内控机制。

开展“现场监管与外勤执法权力寻租”专项整治，制定《南充海关党委“现场监管与外勤执法权力寻租”专项整治整改工作方案》，对发现的问题和廉政风险深入分析原因，研究整改措施 5 项。成立专项整治整改工作领导小组，专题研究部署专项整治工作 11 次。按时完成违规事项个人申报工作，查询纸面和电子资料 11 份，实地调研企业 5 家，确定重点岗位 6 个，梳理现场监管通关、查验和外勤执法风险点。配合成都海关党委第七派驻纪检组完成谈话工作，开展纪法教育和警示教育，开展“应知应会”知识抽查检查 7 次，组织相关人员认真撰写心得体会 36 篇。形成《南充海关“现场监管与外勤执法权力寻租”专项整治廉政风险防控清单》，逐条梳理廉政风险，明确责任领导、责任科室，细化风险防控措施，做好廉政风险防范。

（撰稿人：施艳蓉　蒙福元）

达州海关

【概况】达州海关于2019年1月30日正式揭牌，负责达州、巴中两市海关各类监管工作，海关功能化类型为属地型。主要负责党的基层组织建设和干部队伍建设，办理具体海关业务，反馈执法作业结果。内设办公室、监管科、综合业务科、稽查科4个科室。截至2021年年底，共有在编人员14人，退休人员13人。设有党支部1个，中共党员18名，其中在职党员13名，退休党员5名。

2021年，达州海关坚持以习近平新时代中国特色社会主义思想为指导，以“强政治、讲团结、保安全、打基础、促发展”为抓手，不断提升制度创新和综合治理能力，竭力为辖区开放型经济建设高质量发展作出积极贡献。达州市货物贸易进出口总值51.5亿元，同比增长93.8%。其中，出口总值46.9亿元，同比增长1.0倍；进口总值4.6亿元，同比增长38.7%。巴中市货物贸易进出口总值5.4亿元，同比增长1.1倍。其中，出口总值4.3亿元，同比增长91.4%；进口总值1.1亿元，同比增长2.9倍。关税和进口环节税入库2,692.4万元，同比增长1.7倍。监管进出口货物781吨、同比增长6倍，货值7.7亿元、同比增长25.7%。严厉打击“水客”、“洋垃圾”、濒危野生动植物及其制品等走私，协助查办涉枪支走私案件2起。被评为达州市2020年度“扫黄打非”先进集体。

【党史学习教育】用好“神剑将军”张爱萍、“草鞋书记”周永开、“入党比建党早的革命家”王维舟等关区红色资源富集优势，整理形成“红色丰碑·巴山记忆”汇编，在达州张爱萍将军故居、凤凰山红军亭开展“寻访关区红色足迹”系列主题党日活动2次。开展“看一场红色电影、读一本红色经典、办一场党史竞赛、写一篇心得体会、开一次专题组织生活会”的“五个一”活动，每日推送“百年党史天天讲”，开展“一人一句”红色箴言接龙活动，开展“老党员·新青年”党史学习交流座谈会2次。成立志愿小分队，持续开展“党旗在基层一线高高飘扬”活动，开展志愿服务38次，全关累计志愿服务时间超过700小时。深化“我为群众办实事”实践活动，结合党中央“五个着力”要求，着眼小切口、见实效，制定并高标准推进包括“3 大工程、8 个项目、24 条措施”民生项目清单。

▲2021 年 3 月 19 日，达州海关关员开展志愿服务

【新冠肺炎疫情防控】派员参加成都双流国际机场口岸疫情防控工作，1 人获嘉奖，2 人被通报表扬。参与属地疫情联防联控工作，1 人被评为“达州市疫情防控先进个人”。履行定点帮扶责任，向宣汉县南坪镇斜坪村居民赠送价值15 万余元防疫物资。加强人员出差出行管理，做好健康监测，推进新冠病毒疫苗接种工作，落实“日报告、零报告”制度。

【动植物检疫】检验检疫动植物及产品 76 批，货值 882 万元。开展“国门绿盾 2021”“清风行动”，打击非法引进外来物种和种子苗木，对辖区进境动植物检疫许可证企业开展全面核查，对 10 家涉农企业开展野生动物保护宣传教育。开展蜂产品等动物源性食品风险监测和外来有害生物监测工作，设置实蝇监测点 10 个，对进口粮食储备库和加工点开展外来杂草监测。检验检疫食品 28 批，其中进口 10 批、出口 18 批，货值 798 万元。开展进口食品“国门守护”行动，监管从越南进口 1,000 吨糯米。联合达州市发展和改革委员会、农业农村局等部门，对辖区 3 家粮食储备企业开展联合检查。参与“春雷行动2021”暨冷链物流疫情防控执法行动，开展冷链食品督查暗访 2 次。

【税收征管】落实海关减免税优惠政策，办理进口减免税担保 2 票，办理达州市首单鼓励项目减免税业务，减免进口关税及增值税 54 万元。

【商品检验】成立出口危险品及其包装检验监管工作专班，落实各类危险化学品及包装检验监管要求，强化辖区化肥出口检验监管。开展打击非法医疗美容服务专项整治，加强涉民生安全的重点及敏感商品监管。

【企业管理和稽核查】新增海关备案企业 75 家，同比增长 33.9%，新增食品原料基地备案 10 家，帮扶四川发荣林业产业有限公司等 5 家公司实现自营出口。推广“中国海关信用管理平台”，扩大平台企业注册用户数量。创新稽核查方式，对涉及动植食的 50 家企业进行清理，探索“线上 + 线下”相结合方式实施远程核查作业，通过“多查合一”核查企业 26 家，完成稽查 2 家。与达州市税务局、市场监督管理局开展“双随机、一公开”联合执法核查企业 1 家，是成都海关关区内首个落实该项改革举措的隶属海关。对 1 家出口食品生产企业开展涉检专项稽查。

【打击走私】加强与绵阳海关缉私分局联系配合，联合开展辖区走私形势风险研判，积极配合开展案件调查，协助侦办2起走私枪支零部件邮寄案件。推动《成都海关缉私局与达州市公安局警务工作协作交流框架协议》落地，探索属地型海关、缉私部门、地方公安的三向发力新模式，推动反走私综合治理。

【优化口岸营商环境】深化“放管服”改革，支持达州市参与四川营商环境测评，帮助争取适用营商环境新试点政策。推进属地报关，推行“7×24小时”预约通关模式，稳定进出口企业通关预期。推进“单一窗口”全覆盖，推广“两步申报”“提前申报”通关模式，辖区企业“单一窗口”应用率100%，“两步申报”应用率20.57%，进、出口“提前申报”应用率分别为89.47%、74.36%。巩固压缩整体通关时间成效，进、出口整体通关时间分别为2.97小时、1.18小时。支持建成辖区首个保税仓，全年入仓货物13批次、1,206吨。对关区重点商品煤炭全年数据进行专题分析，完成12篇关于煤炭进出口监测分析专题报告。履行海关统计数据审核要求，加强数据安全意识，提升数据质量，做好海关统计数据发布工作。形成达州市开放型经济发展调研报告5篇，为地方开放型经济发展提供建议10条。

参与川陕老区乡村振兴，紧贴达州市“巴山食荟”品牌集群，助推大竹醪糟、万源蜂蜜等5类特色农产品出口。对辖区

▲2021年7月30日，达州海关关员对达州无水港公用型保税仓首批进仓货物开展监管

6家公司开展技术贸易壁垒影响调查，协同达州市发展改革、科技等部门认定市级企业技术中心14家。完善“线上答疑，线下协调”关企沟通机制，加强海关政策措施对企宣传和解读，了解企业实际困难及合理诉求，畅通企业沟通渠道。支持成渝地区双城经济圈、万达开川渝统筹示范区建设，加强与万州海关的合作，促进达州公铁江海多式联运成功试点，方便企业快捷通关。

▲2021年6月16日，达州海关关员现场指导农产品基地备案

【保密管理】修订完善《达州海关保

密守则》等保密制度，开展保密密码知识专题学习，组织涉密人员学习《中国共产党保密工作史》，在线观看保密教育片《胜利之盾》，整理保密警示语1条。组织18名干部职工参加“庆祝中国共产党成立100周年海关保密知识竞赛”。开展保密安全相关自查6次，未发生泄密事件及违反保密法律法规情事。

【基层党建】 深化“强基提质工程”，以创建“四强”党支部为牵引，不断完善支部“规范化、标准化、精细化”手册。全年共组织召开党员大会15次、支部委员会12次、主题党日活动15次，1名预备党员按期转正，1人获得“成都海关优秀共产党员”称号。推进支部品牌建设，释放党建动能，分别打造党建宣传“红色空间”、业务宣传“蓝色空间”，推出“红色动能”支部工作法、“巴山讲武堂”学习子品牌，打造“巴山演武场”准军训练基地、“巴山南泥湾”劳动实践基地，初步培塑起“巴山国门卫士”支部品牌矩阵。

【党风廉政建设】 严格落实《党委（党组）落实全面从严治党主体责任规定》，将全面从严治党与业务工作同步研究、同步发力。修订《达州海关党委工作规则》，制定达州海关党委全面从严治党主体责任清单，明确党委12项、书记9项、班子成员8项责任。梳理关党委及党委委员有关定量事项清单，制定全面从严治党年度工作要点，规划落实16项任务、36条措施，通过责任分解与量化，确保有序推进、不打乱仗。召开全面从严治党专题大会2次，党委会、形势分析及工作督查例会等研究全面从严治党事项9次。党委成员明确各自牵头管党治党重点任务，履行好“一岗双责”。

扎实开展“现场监管与外勤执法权力寻租”专项整治，制定工作方案，明确工作职责，细化责任落实。广泛宣传调研、主动接受监督，向16家主要进出口企业、6名海关特约监督员发放调查问卷。通过生态原产地辖区企业座谈会，向达州市商务、口岸物流等部门和40余家企业代表通报“现场监管与外勤执法权力寻租”专项整治工作。层层压实责任，梳理5类风险防控环节，形成《达州海关专项整治工作廉政风险清单》《重点关注岗位防控措施清单》。开展警示教育月活动，深化“以案说法”教育，组织集中观看纪法警示教育片，组织参观达州市纪法教育基地。对照成都海关“现场监管与外勤执法权力寻租”专项整治工作第四检查组实地检查反馈问题，制定12项整改措施，立行立改。

▲2021年9月13日，达州海关关员参观达州市党风廉洁纪法教育基地

（撰稿人：余文书）

广安海关

【概况】广安海关于2018年12月经批准设立，2020年12月开关，按授权负责广安市行政区划范围内海关各类管理工作，功能化类型为属地型，主要负责党的基层组织建设和干部队伍建设，办理具体海关业务，反馈执法作业结果。内设办公室、综合业务科、稽查科3个科室。截至2021年年底，共有在编人员10人。设党支部1个，中共党员9名。

2021年，广安海关以习近平新时代中国特色社会主义思想为指导，持续推进政治建关、改革强关、依法把关、科技兴关、从严治关，加强监管，强化进出口食品、危险化学品及其包装容器等监管，维护国门安全。深化与口岸海关整体联动，优化服务，提升通关便利化水平。广安货物贸易进出口总值23.8亿元，同比增长67.4%。获评“广安市2020年度支持工作发展先进集体”“广安市2020年度党委系统信息工作先进单位”“广安市市级最佳文明单位”。1人被成都海关直属机关党委评为“优秀共产党员”，1人被广安市人民政府评为“招商引资先进个人”。

【党史学习教育】成立党史学习教育工作领导小组，制定《广安海关党史学习教育工作方案》《广安海关党史学习教育五个专题43项具体活动安排》，开展专题学习8次、集中研讨7次，撰写理论文章3篇，党委委员讲党课3次；党支部开展专题学习研讨6次，组织开展或参加各类宣讲4次，党员干部撰写心得体会42篇；开展青年理论学习小组专题学习5场。拓展学习载体，编发《賨关学党史》学习专刊155期。开展党史学习教育“金点子”征集活动，征集党史学习教育知识问答、党史时刻随手拍、党史红色影视展播等“金点子”10条。将党史学习教育同精神文明建设有机结合，建成“关史长廊”“红色记忆”“党的光辉历程”“中国精神”等红色主题墙，建成“廉政文化”走廊和“核心价值观”走廊。开展“翰墨颂党恩　丹青绘百年”书画作品展、“悦读党史”读书成果分享会、红色电影展播等活动。参加“颂歌献给党”线上歌咏大赛，制作《广安海关：春天的故事》。到邓小平故居等红色教育基地开展“体验”

式学习5次。开展“学史·铸魂”红色讲坛活动2次。

扎实开展“我为群众办实事”实践活动，开展专题调研9次，线上推送“您最希望广安海关办的一件实事”意见征集公开信，收集意见20余条，制定《广安海关“我为群众办实事”实践活动办实事工作台账》《广安海关“我为群众办实事”实践活动重点民生项目清单》，推进9项办实事工作和11项重点民生项目。开展广安市外经贸专题培训会等3次，培训辖区进出口企业专兼职外贸业务人员120余人次。组建党员志愿服务队，开展“知识产权进校园”等志愿服务活动8次。

▲2021年4月21日，广安海关党支部在邓小平故居开展党史学习教育活动

【新冠肺炎疫情防控】 派出1人支援成都双流国际机场口岸疫情防控工作，1人被成都海关通报表扬。严格人员管理，实行每日查验健康码、“绿码”上岗制，每两周查验1次“通信行程卡”，工作日落实“两测一消”（指定专人每日两次测量体温，办事大厅、电梯、扶手等重点部位的消毒工作）等日常防控要求，严格出差出行管理，组织做好“应检尽检”“愿检尽检”。有序推进新冠病毒疫苗接种，全体人员完成全程接种和加强针接种。加强场所管理，设置单一进出通道，实现封闭管理。采取“预约＋风险排查＋现场验码测温”，做好来访人员管理。强化防疫物资管理，完善入出库、领用台账，实行全流程管理。

【检验检疫】 开展化工、电子信息、轻纺服装、装备制造等重点产业调研9次，梳理危险化学品要求规范20余条，指导企业完善管理制度5项，累计受理进出境货物检验检疫1,064批次，货值11.1亿元，出口危险货物233批次，实施出境危险货物包装使用鉴定422批次，其中出口危化品2.03万吨、2.8亿元人民币。强化食品安全监管，开展“国门守护”行动，对出口食品、水果出具卫生证1份、健康证书5份，关区未发生系统性、区域性进出口食品安全事件。开展进境货物目的地查验4批次。

开展外来杂草、检疫性实蝇监测，设置实蝇监测点2个，诱捕昆虫1,585头，未发现检疫性实蝇。设置杂草监测点5个，开展杂草监测2次，开展杂草监测本底调查2次，未发现检疫性杂草入侵迹象。抓好非洲猪瘟等动植物疫病疫情防控，及时通报辖区检出非洲猪瘟病毒核酸阳性案例。指导辖区进境粮食指定储存、加工企业建设，要求企业严格按要求进行备案，建立外来有害生物防疫制度及措施和各类应急处置制度，健全完善质量管理体系，辖区内新增进境粮食加工、储存指定企业8家。

【企业管理和稽核查】新增备案登记企业35家，累计381家，其中有实际出口值的生产型企业32家。引导企业开展海关信用高级认证，开展业务培训、现场咨询4次。完成稽查作业1起，核查作业15起。

【优化口岸营商环境】落实“放管服”改革部署，积极推广应用“提前申报”和“两步申报”通关模式，出口“提前申报”应用率89.61%。定时跟踪报关单放行情况，对长期未放行报关单开展原因分析，查找短板弱项，明确提升措施，有效压缩整体通关时长，进、出口整体通关时间20.03小时、0.92小时。

【服务成渝地区双城经济圈建设】加强与重庆海关所属两路寸滩海关合作，1月20日，与两路寸滩海关签署《广安海关 两路寸滩海关共同支持成渝地区双城经济圈建设合作备忘录》，形成“信息互通、监管互认、执法互助”合作机制。支持川渝高竹新区同重庆果园港合作打造无水港，助力广安建成重庆保税港区进口商品授权分销中心（广安中心），研究支持川渝高竹新区外向型经济发展6条措施。开展《成渝地区双城经济圈跨省级行政区域海关监管方式的探讨》课题研究，探索建立以“属地管理”为原则，统一执法协作、统一监管手段、统一服务流程，实行“单一窗口”“无差别”接单模式，属地海关分别办理、协同管理的跨关区融合监管模式。

【支持特色产业发展】支持广安市装备制造产业发展，对辖区重点企业实施“一企一策”精准服务。支持广安玄武岩产业发展，为“年产3,500吨玄武岩连续纤维及其制品生产线”项目进口设备免征关税36.52万元。鼓励符合条件企业开展加工贸易，新增备案加工贸易手册13本。向辖区4家企业提供出口水果果园、加工厂备案等精准帮扶和定向服务，邀请成都海关技术中心专业人员现场指导，支持广安区柠檬、武胜茧丝绸等特色农产品扩大出口。定期对广安进出口重点商品、重点企业进行跟踪分析，针对性提出意见建议3条，2条意见建议被写入广安市第六次党代会工作报告。

▲2021年4月16日，广安海关关员开展出口水果生产企业、出境水果果园注册登记考核

【助力乡村振兴】制定支持广安乡村

振兴5条具体措施，党委会议研究乡村振兴相关工作3次，党委委员到红旺村、四缸村、学堂村等联系点开展专题走访调研10次。实施“产业兴村工程”，安排乡村振兴专项资金8,000元，支持湖羊养殖等特色产业发展。实施“知识兴村工程”，开展“我为红旺送本书”志愿服务活动，干部职工自愿捐赠书籍100余本，充实该村农村书屋。实施“惠民工程”，慰问老党员等65人次，捐赠海关罚没侵权物资22,855件。

▲2021年6月17日，广安海关到龙台镇红旺村开展“扶贫送温暖”活动

【精神文明建设】研究制定年度工作方案，明确重点任务，逐项推动落实。以抓文明单位创建为载体，打造政治机关、学习机关、文化机关、先锋机关、服务机关等5个文明品牌。以党建促创建，打造“思源感恩　改革先锋”党建品牌。以学习促创建，开设“賨关讲堂”“道德讲堂”“红色讲堂”“青年讲堂”4个讲堂，打造学习品牌。以文化促创建，建设“书香賨关”“悦读賨关”“红色賨关”“向上賨关”4个賨关，打造文化品牌。以文化人，开展“党员重提升”行动、“党员亮身份”行动、“党员先锋岗”创建行动3项行动，打造先锋品牌。坚持人民立场，打造“您最希望广安海关办理的实事”服务品牌、“海关进校园”服务品牌、“海关志愿服务队”服务品牌，开展三大志愿服务活动6次。12月被广安市精神文明委员会命名为“市级最佳文明单位”。

【基层党建】2月，广安海关（筹）党支部更名为广安海关党支部，下设2个党小组。深化“思源感恩　改革先锋”党建品牌建设，将党史学习教育与党建品牌建设深度融合，教育引导党员担当服务开放发展历史使命，勇于改革、争当先锋。规范建设党员活动室，配备党建书籍、党报党刊。严格党员教育管理，综合运用“三会一课”、主题党日活动等多种形式开展专题学习和集中研讨。开展“党员亮身份”活动，要求全体党员在工作时间一律佩戴党员徽章，教育引导全体党员铭记党员身份，履行党员义务，践行党的宗旨。开展“党员先锋岗”创建活动，深度挖掘身边先进典型事例，评选“党员先锋岗”2个。开展支部结对共建，与乡村振兴联系村广安区龙台镇四缸村两委班子共学党的十九届六中全会精神。

【党风廉政建设】制定落实党委全面从严治党主体责任清单，形成“党委统一领导、班子成员分工负责、各科室从严落实”工作格局。结合全面从严治党形势和

▲2021 年 3 月 5 日，广安海关开展队列训练

任务，召开全面从严治党专题会、党风廉政建设工作例会 2 次，关党委专题听取各科室全面从严治党、党风廉政建设工作情况 5 次，研究全面从严治党、党风廉政建设有关工作议题29 个。制定年度任务分解清单，明确责任分工和完成时限。落实中央八项规定及其实施细则精神，坚持纪律规矩逢会必讲、逢事必谈，将严的主基调落到日常经常。主动接受监督，邀请成都海关党委派驻第七纪检组列席会议 20 次。深化纪法教育和警示教育，开展党纪法规专题学习，及时通报有关典型案例，开展纪法教育基地现场教学 2 次。用力纠“四风”树新风，持续开展酒驾醉驾问题整治，强化党内监督，精准常态用好监督执纪“第一种形态”。强化权力运行监督制约，规范外出执法审批程序，严格外出执法审批把关，开展廉政回访。

扎实开展“现场监管与外勤执法权力寻租”专项整治，深化纪法教育和警示教育，通过专项整治工作领导小组会议、支部党员大会等，学习《中国共产党问责条例》等党纪法规和典型案例通报，观看警示教育专题片 3 部，撰写心得体会 6 篇。深化“以身边事教育身边人”工作，开展“以案说法”专题讨论，开展纪法教育测试。聚焦自查重点，开展全面自查，汇总形成廉政风险 13 个，逐项落实防范措施，防范化解廉洁风险。

（撰稿人：游海峰）

第七篇

事业单位、社会团体

成都海关后勤管理中心

【概况】成都海关后勤管理中心承担成都海关机关各办公场所安全保卫、环境卫生、绿化、人防、防汛、消防、会务保障、公有住房日常管理及办公、生活基础设施设备使用维护等服务管理工作，机关干部职工集中居住宿舍小区物业管理工作，机关公务车辆使用调配、运行维护与安全管理工作，机关干部职工食堂等机关内部生活服务管理工作，交流任职干部、借调和集中工作人员服务管理工作；受成都海关委托承担国有资产经营管理工作、后勤产业综合服务保障运作管理工作、关本级采购项目的实施工作、涉案财物存储保管工作。内设办公室、人事政工部、财务管理部、物业管理部、生活服务保障部、经营管理部、采购服务部、资产管理部、仓储管理部和车辆管理部10个部门。核定人员编制47名，截至2021年年底，共有在编人员29人，其中事业编制26人，工勤编制3人。管理五级岗位2人，管理六级岗位2人；管理七级岗位10人，管理八级岗位6人。

2021年，成都海关后勤管理中心围绕成都海关守国门、促发展的中心任务，以为民办实事、内部管理为着力点，以推动"全方位、多层次、精细化"后勤服务保障体系建设为目标，突出党建引领、强化制度创新，攻坚克难、稳步推进，圆满完成各项服务保障工作任务。

【党史学习教育】围绕"学党史，悟思想，办实事，开新局"主题，把学习党史同总结经验、观照现实、推动工作相结合，开展党史学习教育主题党日活动12次，开展"我为群众办实事"实践活动。通过召开服务保障征求意见会、走访调研

▲2021年9月15日，后勤管理中心党委组织党员代表参观"四川省庆祝中国共产党成立100周年主题展览"，在现场集体重温入党誓词

等形式，征集干部职工对后勤服务保障的意见建议28条，推动实施“我为群众办实事”项目41个，解决干部职工“急难愁盼”问题14个。

【巡察整改】4月19日至4月30日，接受成都海关第四巡察组巡察，对巡察反馈的“四个落实”方面存在的13个方面问题，梳理分解为33个具体问题，研究制定具体整改措施70项，建立关党委书记点人点事问题整改专项工作台账，按照逐一整改、对账销号工作要求，完成13个问题整改，31条整改措施转入长期坚持。

【新冠肺炎疫情防控】落实疫情防控常态化工作要求，在各办公区、生活区设置唯一人员、车辆进出通道，落实来访人员、车辆分类管理要求，开展会议室、卫生间、电梯等重点场所每日消毒工作。办公区体温检测及登记9.1万人次、7.1万车次，宿舍区体温检测4.6万人次；办公区公共区域消毒990次，宿舍区公共区域消毒1,689次，电梯轿厢消毒6,879次，按键消毒1.6万次，卫生间消毒2.1万次，会议室消毒3,548次，清理废旧口罩等防疫垃圾1,029次。向干部职工发放《疫情防控明白卡》500册。根据《四川省新冠肺炎中医药预防建议方案》，为干部职工熬制防疫大锅汤。规划所需要防疫物资种类和数量，拟定采购方案，扩大防疫物资采购渠道，保障物资质量。加强防疫物资出入库管理，按月、按类归档整理出入库资料。安排专人实行定岗定员定时发放，满足干部职工的防护需求。

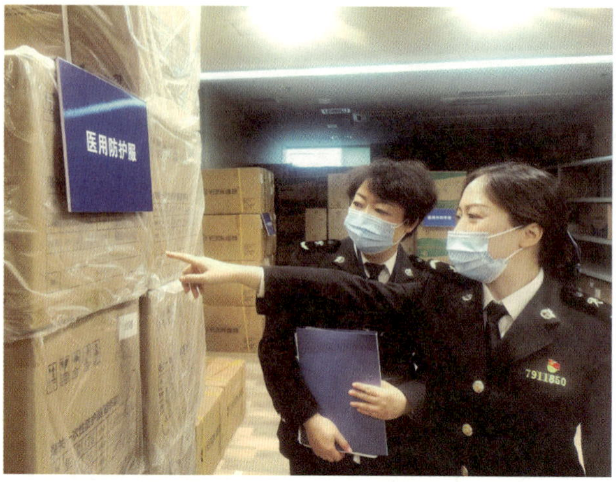

▲2021年10月15日，后勤管理中心开展新冠肺炎疫情防控物资核查

【离岗集中封闭管理后勤保障】制定《后勤管理中心保障关区入境人员卫生检疫岗位工作人员集中封闭管理工作方案》。完成封闭场所分区域改造、必要生活用品及防疫物品配备等工作。开展公共区域封闭前后预防性消毒和终末消毒28次。开展环境标本采集送检66次。为14批872名人员提供离岗封闭管理交通保障。

【后勤保障服务】采取加贴防晒膜等措施，降低空调能耗，延长家具使用寿命。完成85台办公沙发换面、加固、修理，解决沙发陈旧老化问题，提高旧物利用率。实施加装坐便器、配置伞袋机等便民措施，提高服务群众质量。落实严厉禁止餐饮浪费规定，基于干部职工身体健康和口味偏好开展调查，提高食堂供给质效。完成39套公有住房产权过户工作，对21套公有住房进行维修改造，完成员工集体宿舍楼梯修缮工作，解决38名交流干部、新招录关员、单身职工和住房困难职工住房周转问题。针对性推出电动车停放充电等便民举措6项，满足干部职工多样化需求。推进“智慧后勤”建设，整合优化“公车管理”“准军事化训练场地使用”“净菜购买”等信息化服务平台，创造“智慧会议、智慧食堂、智慧超市、智慧用车、智慧门禁”等各类场景，构建后勤服务保障体系。

【后勤安全生产】召开安全生产专项工作推进会，学习贯彻落实习近平总书记关于安全生产重要论述，成立成都海关后勤管理中心安全生产工作领导小组，印发《后勤管理中心2021年安全生产工作方案》，签订《2021年安全生产工作责任书》，开展“安全生产月”“安全生产专项整治三年行动”“消防安全月”“防洪防汛”等专项活动，防范化解重大安全风险。

开展“新安全生产法集中宣传月”活动，举办安全生产大讲堂4次，制作安全宣传海报、横幅50余张（条），张贴禁烟标识300个，印发《安全手册》《应急避险手册》200余册。组织开展以提升安全技能等为主要内容的“人防、技防、物防”安全生产联防联控实训演练，开展消防、防震减灾、防洪等安全培训8次，组织应急演练6次。制定《安全排查问题隐患清单》和《安全制度措施清单》，开展安全隐患排查41次。

▲2021年2月5日，后勤管理中心组织开展春节节前安全检查

开展食堂风险排查，做好食材监管、环境卫生控制、规范从业人员卫生安全等重点工作，围绕三个办公区食堂库房、食材加工区等重点部位，对食材分类存放、加工生熟品分区、从业人员规范操作等方面进行风险排查并实施整改。把好食品采购关和质量关，保证食材卫生安全，严格按照标准制作加工食品。做好食堂工作人员健康检查，每日上岗前监测体温，餐后及时规范处理厨余垃圾和开展环境卫生清洁消毒。为三个办公区25.8万人次提供日常就餐保障。

开展涉案财物仓库消防器具电源线路、监控设备、报警装置等检修，确保监控覆盖。排查仓库消防安全隐患，防止出现易燃易爆等危险品违规存放问题。全面清查仓库涉案财物。建立完善《涉案仓库突发事件应急预案》，开展应急演练2次，提高应急处置能力。

召开专题安全学习12次，提高驾驶员

安全责任意识，规范驾驶行为。落实工作制度，规范公务用车管理，严格日常用车审批，执行维修、保险、加油“三定点”制度。开展车辆安全内部自检12次，联合专业公司开展安全大排查1次，发现处置车辆安全隐患22个。全年出车2,000余次，安全行驶17万千米。

以强化流程管理和节点控制为重点，推动执行基建项目内部审核加外部审批的工作程序，提高项目合规性审核。构建以“职能管理部门、需求部门、建设单位、审计结算单位”为主的项目沟通协同验收管理机制，搭建以“招标代理、设计概算、造价控标、结算审计”为主的基建项目过程控制机制平台，提高项目推进质效。针对项目施工单位施工质量、安全、环保、进度、疫情防控开展定期巡检3次，配合质检、安监等部门不定期对项目关键节点开展“飞行检查”7次。截至年底，21套公有住房维修改造、玉堂准军训练场整体改造、高升桥办公区综合楼改造、暴雨修缮4个项目通过竣工验收；物资存放点改造、党建活动中心建设2个项目完成施工；公兴三期成都海关关警员倒班房、单身宿舍及交流干部集体宿舍食堂项目、成都海关总关罚没财物仓库项目按计划推进。

【采购服务】 梳理采购风险环节26个，细化采购流程4项，提高防疫物资采购内控管理水平。按照一线防疫物资使用需求，严把防疫物资供应商质量关服务关，确保物资适用、价格公开、过程合规。保障成都天府国际机场口岸检查检验及配套设备设施（海关非现场部分）项目实施。妥善处置疑问、质疑及异议3次，答复潜在供应商提出问题19条，组织完成重大项目技术参数论证17次。

【队伍建设】 落实事业单位聘用制度，完成1名首次聘用人员合同签订工作，配合完成3个岗位人员招录工作。加大聘用人员管理力度，通过互联网等科技手段加强聘用人员考勤和加班管理工作。抓好教育培训工作，推动干部职工全员教育培训100%达标。开展中心内务规范“日常督察、日常通报、日常评比”，参与内务不规范专项整治和“内务规范强化月”活动，开展内务督查21次。开展廉政教育、警示教育，营造“忠诚、干净、担当”良好氛围。

【基层党建】 根据《中共成都海关委员会关于在部分成都海关直属事业单位设立党委的通知》，于5月8日设立成都海关后勤管理中心党委。发挥事业单位党委职能作用，创建“党员先锋岗”，打造“全天候（后）”特色党建品牌。成立5个党支部，通过“三会一课”、主题党日等多种形式，组织开展支部活动11次，提高基层党组织活力。与桂溪街道永安社区党委开展支部共建，开展“红色观影”活动，组织13名党员在线参观中国共产党历史展览馆，邀请四川革命伤残军人讲述专题党课，在建党100周年主题展览馆开展现场教学活动等。

【党风廉政建设】严格落实党政同责、一岗双责，严格执行“四不直接管”“三重一大”制度，通过主任会、党委会决策“三重一大”事项84项。落实好“三会一课”、民主生活会、组织生活会等党内政治生活制度，于2月1日召开民主生活会，班子成员聚焦“五个方面”深刻检视问题37个并全部完成整改。每月召开一次部门负责人会议，学习传达相关要求。

（撰稿人：岳　川　张至龙）

成都海关技术中心

【概况】成都海关技术中心是成都海关所属事业单位，主要从事食品、农产品、动植物、工业、消费等领域产品的检验、检测、检疫、评估等业务，下设办公室、人事政工部、财务部、实验室保障部、业务发展部、科技质量管理部6个管理部门；国家丝类检测重点实验室（四川）、国家肉类检测重点实验室（四川）、国家野生动物检疫及监测检测重点实验室（四川）、国家鞋类及原材料检测重点实验室（四川）、国家稻种检疫及种质鉴定检测重点实验室（四川）、国家化学品分类鉴别与评估重点实验室（四川）、国家光电显示产品检测重点实验室（四川）、总署食品检测区域性中心实验室（四川）、总署动物检疫区域性中心实验室（四川）、总署植物检疫区域性中心实验室（四川）、总署进口固体废物属性鉴定常规实验室（成都）、成都海关机电安全实验室、成都海关微生物检测实验室、成都海关轻工纺织品检测实验室、成都海关濒危物种鉴定实验室15个实验室；青白江、泸州、德阳、宜宾、攀枝花、南充、内江、达州、绵阳、遂宁10个分部。截至2021年年底，共有在编干部职工77名，聘用职工107名，退休职工51名。设3个党支部，中共党员36人。

2021年，成都海关技术中心坚持以习近平新时代中国特色社会主义思想为指导，全面践行习近平生态文明思想，认真落实成都海关党委各项工作部署，全力维护国门安全。全年为成都海关监管执法提供技术支撑41,636批次，同比增长2.7倍；生态原产地产品保护认证企业19家，位列全国第一。被中华全国妇女联合会授予“全国巾帼文明岗”荣誉称号，被中国科学技术协会授予“全民科学素质工作先进集体”荣誉称号。

【党史学习教育】开展党史学习教育和“我为群众办实事”实践活动，通过党委理论学习中心组学习、“三会一课”、青年理论学习小组等形式，深入开展学习。领导班子集中学习研讨9次，全体党员干部开展“四个时期”专题集体学习30余次，青年理论学习小组开展集中学习研讨6次，讲党课3次，开展先进人物宣讲典型事迹活动1次。

通过“内部动态”微信期刊，推送党史学习材料10余篇。全体党员完成4本必读书目学习，通过各类线上平台开展自学，撰写心得体会108篇。

【巡察整改】4月19日至5月18日，成都海关党委第五巡察组对技术中心开展实地常规巡察。为抓好巡察整改，制定《成都海关技术中心对成都海关党委第五巡察组巡察反馈意见的整改方案》，针对第五巡察组反馈的11项问题，制定整改措施27条，整改中制定制度6项、修订制度3项、汇编实验室安全管理制度1册，完成立行立改整改问题7项、限时整改问题3项、长期坚持整改问题1项。

【专业技术人员管理】开展法律法规、规章制度、质量管理体系、实验室安全、检测标准方法等培训，参训1,690人次。截至2021年年底，在编专业技术人员中博士后2人、博士7人、硕士20人，取得正高级工程师资格7人、副高级工程师资格24人。取得高级工程师职称资格情况见表7-1。

【实验室建设】资质认定。5月、11月，分别通过四川省资质认定（CMA）现场扩项评审，通过四川省农产品质量安全检测机构（CATL）现场扩项评审。国家实验室认可和资质认定项目622类、11,391项，新增检测项目1,900项。检测领域涉及理化和微生物、化工、轻工纺织、动植物检验检疫、机电、危险化学品、濒危物种鉴定、环境监测等，经认证认可的检测能力范围（以项目计）同比增长20.0%。10月，加入成渝地区双城经济圈食品安全检验检测机构联盟。11月，获得四川省二级生物实验室备案登记证书，允许从事新型冠状病毒核酸检测等病原微生物检测。参加全国新型冠状病毒核酸检测室间质量评价，结果均为“满意”。

能力验证。参加87项能力验证，其中市场监管总局（国家认监委）能力验证45项、省级能力验证27项、其他行业能力验证9项、测量审核6项，结果均为“满意”。

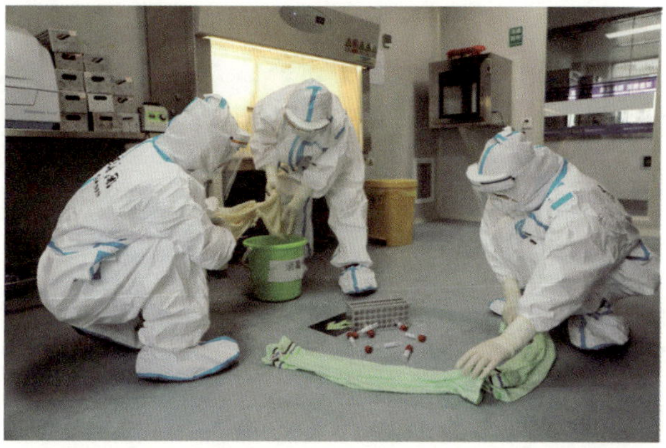

▲2021年8月30日，技术中心开展新冠病毒实验室生物安全应急演练

仪器设备管理。新增仪器设备17台（套），价值334.3万元。截至2021年年底，实验室设备共1,229台（套），总价值17,967.6万元。

【技术保障】动物检验鉴定。全年检测样品66,827项次，同比增长1.8倍，其中动物检疫4,952批次，26,379项次；疑

表 7-1　成都海关技术中心高级工程师人员情况

序号	职称	数量	人员	取得时间
1	正高级工程师	7	董伟	2013. 12
2			吴孟茹	2017. 12
3			胡江涛	2019. 12
4			俞凌云	2019. 12
5			金晶	2019. 12
6			林华	2019. 12
7			刘俊	2019. 12
8	副高级工程师	24	帅培强	2010. 12
9			杨苗	2016. 12
10			康亚辉	2002. 12
11			蒋小葵	2001. 12
12			邓勇	2002. 03
13			刘苏锐	2014. 12
14			方智	2008. 12
15			甘霖	2019. 12
16			庞晓红	2018. 12
17			张婧	2016. 12
18			邵宝林	2013. 12
19			刘露希	2018. 12
20			杨益芬	2019. 12
21			谭志	2016. 12
22			于刚	2019. 12
23			何开蓉	2015. 12
24			苟圆	2015. 12
25			徐畅	2020. 12
26			王成华	2005. 05
27			郑晶	2020. 12
28			刘灵	2010. 12
29			李刚	2012. 12
30			张莹	2006. 12
31			程铁辕	2015. 12

似濒危物种样品 139 批次，861 件；开展高风险非冷链商品样品新冠病毒检测 38,757 份。

完成自美国、英国、丹麦进口种猪实验室检测 4,112 头，开展相关疫病检测 25,107 项次，全国首次从进口种猪中检出猪戊型肝炎抗体，共检出重要病原 3 种、抗体 3 种。开展非洲猪瘟病毒核酸检测

774 批（项）次，检出核酸阳性 1 批次。

获得四川省林业和草原局批准作为濒危物种及其制品鉴定机构，完成穿山甲项目的 CMA 认证，牵头总署濒危实验室联盟“濒危物种前沿技术组”工作。

▲2021 年 10 月 14 日，技术中心动检实验室工作人员开展象牙等濒危物种检测技术攻关

植物检测鉴定。全年鉴定植物样品 831 批次，10,701 项次，检出检疫性有害生物 41 种次。检疫木质包装 416 批次，检出松材线虫、滑刃属线虫、小杆属线虫、盆咽属线虫等有害生物 34 批次，其中松材线虫属成都关区首次截获。从进境粮食中检出有毒有害杂草种子 50 次，其中检疫性杂草种子假高粱 22 项次、黑高粱 5 项次、刺苍耳 9 项次、加拿大苍耳 2 项次和有毒性杂草种子曼陀罗 12 项次。物种鉴定 45 批次，89 项次。

固体废物鉴定。全年鉴定疑似固体废物 97 批，其中 13 批鉴定为禁止进口固体废物，主要涉及机电产品、电子电气产品、金属材料、塑料、纺织品、矿产品等。

跨境电商进口消费品和法定检验商品以外商品抽查检验。全年抽检跨境电商进口消费品 16 批，为纺织产品、卫生日用品、牙刷、食品接触产品、学习用品、玩具等，抽检商品不合格率 25.0%。抽检法定检验商品以外商品 8 批，为 LED 灯及灯具、摩托车头盔、儿童安全座椅等，抽检商品不合格率 37.5%，不合格原因主要为纺织品纤维含量、牙刷磨毛指标、摩托车头盔标志不合格。

▲2021 年 4 月 8 日，技术中心化矿实验室工作人员鉴别危险化学品标识标签

进出口商品质量安全风险监测。发挥成渝地区双城经济圈进出口商品质量安全风险监测点作用，收集整理 2013 条风险信息，编制《进出口商品质量安全风险监测简报》4 期，完成风险监测报告 3 份。发挥进出口商品质量安全风险一级监测点（进口特种设备）作用，收集整理国外特种设备事故案例汇编资料 6 期，整理汇编风险信息 66 条，完成风险监测报告 2 份。

【科研工作】2021 年成都海关技术中心科研项目情况见表 7－2，制（修）订各类标准情况见表 7－3，各类专利申请及授权情况见表7－4，各类刊物上发表的科技论文情况见表7－5。

表7－2　2021年成都海关技术中心科研项目

类别	总项数	项目类型	分项数	项目名称	项目负责人
2021年科研立项	8	四川省科研项目	5	《入境伴侣动物携带新型冠状病毒风险研究》	杨苗
				《生鲜食品加工及贮运流通环节新冠病毒防控关键技术的研究与应用》	张婧
				《马铃薯孢囊线虫疫情监测及防控关键技术研究（关键技术攻关项目）》	邵宝林
				《四川省国门安全科普教育基地能力建设与提升》	金晶
				《卫生与动植物检疫措施对四川农业出口贸易的影响研究》	崔鹏博
		总署科研项目	2	《基于一步法的多种虾病检测及POCT移动互联装置的研发与应用》	安微
				《箱包产品鉴定技术标准研究》	苟圆
		成都市科技局科研项目	1	《国境口岸水果检疫及质量安全监控关键技术研究》	邵宝林
2021年之前立项在研项目	11	四川省科研项目	7	《四川地区小麦黑胚病病原鉴定及其对面粉品质的影响》	谭志
				《竹燕窝的营养及功能分析（省重）》	余华
				《食品安全高风险因子的高通量快速筛查技术研究——野生菌中鹅膏毒肽和鬼笔毒肽高通量快速筛查检测技术研究》	胡江涛
				《新型检测技术在猪肉制品主要疫病监测中的应用研究》	林华
				《饮用水中微塑料类污染物检测技术及污染状况研究》	肖宇
				《新型毒品芬太尼类化合物快速鉴定及生物样本中芬太尼及其代谢产物残留的精确定性和定量方法研究》	何开蓉
				《口岸输入性新型冠状病毒应急监测技术体系研究》	林华
		新疆维吾尔自治区科研项目	1	《废纺织原料类（棉、棉短绒、废棉、石棉、动物毛纤维、麻纤维）实物样品图谱库、快速识别系统的应用开发及示范》	董伟
		总署科研项目	3	《伴侣动物冠状病毒高灵敏度数字PCR检测技术研究》	杨苗
				《涉税轻工类消费品检测归类方法研究》	刘苏锐
				《进出口旧机电的固体废物属性鉴别体系研究》	邓勇

表7－3　2021年成都海关技术中心标准制（修）订情况

序号	标准类别	标准编号	标准名称	制（修）订	主要起草人
1	国家标准	GB/T 40171－2021	《磁珠法DNA提取纯化试剂盒检测通则》	制订	林华（第3完成人）
2	海关技术规范	SN/T 5321－2021	《鞋类中醛酮化合物的测定液相色谱法》	制订	俞凌云

表 7－4　2021 年成都海关技术中心专利申请及授权情况

专利类型	专利号	专利名称	专利权人	发明人	申请时间	授权时间
实用新型	CN212702055U	一种用于生物样品检测的试管存放装置	技术中心	邵宝林；杨益芬；鲁昕；刘露希；宿白玉	2020. 7. 13	2021. 3. 16
实用新型	CN213307221U	一种水果保鲜与检疫装置	技术中心	邵宝林；鲁昕；杨益芬；宿白玉；刘露希	2020. 7. 13	2021. 6. 1
实用新型	CN214032405U	一种 pcr 管预冷装置	技术中心	张婧；万洪深	2020. 10. 21	2021. 8. 24
实用新型	CN214551769U	一种微塑料分离收集装置	技术中心	肖宇；俞洪宝；陈闯；程铁辕；薛康	2021. 4. 6	2021. 11. 2
实用新型	CN214820308U	一种用于注塑机的混样装置	技术中心	刘菲；俞凌云；薛康；胡江涛；庞晓红；陈佳玥；黄鑫塬；徐畅	2021. 11. 11	2021. 11. 23
实用新型	CN215066208U	纺织丝样品喷散状态的图像采集器	技术中心	甘霖；俞凌云；苟圆；刘菲；庞晓红；刘苏锐；董伟	2021. 6. 24	2021. 12. 7
实用新型	CN215339354U	手臂双关节弯曲对衣袖耐用性检测仪	技术中心	苟圆；俞凌云；刘菲；刘苏锐；庞晓红；董伟；蒋小葵	2021. 7. 28	2021. 12. 28
实用新型	CN215339352U	裤裆缝线耐用性检测仪	技术中心	蒋小葵；董伟；俞凌云；刘菲；苟圆；庞晓红；刘苏锐	2021. 7. 28	2021. 12. 28
实用新型	CN215339353U	衣袖夹缝处仿生旋转耐用性检测仪	技术中心	俞凌云；苟圆；刘菲；庞晓红；刘苏锐；董伟；蒋小葵	2021. 7. 28	2021. 12. 28
实用新型	CN214812814U	一种固废垃圾分选装置	技术中心	邓勇；徐畅；肖宇；谢佳；刘苏瑞；谢波；刘菲	2021. 7. 28	2021. 11. 23
实用新型	CN214746654U	一种试剂冷藏存放装置	技术中心	李永丽；肖宇；于刚；何开蓉；薛康	2021. 4. 14	2021. 11. 16

表 7－5　2021 年成都海关技术中心科技论文发表情况

序号	论文名称	发表刊物名称	作者	年份/卷期/页码	期刊级别
1	《冷冻电镜技术在白酒微观形态观测中的应用》	《酿酒科技》	程铁辕	2021/2/49－54	统计源期刊
2	*Negative Association between Seed Dormancy and Seed Longevity in Bread Wheat*	*American Journal of Plant Sciences*	张婧	2021/12/347－365	外文期刊

续表

序号	论文名称	发表刊物名称	作者	年份/卷期/页码	期刊级别
3	《基于机器学习和电子舌技术的白酒掺假鉴别》	《食品工业》	程铁辕；夏于林；张莹	2021/42（5）/288－291	省级期刊
4	《进口皮革边角料固体废物属性的鉴别方法研究》	《皮革与化工》	俞凌云；刘菲；陈江；杨斌1彭崇伟；孙梅；戴金兰；周磊	2021/38（03）/31－35	统计源期刊
5	《固态法五粮浓香型白酒掺杂己酸乙酯的鉴别研究》	《包装与食品机械》	程铁辕；尹希杰；夏于林；苏静	2021/39（3）/46－51	北大期刊
6	《进口毛皮边角料固体废物属性鉴别探究》	《中国口岸科学技术》	俞凌云；苟圆；周诚；刘菲；刘苏锐；杜珏；戴金兰；周磊	2021/3（7）/51－61	部级期刊
7	《超高效液相色谱－串联质谱法快速测定毒蕈中6种鹅膏毒肽类和鬼笔毒肽类毒素》	《安徽农业科学》	薛康；胡江涛；俞凌云；刘菲；马丽；龚婷婷；华燚；陈佳玥	2021/49（17）/182－185	省级期刊
8	《进口乙烯醋酸乙烯酯固体废物属性鉴别方法探析》	《中国资源综合利用》	俞凌云；刘菲；闫婧；贾海桥；黄鑫塬；刘兴睿；戴金兰	2021/39（10）/82－85	省级期刊
9	《分散固相萃取－超高效液相色谱－串联质谱法同时测定野生菌中6种鹅膏毒肽和鬼笔毒肽毒素》	《食品安全质量检测学报》	薛康；胡江涛；陈佳玥；华燚；马丽；吴雪梅；徐畅；张格；肖宇；俞凌云	2021/12（22）/8695－8702	北大期刊

【生态原产地产品保护】作为第一批生态原产地产品保护第三方评审机构，参加培训经考核合格获评审员资质人员36名。2021年生态原产地产品保护评审19家，覆盖四川、广东、内蒙古、云南、河北、山西、河南7省区。

【实验室开放日活动】5月25日，开展实验室开放日活动，邀请50位市场监管部门、食品药品企业代表参观实验室，宣传成都海关技术中心在服务打击走私、禁止“洋垃圾”入境、保障国门生物安全、维护食品安全以及科技抗疫、助力复工复产等方面发挥的积极作用，普及国门安全知识。

【基层党建】2021年5月，经成都海关党委研究决定，设立中国共产党成都海关技术中心委员会，设党委书记1名、党委委员1名。7月，经技术中心党委决定，成立3个党支部，分别为：技术中心办公室人事政工和青白江分部党支部、技术中心财务业务发展和实验室保障部党支部、技术中心科技质量管理部党支部。

【党风廉政建设】认真履行全面从严治党主体责任，坚持党风廉政建设和反腐败工作同业务工作同研究、同部署、同落实、同考核。每半年与派驻纪检组召开会商通报会，主动接受监督。扎实开展“现场监管与外勤执法权力寻租”专项整治，针对技术中心实验室的特点，把严格执行实验室质量管理体系和反腐败斗争相结合，排查廉政风险，组织开展个人申报，组织撰写心得体会110篇。综合发挥惩治震慑、制度约束、提高觉悟作用，强化监督执纪问责，及时开展批评教育，一体推进不敢腐、不能腐、不想腐。

（撰稿人：吴孟茹）

四川国际旅行卫生保健中心（成都海关口岸门诊部）

【概况】四川国际旅行卫生保健中心（成都海关口岸门诊部）是成都海关所属事业单位，根据《中华人民共和国国境卫生检疫法》及其实施细则等有关法律法规，主要承担卫生检疫技术保障和国际旅行健康服务等工作。内设办公室、门诊部、医学检测部、卫生检疫综合实验室、质量管理部、综合业务部和财务部7个部门。设有口岸疫病疫情监测四川省重点实验室、国家输入性传染病检测重点实验室、国家医学媒介生物（蝇类）监测与检测重点实验室、总署临床检测区域性中心实验室（四川）、成都海关卫生检疫综合实验室。截至2021年年底，共有干部职工26名，退休职工7名。设党支部3个，中共党员20人（含预备党员2人）。

【党史学习教育】以《忆新民主主义革命时期历史 筑牢信仰之基》《从1949生死博弈 看新中国是怎样炼成的》《加强党风廉政建设 坚定理想政治信念》《坚定理想信念 打好疫情防控攻坚战》为题，开展4次党史学习教育专题学习研讨。7月1日，组织收看庆祝中国共产党成立100周年大会直播，围绕习近平总书记重要讲话开展党委理论学习中心组学习1次。成立青年理论学习小组1个，开展党史学习4次。组织全体党员集体观看《1921》，并交流观影心得。开展“我为群众办实事”实践活动，制定办实事制度1项，确定并办结实事9项，收到锦旗1面。

▲2021年4月16日，保健中心党支部开展“弘扬伟大的长征精神 走好新时代的长征路”主题党日活动

【专业技术人员管理】截至2021年年底，在编专业技术人员中博士4人、硕士9人，取得正高级职称4人、副高级职称8

人。取得高级职称资格情况见表7－6。

表7－6　保健中心取得高级职称资格情况

序号	职称	数量	人员	取得时间
1	正高级职称	4	樊学军	2015.12
2			田绿波	2017.12
3			高国龙	2019.12
4			刘杨	2019.12
5	副高级职称	8	倪蓉	2004.12
6			杨雨	2016.11
7			邓晓东	2016.12
8			何纬	2017.12
9			常晓松	2017.12
10			孟菁	2018.12
11			王俊贤	2019.12
12			石莹	2019.12

【实验室建设】 推进成都天府国际机场智慧实验室建设，完成传染病检测、病媒生物鉴定及检测、微生物检测实验室平面设计、专家论证、技术参数拟制、环境影响评价等工作。

资质认定。实验室均获得检验检测机构资质认定、中国合格评定国家认可委员会实验室认可，获认可项目105项。

能力验证。实验室参加水中pH和铜绿假单胞菌测量审核，参加血清学传染病项目能力验证，参加新型冠状病毒等室间质评活动，均取得“满意”结果。

仪器设备管理。实验室共有仪器设备499台（套）。根据ISO/IEC 17025：2017《检测和校准实验室能力的通用要求》、RB/T214—2017《检验检测机构资质认定能力评价　检验检测机构通用要求》等管理体系要求，制定设备管理程序、期间核查程序，并按照相应操作和维护作业指导书对仪器设备开展维护管理。

开展实验室生物安全培训、疟疾血涂片镜检培训、实验室质量管理体系培训、口岸突发公共卫生事件应急检测培训、疑似预防接种异常反应识别和处置等各类培训34次。

【新冠肺炎疫情防控】 开展口岸新冠病毒检测，检测核酸样本121,426份，其中入境旅客84,967份、环境监测1,328份；检测血液抗体样本9,682份，检出抗体阳性992例。完成社会委托核酸样本6,489份。

【口岸输入性传染病检测】 全年共检

测口岸送检咽拭子样本和血液样本245份，开展甲型流感病毒、乙型流感病毒、甲型H1N1、禽流感病毒、中东呼吸综合征病毒、人鼻病毒、人副流感病毒、呼吸道合胞病毒、基孔肯雅病毒、登革热病毒、黄热病毒、疟疾、乙型脑炎病毒等实验室检测，共检出阳性病例12例，其中疟原虫核酸阳性3例，人鼻病毒核酸阳性9例。

【口岸公共卫生监测】 全年检测成都双流国际机场和成都天府国际机场食品841份、水质1,248份，监测公共场所微小气候及空气质量775点次，检测候机楼空调冷凝水26份，检测卫生处理及消毒效果评价样品813份。

【口岸医学媒介生物监测】 完成口岸医学媒介生物日常监测及鉴定工作，采用二氧化碳诱蚊灯法进行成蚊监测12次，共布放二氧化碳诱蚊灯48个次，捕获成蚊134只，成蚊平均密度为1.4只/（灯·小时）。在两个幼蚊监测点布放诱蚊诱卵器600个次，调查有效诱卵器600个次，其中阳性诱卵器189个次，年平均诱蚊诱卵指数31.5%。在12个鼠类监测点投放鼠笼750个次，鼠夹3,800个次，调查有效鼠笼750个次，有效鼠夹3,800个次，未捕获鼠形动物。投放粘蟑板640个次，捕获蜚蠊27只，蜚蠊密度为0.04只/张。

【出入境体检与健康服务】 出入境传染病监测体检。全年完成出入境人员传染病监测体检16,415人次，同比增长35.0%。其中出国劳务人员体检6,255人次，占出入境体检总人数38.1%，主要前往俄罗斯、沙特阿拉伯、刚果（金）、尼日利亚、几内亚等国家。通过临床检查和实验室检验，共检出艾滋病、梅毒、乙肝、丙肝、疟疾等各类传染病260例，同比增长13.5%，其中艾滋病病毒携带者4人、梅毒感染者133例、肺结核2例、乙肝107例、丙肝抗体阳性14例。

国际旅行预防接种。为出入境人员提供国际旅行预防接种服务13,651人次，同比增长42.5%；国际旅行药品及保健用品20,191人份，同比增长21.7%。签发各类证书34,043份，同比增长41.1%，其中《国际旅行健康检查证明书》14,153份、《国际预防接种证书》7,667份、《境外人员健康检查记录验证证明》2,591份、《预防接种禁忌证明》10份、《艾滋病检验报告单》2,432份、《传染病、吸毒检查报告》799份、健康记录表格38份和PPD（卡介苗纯蛋白衍生物）皮试报告658份，完成涉外健康检查和预防接种评估3,160人次。获得成都市武侯区出入境人员新冠病毒疫苗指定接种点资格，为出入境人员开展新冠病毒疫苗接种服务2,103剂次，并为已完成新冠病毒疫苗接种的出境人员提供中英文接种证明服务。

健康服务。新增无创肝纤维化程度和脂肪变程度检测系统以及胃功能检测等3个项目。

▲2021 年 3 月 18 日，保健中心工作人员向出入境人员宣传爱肝护肝知识

【国际旅行健康服务】参与并通过四川省消除疟疾线上评估，多病共防，为我国正式获得 WHO 消除疟疾认证发挥作用。完成全国爱肝日、全国疟疾日、世界艾滋病日宣教，完成成都市疾控中心牵头的艾滋病监测工作。

3 月和 8 月，支持国际医疗交流合作，分别为四川省卫健委选派赴莫桑比克医疗队、赴东帝汶医疗队、四川大学赴境外开展疫苗研究人员提供国际旅行健康咨询、新冠病毒核酸检测、黄热病疫苗接种服务。

7 月 13 日，到中国水电五局国际公司培训基地开展健康宣教专场讲座，为其 50 余名外派大学生提供专场传染病监测体检和预防接种服务。

7 月 16 日，为将赴刚果（金）的维和部队官兵制订专项工作方案，抽调 30 名人员赴泸州，分批进行传染病监测体检、预防接种以及健康指导；为西部战区总医院 40 余名将出境执行任务的医务人员开设传染病监测体检和预防接种专场，为官兵和医务人员的行前准备做好健康服务。

【科研工作】《成都口岸世界大学生运动会新冠病毒变异株检测及溯源技术研究（2021HK145）》获得总署立项，《四川省出入境人群新冠疫苗的旅行免疫策略制定研究（2021JDR0190）》获得四川省科技厅立项。启动四川省科技项目《基于微流控芯片技术的口岸输入性传染病快速检测技术研发（2020ZYD025）》《基于硒核酸检测技术的新型冠状病毒高灵敏检测试剂盒的研发与应用（2020YFS0585）》结题验收工作。制定《科技成果转化实施办法（试行）》《科研经费管理办法（试行）》。发表论文 2 篇，详见表 7 – 7，申请专利 3 项，详见表 7 – 8。

表 7 – 7　保健中心发表论文情况

序号	论文题目	期刊名称	第一作者	备注
1	《新一代分子诊断技术在输入性传染病快速检测中的应用》	成都医学院学报	赵扬阳	已发表
2	《石斛抗氧化活性研究进展》	天然产物研究与开发	侯帆	已发表

表7－8　保健中心申请专利情况

序号	专利名称	类别	备注
1	一种化学用试管清洗装置	发明专利	已授权
2	一种用于拉曼光谱在线检测的液体采样器	实用新型	已授权
3	一种细菌培养装置	实用新型	已授权

【基层党建】2021年5月，经成都海关党委研究决定，设立中国共产党成都海关保健中心委员会，设党委书记1名、党委委员3名。2021年6月，经保健中心党委决定，成立3个党支部，分别为：综合办公质管联合党支部、门诊医检联合党支部和卫生检疫综合实验室党支部。

【党风廉政建设】认真落实全面从严治党主体责任，严格执行中央八项规定及其实施细则精神，抓好法纪教育、警示教育，持续推进党风廉政建设和反腐败工作。扎实开展“现场监管与外勤执法权力寻租”专项整治，开展纪法学习教育24场，组织相关人员完成纪法教育测试，撰写心得体会6篇。对照典型案例开展自查，重点关注出入境人员体检证书和预防接种证书签发流程，梳理可能存在的廉洁风险，举一反三抓好防范。

（撰稿人：马　田）

中国电子口岸数据中心成都分中心

【概况】中国电子口岸数据中心成都分中心是成都海关直属的事业单位，主要承担四川地区电子口岸应用项目及联网企业的技术支持、操作培训、热线值班、及时收集、报告项目运行情况及各方反映，四川地区电子口岸系统运行、维护管理，电子口岸专网成都分中心节点的网络系统和信息安全保障工作，四川地区中国国际贸易“单一窗口”标准版推广运维工作，成都海关信息系统项目开发、运行维护，四川电子口岸应用项目建设及技术支持，承办四川地区电子口岸政务卡、企业卡入网的身份鉴别、录入、制作等项工作。下设综合部、业务部。截至2021年年底，共有在编人员7人，其中中级职称6人。设党支部1个，中共党员7名。

2021年，中国电子口岸数据中心成都分中心坚持以习近平新时代中国特色社会主义思想为指导，不断提升技术能力和服务水平，推进“关银一KEY通”川渝一体化、电子口岸网络数据安全保障、四川“单一窗口”地方特色应用、跨境电商数据交互应用、市场拓展、疫情防控等重点工作。获第四届四川电子科学技术奖三等奖。

【“关银一KEY通”川渝一体化】根据成渝两地企业跨区域办理电子口岸业务需求，在总署、中国电子口岸数据中心、中国建设银行指导和支持下，运用“共享盾一KEY双证”技术，发挥建行网点布局优势，突破跨关区地域限制，联合重庆海关、建设银行重庆市分行、建设银行四川省分行签署合作备忘录，为川渝地区跨区域经营进出口企业提供更深层次的跨境贸易便利化服务。实现“电子口岸卡”业务跨关区通办、引入银行第三方机构丰富业务办理网点、拓展“电子口岸卡”金融属性，满足川渝两地2,000余家企业在成渝地区双城经济圈范围内存在的跨区域办理电子口岸业务需求，该项目落地实施后，为企业单次业务办理节约近1,000元，业务办理时间压缩三分之二以上。“关银一KEY通”川渝一体化项目通过总署自贸创新举措备案。

▲2021年9月8日，成都海关、重庆海关、建设银行重庆市分行、建设银行四川省分行签署“关银一KEY通”川渝一体化合作备忘录

【电子口岸网络数据安全】补充、更换网络防火墙等一系列网络安全设备7台，电子口岸网络安全防护能力高于网络安全等级保护2级相关要求。按照最小“开放”原则，全面梳理互联网IP访问策略，所有互联网IP仅开放开展业务所需的最小端口。无互联网网站、无开放远程登录权限的情况。开展安全漏洞排查及补丁升级工作，排查、修复网络安全漏洞，完成重点时段网络安全保护工作3次，未出现电子口岸系统、网络异常情况。加强端口限制，关闭远程访问端口，严控互联网出口，关停非必要互联网应用服务器5台，关停互联网运营线路1条，减少互联网暴露面。加强第三方运维服务商管理，签署保密协议，建立维护台账。2021年度未发生电子口岸专网节点故障，全年“零重大安全事件”。

【四川“单一窗口”运行维护】会同四川省人民政府口岸与物流办公室按照《国际贸易“单一窗口”数据安全管理办法》《四川国际贸易“单一窗口”系统运行应急管理制度》《四川国际贸易“单一窗口”数据库备份及应急恢复方案》等要求，加强四川“单一窗口”数据安全管理工作。四川“单一窗口”核心系统可用率99.9%，电子口岸专网一级骨干网可用率100%。

支持四川“单一窗口”地方特色功能建设，会同四川省口岸办上线跨境电商企业对接无纸化申请、中欧e单通2.0系统、“关银一KEY通”川渝一体化等四川“单一窗口”地方特色创新应用3项。

采取“线上+线下”相结合的运行维护机制和“零接触”服务模式，保障“7×24小时”不间断服务。通过电话咨询、网上咨询、运行维护监控“三同步”服务，畅通“地方电子口岸—海关数据分中心—总署数据中心”沟通渠道，全年接听服务热线15,723次，多途径处理企业各类业务问题4,671个；通过客服群为企业提供服务24,489次；通过“中国电子口岸成都分中心”公众号推送电子口岸业务相关资讯155篇，收到企业感谢信1次，全年无企业投诉发生。

通过四川“单一窗口”网站等发布业务政策公告、热点新闻、功能介绍等信息109条。办理电子口岸新入网业务3,091次、信息变更业务2,081次，制作电子口岸IC卡7,115张，延期、解锁等其他业务3,350次，窗口业务办结率100%。截至

2021 年年底，四川“单一窗口”接入中国国际贸易“单一窗口”标准版 18 类 764 项功能，上线地方特色应用功能 17 项。新增注册企业 679 家，累计注册企业 8, 790 家，新增处理业务量超 1, 900 万票，累计处理业务量超 5, 000 万票。

▲2021 年 7 月 7 日，数据分中心工作人员对四川国际贸易“单一窗口”开展维护

【跨境电商业务数据交互】通过网络视屏会议、现场交流等多种形式加强与四川省跨境电商平台、成都市跨境电商平台、电子口岸数据中心及企业的沟通配合，开展数据接收、数据导入、数据传输等通道优化工作。确保传输通道随时可用，对地方跨境电商服务平台故障、数据传输不畅等问题，及时分析研判、疏通拥堵。将报文处理能力提高至 800 个/秒，日均处理能力达 150 万个，2021 年“双 11”期间，企业申报总计 104. 3 万单，货值 1. 8 亿元。其中进口 22. 5 万单，同比增长 1. 3 倍。

（撰稿人：向　导　余　华　周图南）

成都海关学会

【概况】根据2020年7月修订的《成都海关学会章程》，成都海关学会是成都海关党委领导下的海关内部专门从事政策理论研究的群众团体，是中国海关学会的团体会员，在中国海关学会（以下简称“总会”）、中国海关学会成都代表处（以下简称“成都分会”）指导下，组织开展海关群众性理论研究和海关系统内的协作与交流。学会会员为成都海关内设行政机构和隶属海关及事业单位具有一定的理论研究能力、热心参与海关学术理论研究、积极参加学会学术活动的所有在编人员。为便于开展工作，在各部门（单位）成立学会小组，由相关负责人任组长。

2021年，成都海关学会以习近平新时代中国特色社会主义思想为统领，贯彻落实全国海关工作会议及成都海关工作会议部署，参加党史学习教育，着力于落实关党委提出的把学会打造为“培养干部、发掘人才的园地，提炼思想、提升理论的高地，推动工作、把握导向的阵地”的要求，突出学会工作的“基础性、群众性、理论性”，围绕庆祝中国共产党建党100周年、“海关在总体国家安全观中的历史使命与责任担当”、“为维护国门安全提供高质量科技供给”等开展群众性理论研究和征文活动，为筑牢海关国门安全防线建言献策。

【组织建设】聘请学会顾问，参与论文筛选、修改、推荐工作，效果明显；建立评审专家库，在主题征文、专题征文、关级课题评审中发挥作用；建设学会网页，搭建起网上交流平台；进一步完善论文评审标准，参照中国海关学会总会和成都分会的做法，将论文分为特别稿件、优秀、入选、采用等类别；编制学会小组活跃指数，并据此评选出15个优秀学会小组。

▲2021年8月10日，成都海关学会向学会顾问颁发聘书

【征文活动】 组织推动“海关在总体国家安全观中的历史使命与责任担当”主题征文，坚持以习近平新时代中国特色社会主义思想为指导，学习领会习近平总书记关于总体国家安全观的重要论述，聚焦于海关在“坚决维护国家主权、安全、发展利益”的使命、责任、担当，组织会员结合海关职能、岗位职责和身边的事，对海关在总体国家安全观中的历史使命与责任担当进行深入思考、谋划思路、提出举措，为“树牢底线思维，高标准维护国门安全”建言献策。共收到主题征文论文85篇，评选出特别稿件8篇，优秀论文20篇，入选论文25篇。

以庆祝中国共产党成立100周年为主线，结合对海关重大历史事件、重要历史人物、先进模范事迹的回顾和研究，会同政工办开展庆祝中国共产党成立100周年理论文章征集，激励海关广大党员干部在党的光辉旗帜下奋勇前进。共征集文章44篇，评选出优秀特别稿件1篇、优秀论文3篇、入选论文12篇。

首次与科技处联合举办“努力实现科技业务一体化、为维护国门安全提供高质量科技供给”专题征文，聚焦海关职能职责，开展风险防控、口岸监管、检测技术、关税、统计、缉私等领域科研创新。共收到科研论文40篇，评选出优秀论文7篇，入选论文13篇。

上述征文活动共收到各片区牵头学会小组和相关部门初选报送的论文169篇，列成都分会幅联海关学会第1位、全国海关学会第7位。业务部门、综合部门、后勤保障部门、事业单位都参加群研共议工作，首次实现关区部门单位论文撰写“全覆盖”。

【论文获奖及刊载】 在中国海关学会总会进行的总体国家安全观主题征文评审中，成都海关学会报送的3篇文章均获评优秀论文，其中动植食处和邮局海关联合撰写的《落实总体国家安全观　筑牢防控外来入侵物种国门安全屏障》列第4位。

推荐20篇论文参加中国海关学会成都分会论文评审，获评特别表彰5篇，优秀论文8篇，入选论文7篇，其中4篇论文进入成都分会优秀论文前10名。

4篇文章被《海关研究》采用；2篇文章在总署风险司、总会联合举办的“提高国门安全风险防控能力，促进海关风险管理高质量发展”专题征文中分别获评二等奖、三等奖；1篇文章在总署政工办、总会举办庆祝建党100周年理论文章征集中获评入选论文；1篇文章在总署政工办组织的提升巡察工作能力课题研究评选中获评三等奖。相关情况详见表7－9和表7－10。

表7-9　年度主题征文获奖情况

论文题目	作者	奖项	评选单位
《筑牢口岸防控外来物种入侵国门安全屏障——基于总体国家安全观视角》	朱军、周洪波、张军、张涛（执笔）、罗欢	“海关在总体国家安全观中的历史使命与责任担当”主题征文优秀论文	中国海关学会
《提升智能分析布控能力之路径探索——基于“两轮驱动”改革视角》	杨凯平、汪雪妤、江宁（执笔）、杨杰、夏纪、彭建忠、刘峰	“海关在总体国家安全观中的历史使命与责任担当”主题征文优秀论文	中国海关学会
《新发展理念指引下进出境邮递物品海关监管制度的审视与重构》	刘旭	“海关在总体国家安全观中的历史使命与责任担当”主题征文优秀论文	中国海关学会
《海关风险布控方法探索——基于大数据、人工智能在风险布控中的应用实践》	李宣彤、刘伟、王正刚（执笔）、李晓敏、姜伟、李磊、张汉、潘旭东、肖晓文、杨凯平、何雅西	“提高国门安全风险防控能力，促进海关风险管理高质量发展”专题征文二等奖	总署风险管理司、中国海关学会
《以风险管理优化“多查合一”涉检事项核查的思考》	李玉洁、贺庆	“提高国门安全风险防控能力，促进海关风险管理高质量发展”专题征文三等奖	总署风险管理司、中国海关学会
《落实总体国家安全观　筑牢防控外来入侵物种国门安全屏障》	朱军、周洪波、张军、张涛（执笔）、罗欢	优秀论文	中国海关学会成都代表处
《总体国家安全观下综合保税区推动国内大循环研究》	陈海、蒲彪、王鹏（执笔）、梁敏	优秀论文	中国海关学会成都代表处
《“两轮驱动”改革下海关加强智能分析布控提升通关监管效能探索》	杨凯平、汪雪妤、江宁（执笔）、杨杰、夏纪、彭建忠、刘峰	优秀论文	中国海关学会成都代表处
《落实总体国家安全观做好大型国际航空枢纽旅检监管业务》	赵磊	优秀论文	中国海关学会成都代表处
《落实“三智”理念　加强进境粮食属地智慧监管建设》	姜伟、杜勃、徐辉、张小龙、吴绍军	优秀论文	中国海关学会成都代表处
《总体国家安全观下内陆地区冷链物流反走私综合治理高质量发展的思考》	郭若、刘军锋、刘航颖	优秀论文	中国海关学会成都代表处
《进出境邮递物品海关监管制度的审视与重构》	刘旭	优秀论文	中国海关学会成都代表处
《落实总体国家安全观　筑牢伴生天然放射性矿进境防线》	申文敏	优秀论文	中国海关学会成都代表处

表 7－10　论文获得刊载情况

论文题目	作者	刊载情况	
《当前中小微劳动密集型区外加工贸易企业的发展与监管困境——以制鞋类企业为例》	邓新宇、石泽亚、谢楚涵	《海关研究》第 1 期	中国海关学会
《新形势下开拓基层海关学会工作的新局面》	肖力	《海关研究》第 3 期	中国海关学会
《新冠肺炎疫情下优化市场采购贸易监管的思考——以成都国际商贸城市场采购贸易试点为例》	申文敏	《海关研究》第 3 期	中国海关学会
《海关风险布控方法探索——基于大数据、人工智能在风险布控中的应用实践》	李宣彤、刘伟、王正刚（主笔）、李晓敏、姜伟、李磊、张汉、潘旭东、肖晓文、杨凯平、何雅西	《海关研究》第 5 期	中国海关学会

（撰稿人：伍　剑）

第八篇

人物名录及荣誉

成都海关关领导名单

1 月 1 日—1 月 25 日

冉　辉　党委书记、关长

陈开茂　党委委员、党委纪检组组长

续效东　党委委员、政治部主任

虞　阳　党委委员、缉私局局长兼督察长

叶卫翔　党委委员、副关长

李宣彤　党委委员、副关长

李海帆　党委委员、副关长

1 月 25 日—6 月 28 日

冉　辉　党委书记、关长

陈开茂　党委委员、党委纪检组组长

虞　阳　党委委员、缉私局局长兼督察长

叶卫翔　党委委员、副关长

李宣彤　党委委员、副关长

李海帆　党委委员、副关长

6 月 28 日—12 月 31 日

冉　辉　党委书记、关长

虞　阳　党委委员、缉私局局长兼督察长

叶卫翔　党委委员、副关长

李宣彤　党委委员、副关长

李海帆　党委委员、副关长

12 月 31 日

冉　辉　党委书记、关长

虞　阳　党委委员、缉私局局长兼督察长

杨　卓　党委委员、党委纪检组组长

李宣彤　党委委员、副关长

李海帆　党委委员、副关长

方　祥　党委委员、副关长

张晓菲　党委委员、政治部主任

成都海关首次荣获“光荣在党50年”纪念章名单

（按姓氏笔画排序）

马启芳	王光林	王志诚	李国富	杨国民	周志贤
王晓蒙	邓金明	付启钦	孟世明	宫福仁	胡伯良
冉浩明	叶自银	田思富	赵文明	袁永成	阎淑华
刘国昌	张文超	张明信	谢才初	蔡德明	蔺学伦

2021年获得省部级及以上表彰集体及个人

获得表彰	获奖对象	授予单位
全国先进基层党组织	青白江海关党总支	中共中央
全国食品安全工作先进集体	动植食处	国务院食品安全委员会
全国“扫黄打非”先进集体	邮局海关	全国“扫黄打非”工作小组办公室
全国“扫黄打非”先进个人	赵伟	全国“扫黄打非”工作小组办公室
全国五四红旗团支部	机场海关团支部	共青团中央
第20届全国青年文明号	成都双流机场海关监管一科	共青团中央
第20届全国青年文明号	成都双流机场海关综合业务科	共青团中央
全国巾帼文明岗	技术中心动检实验室	中华全国妇女联合会
“十三五”全民科学素质工作先进集体	技术中心	中国科学技术协会
2020年省直部门（单位）定点扶贫先进集体	成都海关	中共四川省委四川省人民政府
四川省脱贫攻坚先进个人	潘中乔亚	中共四川省委四川省人民政府
2020年脱贫攻坚“五个一”帮扶先进个人	潘中乔亚	中共四川省委四川省人民政府
2020年脱贫攻坚“五个一”帮扶先进个人	王沣涛	中共四川省委四川省人民政府

第九篇

大事记

2021年成都海关大事记

1月

▲**1日**　2021年中欧班列（成渝）首列发车。该班列从重庆、成都两地同时发车，搭载电子产品、机械零件、智能家电，分别驶向德国杜伊斯堡和波兰罗兹。

▲**5日**　成都双流机场海关完成关区首票进口高风险非冷链集装箱货物采样检测工作。抽样货物为2件航材刹车系统用马达，按指令开展抽样和预防性消毒。

▲**6日**　成都双流机场海关办理四川首票空运转关“两步申报”报关单。试点企业为成都国航进出口有限公司，商品为“石棉垫”，货值8,199.21元，货站发送转关运抵报告后实现“秒放行”。

青白江海关完成四川首票中欧班列进口高风险非冷链集装箱货物预防性消毒工作。该票货物为进口果蔬泥，重14.4吨。

广安海关正式受理企业通关业务，受理完成出境检验检疫申报5批，货值约320万元。

▲**14日**　南充海关办理南充保税物流中心（B型）首票货物入区手续，该货物为重庆某公司待出口的农用微耕机，货值65.9万元。

▲**15日**　成都海关与中国银行股份有限公司四川省分行签署合作备忘录，双方在总署和中国银行总行合作备忘录的基础上，就金融业务合作和金融服务等方面进一步加强合作。

▲**19日**　天府新区海关按照“随到随检随放”原则快速验放自日本进口的2022年北京冬奥会用柯斯达汽车配套雪地胎，用于现阶段场地和路面测试。

▲**21日**　天府新区海关对四川首台入境维修/再制造隧道挖掘设备实施目的地查验。

▲**22日**　成都海关缉私局办结《中华人民共和国固体废物污染环境防治法》颁布实施后四川首起固体废物违法入境案。

▲**29日**　成都海关举办2021年首场线上涉案财物专场拍卖会。通过淘宝网对成都双流机场海关移交的意大利品牌衣服等超期货物进行公开拍卖，共设置标的184个，成交171个，成交率93%，成交价款23.28万元，溢价9.97万元，溢价率

42.9%。本场拍卖共计8.6万人次围观，856人报名竞价。

2月

▲**19日** 成都国际铁路港综合保税区正式完成卡口切换工作，实现成都铁路保税物流中心（B型）到成都国际铁路港综合保税区的“无感”切换。

▲**21日** 青白江海关保障首列“成都—圣彼得堡”中欧班列开行。该班列由成都首发，经二连浩特口岸出境，最终抵达俄罗斯圣彼得堡，运行时间约13天。首趟班列搭载50个集装箱，主要货物为境外工程项目用活动板房，货值562万元。

▲**24日** 成都海关顺利完成第二批H2018系统3.0版本切换工作。按照总署统一部署，除成都双流机场海关7902现场作为备用应急现场外，其余现场均已完成系统切换。当日，通过新版本共放行报关单1,817票，其中进口506票、出口1,311票，业务运行平稳。

3月

▲**5日** 青白江海关首次验放出口医用新冠病毒检测试剂，累计验放351.66万人份。

▲**10日** 成都海关启动高级认证企业申请免除税款担保试点工作。审核通过四川国际航空发动机维修有限公司业务试点申请，该企业成为四川首家试点企业。

▲**14日** 成都海关保障四川2021年首批进口种猪顺利通关，该批种猪自美国进口，共985头，成功运送至宜宾市叙州区柳嘉镇隔离检疫场开展为期45天的隔离检疫。

▲**24日** 锦城海关首次监管销毁跨境电商临期、过期商品，涉及咖啡粉、柠檬、红糖、姜茶等7种商品共计1.7吨。

4月

▲**7日** 成都双流机场海关顺利完成H2018新一代通关管理系统3.0版切换工作，当日接受进出口报关单申报844票，货值9.1亿元，征收税款1,465.41万元。

▲**9日** 青白江海关保障首列“中国成都—乌兹别克斯坦”茶叶专列开行，该趟专列经霍尔果斯口岸出境至乌兹别克斯坦首都塔什干，全程约4,659千米，运行时间约5天，班列共计50个集装箱，搭载四川产绿茶1,247.4吨，货值880.2万元。

▲**21日** 成都双流机场海关支持香港至成都往返客运航班顺利复航，验放进出境旅客37人次、机组人员30人次。这是自2020年10月21日香港至成都往返客运航班停飞后的首次复航。

▲**23日** 四川首个“前店后仓+快速配送”跨境电商新模式正式运营。该模式由中国邮政四川公司负责运营，依托空港保税物流中心（B型）内保税仓库与中心外跨境电商新业态体验店，实现保税备货跨境电商商品“线下展示”和“线上销售”，消费者在“前店”现场下单后，后

台系统实时向海关进行申报，在海关“审、验、放”一体化监管下，商品约10分钟即可快速送达消费者手中，压缩配送时间近86%。当日，共监管跨电清单450票。

▲26日 青白江海关保障首趟“成都—费利克斯托/阿姆斯特丹”中欧班列开行。该班列为成都中欧班列开行八周年纪念专列，从成都始发，经霍尔果斯口岸出境，分别发往英国费利克斯托、荷兰阿姆斯特丹，各载有50个集装箱，搭载电子产品、新能源材料、日用百货、防疫物资等货物，货值分别为3.4亿元、3,026.4万元。

5月

▲10日 成都双流机场海关顺利完成2021年首批进口活青蟹口岸验放工作。该批活青蟹自坦桑尼亚进口，重176千克。该关按规定对货物外包装及存放场地进行防疫消毒并完成口岸检疫查验工作，货物放行后及时移交地方政府联防联控进行后续监管。

▲12日 成都海关接受世卫组织消除疟疾认证线上评估。在四川省疾控中心应急大厅通过线上视频，从海关防止疟疾输入采取的措施、对出境人员开展疟疾防控健康宣教等内容回答世卫组织专家提问，成都海关所做工作得到专家的高度肯定和表扬。

▲19日 成都海关选派青白江海关监管二科科长夏纪参加中共中央宣传部“当好让中央放心、让人民满意的国门卫士”中外记者见面会。

6月

▲7日 成都双流机场海关顺利开通成都海关首单跨境电子商务“清单核放、汇总申报”业务，验放关区首单“清单核放、汇总申报”跨境电子商务出口报关单，涉及金额511.7元，退税率13%。

▲8日 成都海关联合四川省水产局、四川省文物局开展超期放弃水生动物及其制品清理工作。共清理砗磲、珊瑚、海螺等1.5吨水生动物及其制品。经水产、文物专家分类确认，具有收藏价值的由四川博物院收藏，具有科研教学价值的由四川大学、四川省农科院水产研究所接收保管。

▲18日 青白江海关保障首列“成都—马拉”中欧班列跨境电商专列开行。该班列由成都首发，经霍尔果斯口岸出境抵达波兰马拉，运输里程约9,800千米，全程运行15天，载有五金电器、汽车配件、百货等货物，货值2,032万元。

▲23日 成都海关与四川省税务局签署数据交换合作备忘录。双方将以数据信息交换为基础，通过共享驱动共治，在进出口企业管理服务、风险防控、打击涉税违法犯罪等方面开展深度合作。

▲28日 天府新区海关办理成都海关首票TIR跨境公路运输业务。首票货物主

要为充电插头、服装等，货值93万元，由成都经阿拉山口口岸出境，途经哈萨克斯坦、俄罗斯、白俄罗斯、波兰、斯洛伐克，最终抵达匈牙利布达佩斯，全程约8,200千米，预计途中运输时间12天。

7月

▲1日 成都海关组织开展庆祝中国共产党成立100周年“永远跟党走”七一主题党日活动。党委书记、关长冉辉致辞，党委委员和一级巡视员为6名老党员代表现场颁发“光荣在党50年”纪念章，为全关优秀共产党员、优秀党务工作者、先进党组织代表颁发证书奖牌；组织15名新党员集体入党宣誓，集中观看“学史·铸魂”红色讲坛采访视频《我想对党说》；观看青年关员排演的情景剧《觉醒年代》，举行“颂歌献给党”歌咏活动。上午，成都海关机关和各隶属海关举行升国旗仪式，全关党员干部集中收看庆祝中国共产党成立100周年大会。活动以视频会议形式进行，缉私局局长虞阳、副关长叶卫翔、副关长李宣彤、副关长李海帆及全关副处级以上党员干部和党员代表参加。

▲5日 锦城海关推动“智慧综保”建设正式启用综合保税区同企跨片业务，高新综合保税区内试点企业跨区无障碍自由流转64车次，主要货物为显示屏、后盖、彩盒等，货值5,800万元。据测算，试点企业全年可节省相关费用900万元，跨片成本下降90%。

▲29日 天府新区海关完成成都海关首票区外加工贸易边角料拍卖挂网，本次边角料挂网拍卖标的为热轧航空用合金钢圆棒边角料，重7.7吨。

8月

▲10日 天府新区海关成功办理四川首票保税进口特殊物品。该批货物为某药企自德国进口的人血白蛋白，共计2万余瓶，经口岸预防性消毒处理后顺利运抵天府国际生物城公用型保税仓库。

▲20日 成都海关首次开展核查领域采信第三方出具报告制度试点工作。德阳海关在对四川米老头食品工业集团股份有限公司实施出口备案食品生产企业核查时，在企业自愿提交采信申请的基础上，对第三方报告进行了符合性评估，经采信后对企业免于实施实地核查。

▲27日 总署进口固体废物属性鉴定常规实验室（成都）顺利通过总署专家组验收，标志着成都海关固体废物属性鉴定实验室正式建成。

9月

▲2日 青白江海关保障“成都—奥斯陆”中欧班列首发。该趟班列自成都始发，经霍尔果斯口岸出境，预计运行15天，最终抵达挪威奥斯陆，共搭载50个集装箱，货值2,868.2万元，主要商品为电子产品、运输设备、日用百货等。

▲17日 青白江海关保障“成都—格

但斯克”中欧班列首发。该趟班列自成都始发，经霍尔果斯口岸出境，预计运行12天，最终抵达波兰格但斯克，共搭载50个集装箱，货值约1,430万元，主要商品为家具、家用电器、小型机械设备等货物。

▲27日　成都海关首批企业集团加工贸易监管改革试点正式启动，成功确定以成都沃尔沃为牵头企业、大庆沃尔沃为参与企业共同试点开展企业集团加工贸易监管改革，是成都海关首个跨直属关区的区外加工贸易改革试点项目。

10月

▲18日　成都双流机场海关保障参加全国第十一届残运会暨第八届特奥会澳门代表团人员入境。

▲20—21日　成都海关向四川省水产局移交水生濒危动物及其制品。经四川省水产局同意，对成都海关罚没的64千克红珊瑚、海马等水生濒危动物及其制品和1,310千克进境旅客放弃的石珊瑚、海螺等水生濒危动物及其制品，分别移交给四川博物院、四川大学博物馆、四川省水产研究所接收保管。

▲25日　青白江海关保障首列“顺丰国际”中欧班列专列开行。该专列自成都始发，经霍尔果斯口岸出境，预计运行10天抵达波兰马拉，共搭载50个集装箱，主要商品为电子产品、机械配件、日用百货、服装鞋帽等，货重496.5吨，货值1,652.2万元。

11月

▲8日　青白江海关保障“成都—热平”中欧班列首发。该趟班列自成都始发，经阿拉山口口岸出境，预计运行14天，最终抵达波兰热平，共搭载50个集装箱，货值约2,154.4万元，主要为电子产品、日用百货、汽车配件等货物。

▲15日　青白江海关保障“成都—伊明汉姆”中欧班列首发。该班列自成都始发，经霍尔果斯口岸出境至俄罗斯加里宁格勒州，换乘轮渡通过铁海联运方式最终抵达英国伊明汉姆，共搭载50个集装箱，运载货物主要为服饰百货、家具家电、园林工具等，货值约1,531.8万元。

▲16日　成都海关在宜宾港顺利开展关区首票进口货物“船边直提”业务，确保11个装载进口纸浆的40尺集装箱直接吊装上集卡车运离码头，全程用时11分钟，为企业节省物流成本，提高口岸通关效率。

12月

▲3日　成都海关受理首票税款担保改革后的税款担保保函。中国银行通过H2018系统备案为自贡某企业开具联网备案税款担保保函，担保额度2,000万元。该保函是12月1日总署发布海关税款担保改革公告后成都海关受理的首票税款担保保函，企业只需向海关提交一份关税总担保即可办理所有税款担保业务，极大地提

升税款担保业务的效率和便利性。

▲4 日　中老铁路（成渝—万象）国际货运班列首发运行。该班列分别从成都国际铁路港和重庆国际枢纽园区始发，全程运行约 2,000 千米，途经云南最快 3 天到达老挝首都万象。班列主要搭载货物为轻型商用货车、坚果、摩托车配件和化工品等产品。

▲10 日　成都海关创新开展首票中欧班列货物“铁路快通＋进口直提”业务，为企业自罗马尼亚进口的木碎板料，单个集装箱为企业节约吊装转运成本 1,000 元。

▲21 日　“智慧空港”进境邮件异常查询模块正式启用，解决了长期以来群众反映部分异常邮件无法查询、无法办理通关手续问题。

第十篇

海关统计资料

2021 年四川各市州进出口总值表

单位：万元人民币

地区名称	进出口		出口		进口	
	2021 年	同比%	2021 年	同比%	2021 年	同比%
总计	95,136,019	17.6	57,086,659	22.7	38,049,360	10.8
成都	82,219,702	14.8	48,412,141	17.9	33,807,561	10.7
成都高新技术产业开发区	7,116,054	30.6	4,048,793	21.4	3,067,261	45.0
成都经济技术开发区	1,526,650	-16.0	821,400	-12.9	705,250	-19.5
都江堰	128,618	465.2	116,168	689.9	12,450	54.6
简阳	91,278	5.5	86,243	14.8	5,035	-55.9
绵阳	2,505,470	15.8	1,108,895	41.7	1,396,575	1.2
绵阳经济技术开发区	305,406	49.7	274,583	47.9	30,823	68.0
绵阳高新技术产业开发区	620,792	0.6	151,562	20.6	469,230	-4.5
江油	9,345	-48.1	6,248	-44.2	3,097	-54.5
宜宾	2,365,333	29.2	1,674,766	35.2	690,567	16.7
宜宾临港经济开发区	1,347,855	50.0	1,072,451	46.6	275,404	64.5
德阳	1,436,944	23.3	1,136,463	37.8	300,481	-11.8
广汉	336,973	31.8	249,699	161.9	87,274	-45.5
泸州	1,295,311	44.3	698,687	54.2	596,624	34.2
泸州高新技术产业开发区	78,238	-1.9	77,040	-0.5	1,198	-46.9
乐山	919,211	85.5	740,111	100.1	179,100	42.5
乐山高新技术产业开发区	1,304	-2.5	802	35.2	502	-32.5
峨眉山	37,595	4.9	35,990	4.5	1,605	14.0
眉山	802,731	103.2	594,830	165.7	207,901	21.5
南充	520,743	46.2	479,947	42.9	40,796	101.7
达州	515,357	93.7	468,958	101.7	46,399	38.7
遂宁	493,810	33.9	380,651	107.1	113,159	-38.8
自贡	422,338	32.8	306,432	31.4	115,906	36.4
攀枝花	414,719	35.9	171,283	43.8	243,436	30.8

续表

地区名称	进出口		出口		进口	
	2021 年	同比%	2021 年	同比%	2021 年	同比%
内江	297,193	49.5	210,751	59.0	86,442	30.5
资阳	274,079	45.1	131,340	143.1	142,739	5.9
广安	238,396	67.4	227,043	73.2	11,353	0.6
雅安	129,372	96.9	78,939	64.3	50,433	185.4
广元	100,663	280.4	96,187	293.3	4,476	123.0
广元经济技术开发区	77,788	762.8	77,636	767.0	152	149.2
凉山	85,849	107.4	85,464	110.5	385	-51.9
巴中	53,941	112.6	43,445	91.4	10,496	292.7
阿坝	28,642	60.0	24,115	107.4	4,527	-27.8
甘孜	16,216	31.3	16,212	31.3	4	-20.0

2021 年四川进出口贸易方式总值表

单位：万元人民币

贸易方式	出口			进口		
	2021 年	2020 年	同比%	2021 年	2020 年	同比%
总计	57,086,659	46,535,931	22.7	38,049,360	34,350,425	10.8
加工贸易	26,726,348	27,507,115	-2.8	24,348,987	23,794,963	2.3
一般贸易	15,436,152	10,103,685	52.8	8,223,578	6,725,048	22.3
海关特殊监管区域物流货物	11,567,671	6,295,545	83.7	3,737,895	1,929,881	93.7
其他	2,741,899	522,635	424.6	69,388	88,322	-21.4
保税监管场所进出境货物	349,445	1,943,808	-82.0	450,974	951,208	-52.6
对外承包工程出口货物	257,782	153,866	67.5	-	-	-
出料加工贸易	6,622	6,116	8.3	10,226	9,656	5.9
其他捐赠物资	556	1,528	-63.6	-	6,912	-
租赁贸易	164	27	507.4	6,857	88,595	-92.3
国家间、国际组织无偿援助和赠送的物资	18	1,607	-98.9	-	-	-
边境小额贸易	-	-	-	29	-	-
加工贸易进口设备	-	-	-	371	2,682	-86.2
外商投资企业作为投资进口的设备、物品	-	-	-	20,454	11,958	71.0
海关特殊监管区域进口设备	-	-	-	1,180,601	741,199	59.3
免税品	-	-	-	-	2	-

2021年四川进出口企业性质一览表

单位：万元人民币

企业性质	实绩企业家数	出口			进口		
		2021年	2020年	同比%	2021年	2020年	同比%
总计	6,714	57,086,659	46,535,931	22.7	38,049,360	34,350,425	10.8
外商投资企业	558	33,274,308	30,819,039	8.0	27,646,709	26,377,950	4.8
民营企业	5,785	20,151,008	13,091,722	53.9	6,614,768	5,335,760	24.0
国有企业	328	3,648,932	2,606,445	40.0	3,768,545	2,603,568	44.7
临时企业	43	12,377	18,701	-33.8	19,337	33,146	-41.7

2021年四川进出口商品构成表

单位：万元人民币

商品类名称	进出口		出口		进口	
	2021年	同比%	2021年	同比%	2021年	同比%
总值	95,136,018	17.6	57,086,659	22.7	38,049,360	10.8
一、初级产品	3,716,535	70.8	681,100	32.6	3,035,435	82.6
0类食品及活动物	706,665	28.8	213,013	14.5	493,652	36.2
00章活动物	0	-100.0	0	-100.0	-	-
01章肉及肉制品	200,408	38.2	10,879	0.1	189,529	41.3
02章乳品及蛋品	125	31.6	125	1,288.9	-	-
03章鱼、甲壳及软体类动物及其制品	36,417	18.1	7,882	96.1	28,535	6.4
04章谷物及其制品	29,002	79.3	7,027	-7.8	21,975	156.9
05章蔬菜及水果	115,312	65.6	62,849	7.8	52,463	361.7
06章糖、糖制品及蜂蜜	4,022	-16.2	2,593	-36.9	1,429	108.3
07章咖啡、茶、可可、调味料及其制品	30,651	11.2	12,352	-12.9	18,299	36.8
08章饲料(不包括未碾磨谷物)	122,820	37.4	11,435	10.1	111,385	41.0
09章杂项食品	167,906	2.0	97,870	28.3	70,036	-20.7
1类饮料及烟类	102,434	-18.1	86,122	-15.4	16,312	-29.5
11章饮料	68,601	-30.1	52,289	-30.2	16,312	-29.5
12章烟草及其制品	33,833	25.6	33,833	25.6	-	-
2类非食用原料(燃料除外)	1,832,131	49.4	172,699	22.1	1,659,432	52.9
21章生皮及生毛皮	16,523	3.2	-	-	16,523	3.2
22章油籽及含油果实	98,299	-23.3	961	14.8	97,338	-23.5
23章生橡胶(包括合成橡胶及再生橡胶)	16,384	-18.3	7,161	118.6	9,223	-45.0
24章软木及木材	184,768	15.0	3,728	180.1	181,040	13.6
25章纸浆及废纸	236,582	-2.2	115	11,400.0	236,467	-2.2
26章纺织纤维及其废料	95,720	-2.1	60,270	2.0	35,450	-8.4
27章天然肥料及矿物(煤、石油及宝石除外	364,344	90.2	11,672	130.9	352,672	89.1
28章金属矿砂及金属废料	725,499	146.6	7,819	76.5	717,680	147.6

续 表

商品类名称	进出口		出口		进口	
	2021 年	同比%	2021 年	同比%	2021 年	同比%
29 章其他动、植物原料	94,010	23.4	80,972	20.1	13,038	48.6
3 类矿物燃料、润滑油及有关原料	778,615	384.4	298	-88.5	778,317	392.2
32 章煤、焦炭及煤砖	521,057	295.2	30	-98.7	521,027	302.1
33 章石油、石油产品及有关原料	43,869	251.0	243	-4.3	43,626	256.2
34 章天然气及人造气	213,689	1,205.1	25	-66.7	213,664	1,210.9
4 类动植物油、脂及蜡	296,690	157.4	208,968	155.8	87,722	161.5
41 章动物油、脂	57,784	91.8	53,444	85.1	4,340	246.1
42 章植物油、脂	77,827	172.2	159	-1.2	77,668	173.2
43 章已加工的动植物油、脂及动植物蜡	161,079	184.9	155,365	195.0	5,714	47.8
二、工业制品	91,419,484	16.1	56,405,559	22.6	35,013,925	7.1
5 类化学成品及有关产品	4,394,765	43.1	3,309,878	55.1	1,084,887	15.7
51 章有机化学品	1,264,265	52.2	1,110,652	85.1	153,613	-33.4
52 章无机化学品	739,701	42.9	617,598	38.6	122,103	69.7
53 章染料、鞣料及着色料	598,005	46.9	443,305	31.2	154,700	123.8
54 章医药品	226,704	14.8	178,559	4.5	48,145	81.2
55 章精油、香料及盥洗、光洁制品	78,063	66.5	42,921	63.1	35,142	70.8
56 章制成肥料	313,777	47.1	313,777	47.3	0	-100.0
57 章初级形状的塑料	432,885	39.5	205,316	102.5	227,569	8.9
58 章非初级形状的塑料	330,817	35.9	160,002	130.0	170,815	-1.7
59 章其他化学原料及产品	410,549	34.4	237,749	40.3	172,800	27.0
6 类按原料分类的制成品	4,094,837	61.8	3,401,511	80.2	693,326	7.8
61 章皮革、皮革制品及已鞣毛皮	34,384	55.0	15,946	227.6	18,438	6.5
62 章橡胶制品	180,080	26.7	153,820	35.9	26,260	-9.4
63 章软木及木制品(家具除外)	64,198	161.7	44,420	210.5	19,778	93.3
64 章纸及纸板；纸浆、纸及纸板制品	190,701	33.7	165,473	39.3	25,228	5.6
65 章纺纱、织物、制成品及有关产品	739,738	16.5	716,839	21.9	22,899	-50.7
66 章非金属矿物制品	599,875	132.1	549,040	167.1	50,835	-3.9
67 章钢铁	516,750	64.9	370,389	109.9	146,361	7.0
68 章有色金属	366,089	41.0	168,248	38.7	197,841	43.0
69 章金属制品	1,403,020	91.4	1,217,336	123.4	185,684	-1.4
7 类机械及运输设备	74,583,632	9.8	43,227,810	12.0	31,355,822	7.0
71 章动力机械及设备	1,154,910	13.0	524,410	44.9	630,500	-4.5
72 章特种工业专用机械	1,980,363	13.6	517,309	15.7	1,463,054	12.9
73 章金工机械	178,668	1.7	81,387	22.5	97,281	-11.0
74 章通用工业机械设备及零件	1,551,840	34.2	1,070,133	46.2	481,707	13.5
75 章办公用机械及自动数据处理设备	23,321,345	9.4	22,019,447	8.8	1,301,898	20.8

续表

商品类名称	进出口值		出口值		进口值	
	2021 年	同比%	2021 年	同比%	2021 年	同比%
76 章电信及声音的录制及重放装置设备	5,948,273	18.4	4,907,664	26.0	1,040,609	-8.0
77 章电力机械、器具及其电气零件	38,503,044	7.9	12,669,401	8.8	25,833,643	7.5
78 章陆路车辆(包括气垫式)	1,748,015	8.3	1,294,978	19.7	453,037	-14.9
79 章其他运输设备	197,174	8.6	143,081	13.7	54,093	-3.0
8 类杂项制品	7,882,568	56.4	6,189,444	87.2	1,693,124	-2.4
81 章活动房屋；卫生、水道、供热及照明装	799,190	82.3	790,678	83.8	8,512	4.4
82 章家具及其零件；褥垫及类似填充制品	526,834	131.1	491,149	156.4	35,685	-2.0
83 章旅行用品、手提包及类似品	245,661	189.8	242,958	192.7	2,703	51.6
84 章服装及衣着附件	1,150,235	203.3	1,116,386	225.1	33,849	-5.8
85 章鞋靴	676,186	106.7	670,275	107.5	5,911	43.0
87 章专业、科学及控制用仪器和装置	2,314,625	2.5	1,150,896	20.6	1,163,729	-10.7
88 章摄影器材、光学物品及钟表	438,429	19.7	113,382	-25.6	325,047	52.0
89 章杂项制品	1,731,406	80.5	1,613,719	94.9	117,687	-10.6
9 类未分类的商品	463,682	185.6	276,916	169.6	186,766	213.2

注：表中所提供数据采用联合国《国际贸易标准分类》第三版（SITC3）关于原材料、半制品和制成品的分类进行统计。原料即指第 0 类－第 4 类的产品，半制品指第 6 类的产品，制成品指第 5 类、第 7 类、第 8 类和第 9 类的产品。

2021年四川出口主要商品值表

单位：万元人民币

商品名称	进口	去年同期	同比%
农产品	727,582	574,233	26.7
*肉类(包含杂碎)	98,229	77,745	26.3
*乳品	135,954	130,191	4.4
*粮食	124,196	135,362	-8.2
金属矿及其精矿	731,072	321,724	127.2
煤及褐煤	520,664	128,348	305.7
基本有机化学品	152,302	212,604	-28.4
初级形状的塑料	227,569	208,905	8.9
塑料制品	218,506	223,951	-2.4
木及其制品	200,711	169,421	18.5
纸浆、纸及其制品	262,277	266,268	-1.5
钢材	66,399	73,123	-9.2
机电产品	33,000,110	31,044,334	6.3
*机械基础件	116,980	108,512	7.8
*通用机械设备	180,296	175,186	2.9
*自动数据处理设备及其零部件	1,301,932	1,077,838	20.8
*电工器材	445,240	498,411	-10.7
*音视频设备及其零件	348,566	396,952	-12.2
*电子元件	25,099,016	23,238,117	8.0
*汽车(包含底盘)	45,731	15,826	189.0
*汽车零配件	506,531	673,727	-24.8
*航空器零部件	424,518	479,912	-11.5
*计量检测分析自控仪器及器具	804,657	862,104	-6.7
*医疗仪器及器械	87,687	68,999	27.1

2021 年四川进出口国别（地区）表

单位：万元人民币

国别（地区）	出口			进口		
	2021 年	2020 年	同比%	2021 年	2020 年	同比%
总计	57,086,659	46,535,931	22.7	38,049,360	34,350,425	10.8
阿富汗	3,569	8,997	-60.3	14	11	27.3
巴林	13,851	5,183	167.2	3,321	44	7,447.7
孟加拉国	215,066	79,843	169.4	3,857	1,468	162.7
不丹	85	274	-69.0	0	1	-100.0
文莱	9,225	11,195	-17.6	13	3	333.3
缅甸	90,510	44,592	103.0	873	1,427	-38.8
柬埔寨	75,081	32,490	131.1	17,355	18,927	-8.3
塞浦路斯	2,017	1,428	41.2	863	125	590.4
中国香港	4,842,079	4,084,835	18.5	94,673	11,484	724.4
印度	1,866,826	1,082,808	72.4	118,312	96,029	23.2
印度尼西亚	416,010	276,908	50.2	516,057	128,123	302.8
伊朗	40,561	27,364	48.2	3,063	2,061	48.6
伊拉克	96,330	32,788	193.8	1	4	-75.0
以色列	152,113	139,677	8.9	2,047,587	1,927,864	6.2
日本	1,958,843	2,373,926	-17.5	2,702,888	2,173,594	24.4
约旦	35,973	17,789	102.2	6	6	0.0
科威特	43,959	17,677	148.7	1,471	1,508	-2.5
老挝	22,937	29,650	-22.6	2,419	4,250	-43.1
黎巴嫩	19,655	3,450	469.7	27	19	42.1
中国澳门	19,369	5,045	283.9	37	7	428.6
马来西亚	4,486,999	2,566,718	74.8	949,275	1,054,421	-10.0
马尔代夫	11,154	14,694	-24.1	0	0	—
蒙古国	8,891	2,303	286.1	136	3,522	-96.1
尼泊尔联邦民主共和国	36,787	11,795	211.9	2,591	763	239.6

续表

国别(地区)	出口			进口		
	2021年	2020年	同比%	2021年	2020年	同比%
阿曼	14,870	36,187	-58.9	93,123	30,336	207.0
巴基斯坦	253,114	140,006	80.8	6,293	2,906	116.6
巴勒斯坦	674	260	159.2	—	—	—
菲律宾	432,648	217,529	98.9	365,925	271,668	34.7
卡塔尔	21,317	8,840	141.1	2,208	582	279.4
沙特阿拉伯	405,060	285,753	41.8	132,254	124,946	5.8
新加坡	899,106	972,888	-7.6	355,170	304,716	16.6
韩国	1,492,683	1,031,408	44.7	3,337,544	3,146,301	6.1
斯里兰卡	31,761	47,904	-33.7	444	616	-27.9
叙利亚	1,618	2,152	-24.8	0	4	-100.0
泰国	733,631	422,976	73.4	265,471	234,862	13.0
土耳其	559,697	355,119	57.6	46,380	32,075	44.6
阿联酋	781,425	510,680	53.0	135,370	47,742	183.5
也门	6,244	3,789	64.8	1	0	—
越南	6,023,739	7,061,079	-14.7	2,522,048	2,024,511	24.6
中国	—	—	—	2,063,587	2,188,635	-5.7
中国台湾	618,803	459,856	34.6	4,567,971	4,593,326	-0.6
东帝汶	3,497	979	257.2	—	0	—
哈萨克斯坦	85,285	45,856	86.0	29,720	25,248	17.7
吉尔吉斯斯坦	9,697	6,324	53.3	18,383	168	10,842.3
塔吉克斯坦	4,500	488	822.1	9	—	—
土库曼斯坦	8,257	5,546	48.9	76	—	—
乌兹别克斯坦	31,337	50,552	-38.0	927	4,802	-80.7
亚洲其他国家(地区)	—	—	—	—	0	—
阿尔及利亚	24,990	10,866	130.0	1	5,374	-100.0
安哥拉	41,097	2,716	1,413.1	0	1	-100.0
贝宁	12,624	4,418	185.7	0	5	-100.0
博茨瓦纳	1,718	395	334.9	0	2	-100.0
布隆迪	724	102	609.8	0	58	-100.0
喀麦隆	38,737	15,771	145.6	2	1	100.0
加那利群岛	7	22	-68.2	0	1	-100.0
佛得角	222	18	1,133.3	0	0	—
中非	127	15	746.7	—	0	—
乍得	1,152	843	36.7	0	0	—
科摩罗	1,075	132	714.4	0	—	—
刚果(布)	12,945	828	1,463.4	0	—	—

续表

国别(地区)	出口			进口		
	2021 年	2020 年	同比%	2021 年	2020 年	同比%
吉布提	33,216	13,069	154.2	—	—	—
埃及	165,646	119,733	38.3	554	901	-38.5
赤道几内亚	861	129	567.4	—	—	—
埃塞俄比亚	27,230	47,843	-43.1	26	31	-16.1
加蓬	5,314	629	744.8	22,379	7,867	184.5
冈比亚	4,019	3,154	27.4	0	0	—
加纳	101,739	22,478	352.6	188	2,152	-91.3
几内亚	28,314	19,383	46.1	1	1	0.0
几内亚比绍	1,393	1,877	-25.8	—	—	—
科特迪瓦	32,014	16,650	92.3	1	1	0.0
肯尼亚	138,272	21,455	544.5	6	18	-66.7
利比里亚	6,236	141	4,322.7	0	5	-100.0
利比亚	18,764	2,257	731.4	0	0	—
马达加斯加	26,890	3,556	656.2	256	246	4.1
马拉维	2,038	2,886	-29.4	0	0	—
马里	1,646	1,553	6.0	0	1	-100.0
毛里塔尼亚	9,208	307	2,899.3	467	1,052	-55.6
毛里求斯	11,671	4,161	180.5	187	176	6.3
摩洛哥	55,551	36,280	53.1	4,669	1,120	316.9
莫桑比克	33,350	6,682	399.1	4	5,972	-99.9
纳米比亚	4,071	387	951.9	0	0	—
尼日尔	129	128	0.8	0	1	-100.0
尼日利亚	358,111	61,972	477.9	410	498	-17.7
留尼汪	845	92	818.5	—	1	—
卢旺达	1,688	133	1,169.2	23	12	91.7
圣多美和普林西比	1	16	-93.8	—	1	—
塞内加尔	50,513	4,004	1,161.6	3	2	50.0
塞舌尔	844	586	44.0	—	0	—
塞拉利昂	2,451	487	403.3	0	9	-100.0
索马里	6,930	2,996	131.3	143	182	-21.4
南非	234,752	141,965	65.4	147,655	118,206	24.9
苏丹	13,293	5,050	163.2	509	136	274.3
坦桑尼亚	111,506	13,915	701.3	186	28	564.3
多哥	52,334	12,209	328.7	0	1	-100.0
突尼斯	19,332	8,737	121.3	3,553	11,680	-69.6
乌干达	9,131	1,578	478.6	0	145	-100.0

续表

国别(地区)	出口			进口		
	2021 年	2020 年	同比%	2021 年	2020 年	同比%
布基纳法索	430	82	424.4	0	0	—
刚果(金)	46,840	6,950	574.0	43,881	6,409	584.7
赞比亚	5,279	2,072	154.8	4,663	207	2,152.7
津巴布韦	4,170	1,456	186.4	2,422	931	160.2
莱索托	201	191	5.2	0	0	—
斯威士兰	592	1,177	-49.7	2	0	—
厄立特里亚	0	—	—	—	—	—
马约特	578	54	970.4	—	—	—
南苏丹共和国	164	98	67.3	—	—	—
非洲其他国家(地区)	129	0	—	—	—	—
比利时	396,756	256,735	54.5	22,105	20,497	7.8
丹麦	65,155	27,516	136.8	9,441	13,131	-28.1
英国	1,259,173	1,238,456	1.7	146,678	158,892	-7.7
德国	1,869,524	1,647,313	13.5	624,596	598,195	4.4
法国	441,810	348,440	26.8	231,586	208,796	10.9
爱尔兰	60,274	27,569	118.6	5,028,820	4,444,928	13.1
意大利	364,840	323,059	12.9	196,335	175,296	12.0
卢森堡	7,302	24,829	-70.6	433	263	64.6
荷兰	4,864,371	4,244,391	14.6	149,612	59,357	152.1
希腊	63,215	29,801	112.1	200	342	-41.5
葡萄牙	33,426	27,600	21.1	18,081	17,991	0.5
西班牙	337,737	144,868	133.1	54,964	53,029	3.6
阿尔巴尼亚	4,269	2,991	42.7	4,935	3,067	60.9
安道尔	4	2	100.0	3	3	0.0
奥地利	50,790	29,948	69.6	30,968	39,987	-22.6
保加利亚	10,462	9,304	12.4	18,864	3,388	456.8
芬兰	13,908	27,877	-50.1	11,874	12,436	-4.5
直布罗陀	0	0	—	—	—	—
匈牙利	78,932	134,008	-41.1	44,025	35,466	24.1
冰岛	996	1,600	-37.8	313	173	80.9
列支敦士登	348	218	59.6	67	35	91.4
马耳他	7,755	5,052	53.5	3,724	2,686	38.6
摩纳哥	0	16	-100.0	24	4	500.0
挪威	95,468	82,512	15.7	12,917	20,400	-36.7
波兰	1,208,584	1,238,099	-2.4	60,769	67,223	-9.6
罗马尼亚	112,134	97,343	15.2	12,022	16,593	-27.5

续表

国别(地区)	出口			进口		
	2021年	2020年	同比%	2021年	2020年	同比%
圣马力诺	7	2	250.0	450	69	552.2
瑞典	72,641	185,324	-60.8	163,088	161,380	1.1
瑞士	26,801	49,523	-45.9	42,980	51,961	-17.3
爱沙尼亚	5,020	5,178	-3.1	461	1,298	-64.5
拉脱维亚	8,063	7,585	6.3	319	963	-66.9
立陶宛	28,278	19,562	44.6	977	1,444	-32.3
格鲁吉亚	8,912	9,994	-10.8	158	186	-15.1
亚美尼亚	2,358	1,784	32.2	212	610	-65.2
阿塞拜疆	4,823	2,420	99.3	9	50	-82.0
白俄罗斯	152,485	148,592	2.6	9,448	9,032	4.6
摩尔多瓦	1,263	3,361	-62.4	43	108	-60.2
俄罗斯联邦	1,004,614	884,178	13.6	361,167	217,594	66.0
乌克兰	90,356	66,622	35.6	33,253	10,916	204.6
斯洛文尼亚	25,730	16,090	59.9	2,536	1,109	128.7
克罗地亚	7,166	6,075	18.0	110	328	-66.5
捷克	371,035	324,447	14.4	78,149	91,841	-14.9
斯洛伐克	29,929	39,006	-23.3	4,080	5,173	-21.1
北马其顿	1,849	1,439	28.5	342	6,384	-94.6
波黑	1,576	1,744	-9.6	205	91	125.3
梵蒂冈城国	—	0	—	—	—	—
法罗群岛	0	0	—	—	—	—
塞尔维亚	13,159	7,301	80.2	257	689	-62.7
黑山	1,514	2,120	-28.6	1	0	—
欧洲其他国家(地区)	0	921	-100.0	4	—	—
安提瓜和巴布达	355	7	4,971.4	0	—	—
阿根廷	147,211	125,401	17.4	10,071	27,013	-62.7
阿鲁巴	777	31	2,406.5	—	—	—
巴哈马	1,267	535	136.8	—	—	—
巴巴多斯	434	117	270.9	—	—	—
伯利兹	7,159	354	1,922.3	0	0	—
多民族玻利维亚国	4,650	4,659	-0.2	564	385	46.5
巴西	731,374	474,944	54.0	323,159	224,665	43.8
开曼群岛	185	11	1,581.8	—	—	—
智利	139,896	69,602	101.0	74,892	71,251	5.1
哥伦比亚	110,210	58,393	88.7	47	1,753	-97.3
多米尼克	53	368	-85.6	0	—	—

续表

国别(地区)	出口			进口		
	2021 年	2020 年	同比%	2021 年	2020 年	同比%
哥斯达黎加	13,091	11,122	17.7	1,241	1,733	-28.4
古巴	1,466	1,253	17.0	8	1	700.0
库腊索岛	93	6	1,450.0	0	0	—
多米尼加共和国	19,737	7,722	155.6	35	58	-39.7
厄瓜多尔	61,969	31,585	96.2	1,323	19,655	-93.3
法属圭亚那	169	240	-29.6	—	—	—
格林纳达	1	65	-98.5	—	—	—
瓜德罗普	180	44	309.1	—	—	—
危地马拉	24,361	16,773	45.2	8	17	-52.9
圭亚那	1,587	965	64.5	1	3	-66.7
海地	6,096	2,504	143.5	2	3	-33.3
洪都拉斯	10,995	3,906	181.5	40	70	-42.9
牙买加	5,288	2,510	110.7	1	1	0.0
马提尼克	404	317	27.4	—	—	—
墨西哥	555,877	350,219	58.7	87,965	74,339	18.3
蒙特塞拉特	—	5	—	—	—	—
尼加拉瓜	5,521	2,203	150.6	2	2	0.0
巴拿马	36,312	14,736	146.4	2,734	4,413	-38.0
巴拉圭	8,571	7,229	18.6	492	2	24,500.0
秘鲁	62,467	45,538	37.2	85,516	26,352	224.5
波多黎各	4,648	1,592	192.0	463	929	-50.2
圣卢西亚	109	16	581.3	—	—	—
圣马丁岛	75	—	—	—	—	—
圣文森特和格林纳丁斯	0	6	-100.0	—	—	—
萨尔瓦多	7,160	3,763	90.3	92	95	-3.2
苏里南	2,811	136	1,966.9	—	—	—
特立尼达和多巴哥	3,451	840	310.8	0	0	—
特克斯和凯科斯群岛	0	11	-100.0	—	—	—
乌拉圭	40,169	13,918	188.6	24,750	4,852	410.1
委内瑞拉	31,479	19,837	58.7	4,479	40	11,097.5
英属维尔京群岛	133	124	7.3	0	—	—
圣其茨和尼维斯	87	56	55.4	—	0	—
圣皮埃尔和密克隆	—	0	—	—	—	—
荷属安地列斯	279	366	-23.8	—	—	—
拉丁美洲其他国家(地区)	184	14	1,214.3	—	—	—
加拿大	436,471	309,520	41.0	105,906	80,401	31.7

续表

国别(地区)	出口			进口		
	2021年	2020年	同比%	2021年	2020年	同比%
美国	11,627,567	9,000,785	29.2	8,603,317	8,220,231	4.7
格陵兰	0	2	-100.0	0	1	-100.0
百慕大	113	3	3,666.7	—	—	—
北美洲其他国家(地区)	1	2	-50.0	0	0	—
澳大利亚	1,025,290	976,355	5.0	561,134	322,154	74.2
库克群岛	20	0	—	—	0	—
斐济	2,781	1,066	160.9	1	2	-50.0
瑙鲁	63	11	472.7	—	—	—
新喀里多尼亚	889	534	66.5	0	875	-100.0
瓦努阿图	1,175	467	151.6	0	1	-100.0
新西兰	65,901	42,064	56.7	123,222	111,881	10.1
巴布亚新几内亚	14,684	10,993	33.6	3,534	2,276	55.3
所罗门群岛	3,816	711	436.7	1	—	—
汤加	572	68	741.2	—	—	—
萨摩亚	1,380	770	79.2	—	0	—
基里巴斯	668	367	82.0	0	—	—
图瓦卢	135	77	75.3	—	—	—
密克罗尼西亚联邦	82	105	-21.9	—	—	—
马绍尔群岛	14	—	—	—	—	—
帕劳	933	130	617.7	—	—	—
法属波利尼西亚	468	236	98.3	—	0	—
瓦利斯和浮图纳	—	0	—	—	—	—
大洋洲其他国家(地区)	486	324	50.0	0	—	—
国(地)别不详	0	0	—	12,814	19,030	-32.7
欧盟	10,536,853	9,248,449	13.9	6,769,002	6,033,266	12.2
东盟	13,189,886	11,636,025	13.4	4,994,605	4,042,908	23.5

2021 年四川进出口运输方式总值表

单位：万元人民币

运输方式	出口			进口		
	2021 年	2020 年	同比%	2021 年	2020 年	同比%
总计	57,086,659	46,535,931	22.7	38,049,360	34,350,425	10.8
航空运输	31,177,374	28,378,332	9.9	27,390,987	26,016,690	5.3
水路运输	16,291,743	9,600,977	69.7	5,690,842	4,679,212	21.6
公路运输	5,085,586	3,838,068	32.5	4,417,782	3,129,384	41.2
铁路运输	4,470,659	4,697,113	-4.8	532,787	497,674	7.1
其他运输	52,903	8,787	502.1	2,970	7,383	-59.8
邮件运输	8,395	12,655	-33.7	13,991	20,082	-30.3

附 录

成都海关关区代码表

序号	关区代码	全称	简称
1	成都关区	成都关区	7900
2	青白江海关	蓉青关	7901
3	成都双流机场海关	蓉机双流	7902
4	乐山海关	蓉乐关	7903
5	攀枝花海关	蓉攀关	7904
6	绵阳海关	蓉绵关	7905
7	成都邮局海关	蓉邮关	7906
8	自贡海关	蓉盐关	7907
9	内江海关	蓉内关	7908
10	成都公路国际物流中心监管场站	公路场站	7909
11	成都双流机场海关非邮政快件监管点	蓉机快件	7910
12	泸州海关	蓉泸关	7911
13	宜宾海关	蓉戎关	7912
14	南充海关	蓉南关	7913
15	绵阳出口加工区	蓉绵加工	7914
16	锦城海关	蓉锦关	7915
17	成都高新综合保税区	蓉锦西区	7916
18	遂宁海关	蓉遂关	7917
19	德阳海关	蓉旌关	7918
20	达州海关	蓉通关	7919
21	成都空港保税物流中心	蓉机保 B	7920
22	泸州港保税物流中心	蓉泸保 B	7921
23	成都高新综合保税区双流园区	蓉锦双流	7922
24	宜宾港保税物流中心	蓉戎保 B	7923
25	成都铁路保税物流中心	蓉青保 B	7924

续表

序号	关区代码	全称	简称
26	天府新区海关	蓉新关	7925
27	广元海关	蓉利关	7926
28	天府新区成都片区保税物流中心（B型）	蓉新物流	7927
29	成都国际铁路港综合保税区	蓉青综保	7928
30	泸州综合保税区	蓉泸综保	7929
31	宜宾综合保税区	蓉戎综保	7930
32	成都高新西园综合保税区	蓉锦综保	7931
33	绵阳综合保税区	蓉绵综保	7932
34	南充保税物流中心	蓉南保B	7933
35	广安海关	蓉賨关	7934

名词解释

12360 海关热线：中国海关于 2012 年 10 月 1 日对外公布的社会公益服务号码，用于受理海关业务咨询。

AEO：经认证的经营者。在世界海关组织（WCO）制定的《全球贸易安全与便利标准框架》中将其定义为“以任何一种方式参与货物国际流通，并被海关当局认定符合世界海关组织或相应供应链安全标准的一方。”

H2018：新一代海关信息系统，是目前海关办理通关业务的主要应用系统。

HLS2017：海关内部控制与监督子系统。

RCEP：《区域全面经济伙伴关系协定》。

SPS 协定：卫生与植物卫生措施协定。

单一窗口：参与国际贸易和运输的各方，通过单一的平台提交标准化的信息和单证以满足相关法律法规及管理的要求。

两优一先：在党的系列中，指“优秀共产党员”“优秀党务工作者”和“先进基层党组织”；在团的系列中，指“优秀共青团员”“优秀共青团干部”和“先进基层团组织”。

四不两直：不发通知、不打招呼、不听汇报、不用陪同接待，直奔基层、直插现场。

四个最严：最严厉处罚、最严肃问责、最严格监管、最严谨标准。

“四强”党支部：政治功能强、支部班子强、党员队伍强、发挥作用强支部。

汇总征税：海关对进出口纳税义务人在一定时期内多次进出口货物应纳税款实施汇总计征。

提前申报：在进出口货物的品名、规格、数量等已确定无误的情况下，经海关批准的企业可以在进口货物启运后、抵港前或出口货物运入海关监管场所前 3 日内，提前向海关办理报关手续，并按照海关的要求交验有关随附单证、进出口货物批准文件及其他需提供的证明文件。

两步申报：企业无须一次性提交全部申报信息及单证，第一步凭提单概要申报即可提货，第二步在规定时间内完成完整申报。

两段准入：将进口货物准予提离口岸监管作业场所视为口岸放行，以口岸放行为界，根据“是否允许货物入境”和“是否允许货物进入国内市场销售或使用”，分段实施“准许入境”“合格入市”监管。

两轮驱动：通过研究制订抽查方案、改进抽样标准及方法、建立科学随机抽查决策机制，推动实现科学随机抽查对安全风险防控整体面上的驱动；通过优化人工分析作业流程，实现精细化管理、拓展信息来源，扩大风险分析视角、强化关联性分析能力，科学评定风险等级、建立“大数据+智能分析”模式，用好智能分析手段等措施，提升精准布控对安全风险防控关键点上的驱动。

船边直提：“船边直提”进口集装箱货物，企业提前办理海关申报和缴税手续，船舶抵港后进口集装箱货物如无需查验即可卸至船边的运输车辆即时提离。

抵港直装：“抵港直装”出口货物采用“提前申报+运抵放行”申报方式，企业在备齐货物的预配舱单电子数据后，即可向海关提前申报，货物运抵码头后如无需查验便立即放行，运输车辆直接驶达泊位旁开展装船作业。

四自一简：综合保税区内企业自主备案、合理自定核销周期、自主核报、自主补缴税款，海关简化业务核准手续。

中欧班列：按照固定车次、线路等条件开行，往来于中国、欧洲及“一带一路”沿线国家（地区）的集装箱国际铁路联运班列。